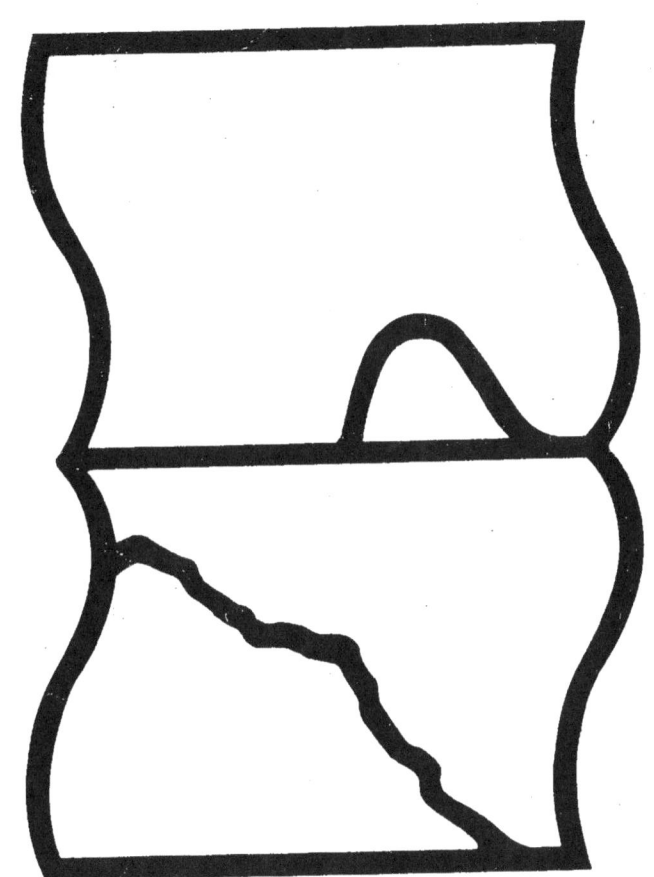

Texte détérioré — reliure défectueuse

NF Z 43-120-11

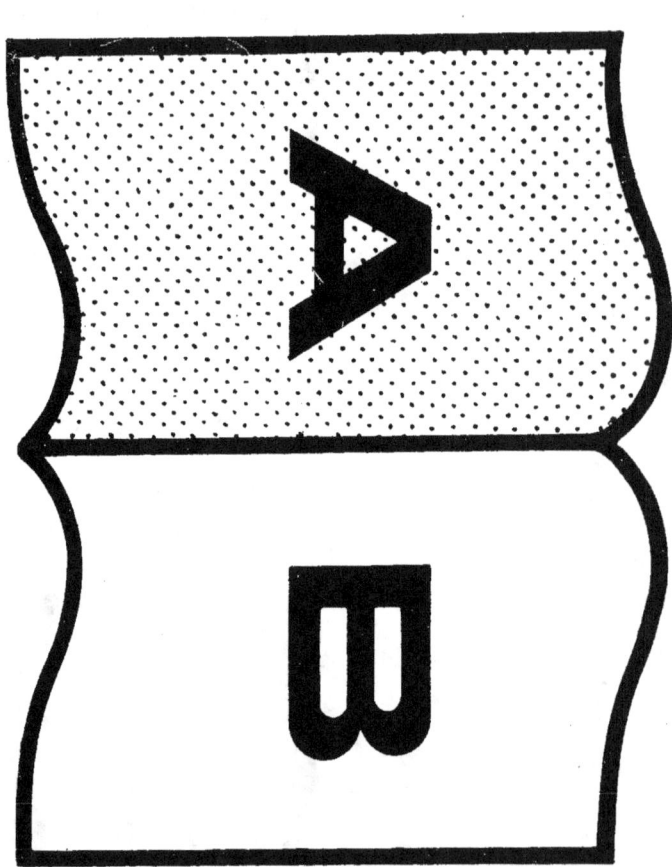

Contraste insuffisant
NF Z 43-120-14

V. 2635.
E.

CATALOGUE

DES

TABLEAUX

DE LA

GALERIE IMPÉRIALE ET ROYALE

DE VIENNE.

CATALOGUE

DES

TABLEAUX

DE LA

GALERIE IMPÉRIALE ET ROYALE

DE VIENNE,

composé par

CHRÉTIEN DE MECHEL,

MEMBRE DE DIVERSES ACADÉMIES,

d'après l'arrangement qu'il a fait de cette Galerie en 1781.

Par Ordre

DE SA MAJESTÉ L'EMPEREUR.

Avec Privilège de Sa Majesté Impériale et Royale pour le St. Empire Romain et les Pays héréditaires.

A BASLE CHEZ L'AUTEUR.
MDCCLXXXIV.

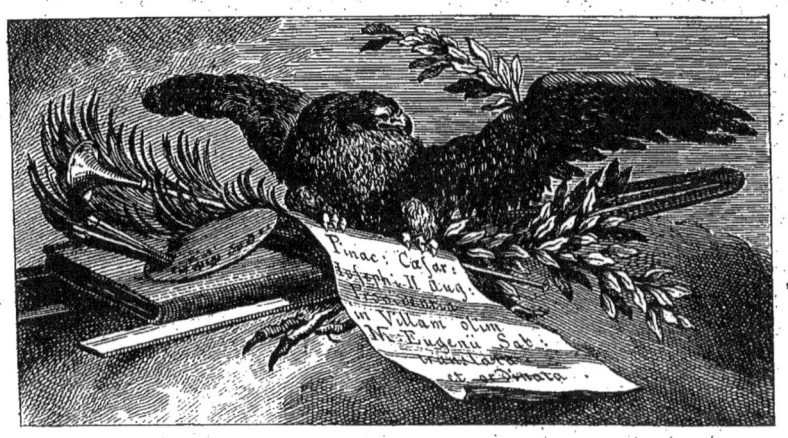

PRÉFACE.

La Collection de Tableaux de la Cour Impériale et Royale, dont on donne ici pour la première fois le Catalogue, est remarquable non-seulement par le mérite et le grand nombre des Tableaux qui la composent, mais encore par les matériaux qu'elle fournit en abondance à l'histoire de la Peinture.

Formée en grande partie de ces anciennes et fameuses Collections dont se glorifioient les siècles passés, elle renferme aujourd'hui des morceaux précieux en tout genre, et surtout nombre d'ouvrages des premiers tems de la renaissance des Arts en Allemagne, monumens des efforts presque incroyables de nos ancêtres, auxquels les plus grands Maîtres d'Italie leurs contemporains ne dédaignèrent pas d'applaudir.

PRÉFACE.

Entreprendre de décrire cette Collection et de parler du fort qu'éprouvèrent anciennement les différentes Collections partielles qui la composent, ce seroit s'imposer la tâche d'écrire l'histoire de l'Art en Allemagne. La nature et les bornes de ce Catalogue nous restreignent à de simples indications dans la partie historique, et nous devons nous contenter de promener rapidement les regards du lecteur sur l'ensemble de cette riche Galerie.

L'arrangement qu'on vient d'en faire a donné lieu à une découverte bien intéressante relativement à la date de l'invention de la peinture à l'huile, qu'on attribue communément aux frères *van Eyck* de Bruges, et dont on fixe la date au commencement du XV. siècle.

En rassemblant de toutes parts les tableaux de S. M. I. on a découvert en Bohème au Château de Karlstein dans les environs de Prague, des peintures à l'huile d'une date bien antérieure. Ce sont celles de *Thomas de Mutina*, de *Théodoric de Prague* et de *Nicolas Wurmser* de Strasbourg, dont les plus intéressantes se trouvent présentement dans cette Galerie à la tête de l'École Allemande. Des recherches exactes dans plusieurs archives nous ont procuré d'anciens documens qui attestent que *Thomas de Mutina* étoit un Gentilhomme Bohémien, et qu'il florissoit dans le XIII. siècle. Les mêmes recherches nous ont appris que les deux autres Artistes vécurent au milieu du XIV. siècle à la Cour de l'Empereur Charles IV, connu pour le Prince le plus magnifique et le plus généreux de son tems. En vrai Protecteur des sciences et des arts, il attiroit à sa Cour les hommes les plus célèbres que ses fréquens voyages ou leur renommée lui faisoient connoître. De ce nombre fut entr'autres *Nicolas Wurmser* de Strasbourg, qu'il fixa ensuite en Bohême par la donation qu'il lui fit de la terre du grand Morzyna en recompense des beaux tableaux dont il orna le Château de Karlstein, résidence favorite de son Maître, et qu'on y voit encore aujourd'hui en grande partie.

La découverte importante de ces anciennes peintures confirme l'opinion que le savant Professeur Lessing avoit déjà exposée en 1774 dans un petit ouvrage imprimé à Brunswick *sur l'Ancienneté de la peinture à l'huile*, dans lequel il soutenoit avec beaucoup d'érudition que cette invention devoit être antérieure au siècle des *van Eyck*. Or, comme il est incontestable, d'après les examens rigoureux accompagnés d'essais chymiques faits en présence de plusieurs Artistes et Amateurs, que les tableaux dont nous avons parlé sont peints à l'huile, la conjecture de Lessing, qui parut alors si hazardée, est maintenant vérifiée de la manière la plus authentique.

Ces tableaux quoique d'un dessein roide et d'une manière sèche, ne laissent pas d'avoir du mérite et surtout une beauté de coloris et un fini admirable, qui prouvent l'état florissant des Arts sous le règne de Charles IV. Mais cette brillante aurore se perdit bientôt après lui dans les ténèbres d'un siècle d'ignorance.

Maximilien I. parut, et avec lui reparurent les Arts. Doué de tous les talens, cet Empereur fut à la fois le protecteur et le juge éclairé des artistes. L'École Allemande date de lui, et c'est à lui qu'elle doit *Albert Durer* son fondateur, artiste étonnant, artiste que l'on peut dire unique et inimitable. Quel autre en effet fut jamais aussi versé dans les sciences et les arts? quel autre avant lui, quel autre après lui a autant travaillé, et a fini aussi précieusement ses ouvrages? Peinture, dessein, gravure, sculpture, tout lui doit des modèles, et la vie successive de plusieurs hommes suffiroit à peine pour les copier.

Quand même Albert Durer n'auroit produit que les ouvrages que l'on conserve de lui dans cette Galerie, cet éloge seroit mérité, et son immortalité assurée.

Cet homme extraordinaire eut en *Luc Cranach* et *Jean Holbein* des émules dignes de lui. L'un et l'autre se frayèrent leur route, et ajoutèrent à la gloire d'une École à laquelle on ne sauroit reprocher que plus ou moins de sécheresse, de la roideur, et trop souvent un manque de noblesse dans les figures, particulièrement dans les têtes.

Pour atteindre à un plus haut dégré de perfection il falloit du tems, et le bel âge de la peinture allemande étoit réservé pour illustrer le règne de Rodolphe II. Ce fut cinquante ans après l'époque dont nous venons de parler, que cet Ange tutelaire des fciences et des arts produifit une entière révolution dans la peinture. La féchereffe difparut; les contours prirent un fondu, un coulant admirable; les airs de tête devinrent gracieux; le clair-obfcur fut obfervé, la dégradation des teintes fut ménagée, tout en un mot éprouva une fubite métamorphofe, tout, jufqu'aux fujets des tableaux même. On fe plut d'avantage dans les fujets voluptueux, et l'imagination devenue plus riante, s'accommoda moins de la févérité du myftique et du facré, que des grâces du profane et des charmes de la mythologie.

Alors la ville de Prague reprenant la fplendeur qu'elle avoit eue fous le règne de Charles IV, devint une feconde fois le berceau des artiftes les plus diftingués du tems. *Barthélemi Spranger*, *Jean van Achen*, *Jofeph Heinz*, partagèrent entr'eux la gloire de ce fecond âge de la peinture allemande.

La mort de Rodolphe II. termina cette heureufe époque; la magnifique, l'unique collection de tableaux de Prague devint la victime de la guerre de trente ans. On ne pût fauver qu'un petit nombre de morceaux, parmi lesquels on compte les ineftimables tableaux du Corrège, qui furent alors tranfportés à Vienne, où ils forment encore aujourd'hui l'un des tréfors de la Galerie.

Au milieu du fiècle dernier un nouveau protecteur de la peinture s'éleva du fein de l'augufte Maifon d'Autriche. Ce fut l'Archiduc Léopold Guillaume,

Gouverneur Général des Pays-bas. Il étoit, à ce que nous apprennent les biographes de fon tems, fi grand connoiffeur, que c'étoit pour un artifte la recommandation la plus avantageufe auprès du public, que de faire un tableau pour lui, et le plus grand honneur, que d'être aggrégé à fon fervice. Le fameux *David Teniers* le *jeune* eut cet honneur. Il le fervit en qualité de peintre de fon Cabinet, et c'eft lui qui raffembla la fameufe Collection de ce Prince, compofée pour la plûpart de tableaux Italiens, d'après lefquels il publia un volume de 243 gravures, connu fous le nom de *Cabinet de l'Archiduc*. Cette Collection que *Teniers* enrichit de tableaux de fa main, les plus grands et les plus beaux que l'on connoiffe de lui, fut tranfportée à Vienne en 1657 lorfque l'Archiduc fe retira dans cette capitale.

Ce tréfor, qui forme encore aujourd'hui la portion la plus précieufe de la Galerie Impériale, fut alors réuni aux tableaux de la Cour dans un bâtiment nommé *Stallbourg*, fitué dans la Ville près de la réfidence.

De nouvelles acquifitions accrurent fucceffivement les richeffes de ce dépôt; elles devinrent furtout fi confidérables fous le règne de Charles VI. qu'il fallut leur donner plus de place. La Collection Impériale fut donc en 1728 nouvellement arrangée et diftribuée dans onze falles du Stallbourg, par les ordres de ce Monarque, et fous la direction du Comte Gundacker d'Althan, Surintendant des Bâtimens de la Cour,

PREFACE.

Dans la même année un des peintres de la Cour, *Antoine de Prenner*, fit paroître un volume de 166 gravures d'après les plus beaux tableaux de cette nouvelle Galerie, sous le titre de *Theatrum Artis pictoriæ*. Ce Recueil fut suivi en 1735 d'un second ouvrage que *Prenner* publia de concert avec un autre peintre de la Cour, *François de Stampart*, et qui représente tous les tableaux de la Galerie au nombre d'environ mille, en autant d'estampes très-petites, gravées à l'eau-forte sur 24 planches; il a pour titre: *Prodromus seu preambulare Lumen Pinacothecæ Cæsareæ*.

Depuis-lors la Galerie Impériale demeura à-peu-près dans le même état jusqu'à l'époque du glorieux règne de Marie Thérèse et de Joseph II. Ces deux Augustes Protecteurs des Sciences et des Arts, ayant résolu de placer leurs tableaux dans un lieu qui répondît à la magnificence de la Collection, leur assignèrent l'édifice le plus vaste, le plus convenable, le mieux situé de la capitale, le Palais nommé le *Belvedère* dans lequel ils furent transportés en 1776 et 1777.

En effet, ce palais que l'immortel Prince Eugène avoit fait construire en 1724 dans un des fauxbourgs de Vienne, pour y résider pendant l'été, se trouva par la disposition et l'élévation des pièces qui le composent, si propre à recevoir la Collection Impériale, qu'on seroit tenté de croire que ce Héros avoit conçu le dessein d'ériger un Temple à la Peinture. Et quel Temple fut jamais plus conforme au culte auquel il est consacré? L'Art y est à côté de sa Divinité; les chefs-d'œuvres en sont en présence de l'objet de leur imitation; la plus belle nature environne ce que l'art a de plus magique à lui opposer.

Du haut de l'éminence qu'il couronne, le Belvedère domine la capitale et ses vastes fauxbourgs. D'ici l'on découvre une immense contrée que divise le cours majestueux du Danube, dont les différens bras qui tantôt se réunissent et tantôt se séparent, forment çà et là des îles délicieuses. De toutes parts on apperçoit des bourgs, des villages et de riantes campagnes; et ce riche tableau se termine par une chaîne de montagnes qui s'étendent jusqu'à la Hongrie. La variété de ce paysage est si grande, que chaque fenêtre de ce château semble offrir un autre tableau de la nature.

Pour l'intelligence des Plans et des Élévations joints à ce Catalogue, il suffit de dire que le bâtiment principal où se trouve la Galerie, est situé sur la hauteur, et pour cette raison appelé le *Belvedère supérieur*, par opposition à un autre bâtiment placé au pied de la colline, nommé le *Belvedère inférieur*. Il consiste en deux étages; l'on monte au premier par un bel escalier à deux rampes qui conduit d'abord à un grand sallon où l'on trouve avec plaisir en entrant les portraits des deux Princes qui ont le plus contribué à enrichir cette Galerie. L'un représente l'*Archiduc Léopold Guillaume* avec des accessoires allégoriques. Ce Prince est à cheval, armé de toutes pièces et environné de plusieurs génies dont l'un le couronne

PRÉFACE.

le laurier, tandis que la Victoire lui préfente une palme. Il eft peint par *Jean van den Hoecke*.

Le fecond Tableau repréfente l'Empereur *Charles VI.* environné de fa Cour et recevant des mains du Comte Gundacker d'Althan, l'inventaire de la Galerie dreffé en 1728. Ce Tableau eft peint par *Solimène*, à l'exception des têtes du Monarque et du Comte, qui font de *J. Godefroi Auerbach*.

Ces deux pièces ont chacune 11. pieds de haut fur 10. pieds 6 pouces de large.

Ce Sallon, revêtu de pilaftres de marbre rouge avec des chapiteaux richement dorés, et dont le plafond eft peint à frefque par *Charles Carlone*, eft de la hauteur des deux étages. Il eft au milieu du bâtiment qu'il divife en deux parties égales, chacune compofée au premier étage de fept falles et au fecond de quatre; ainfi en tout de 22 pièces garnies de tableaux, fans compter deux cabinets dont nous aurons bientôt occafion de parler.

Après cette légère efquiffe de l'hiftoire de la Galerie Impériale, et ce coup d'œil rapide donné à fa fituation, il nous refte à dire un mot du dernier arrangement qui en a été fait par l'auteur de ce Catalogue. Il doit l'honneur d'avoir été chargé de ce foin au voyage que Sa Majefté l'Empereur fit en France en 1777, au retour duquel ayant paffé par Bâle, il daigna vifiter fon cabinet et fes ateliers, et l'engager gracieufement à venir voir fa capitale. L'auteur s'y étant rendu peu de tems après, Sa Majefté Impériale trouva bon de s'entretenir avec lui de l'état de fa Galerie, et de le charger de faire le plan d'un arrangement qui lui donnât tout le luftre et le bon ordre dont elle pouvoit être fufceptible. Ce plan fut fait et préfenté au Monarque, qui l'honora de fon approbation. Depuis-lors l'auteur s'occupa de ce nouvel arrangement, qui fut achevé en 1781, et qui eut le bonheur d'obtenir le fuffrage de la Cour et celui du public.

L'objet principal de ce plan fut non-feulement de diftribuer les tableaux par écoles, et de réunir autant qu'il étoit poffible les ouvrages d'un Maître dans la même falle, ce qui produit, par exemple, dans celle du *Titien* un fi heureux effet, qu'on fe trouve par là en état de comparer ce grand Maître à lui-même dans fes différens âges, et dans les différens genres où il s'eft exercé; mais on a encore tâché de profiter de l'heureufe circonftance d'avoir pu choifir les tableaux flamands et allemands dans une quantité confidérable de morceaux raffemblés de prefque toute la monarchie, pour diftribuer enfuite ce choix d'une Manière nouvelle par ordre chronologique ou par fucceffion de maîtres. De là eft réfulté un tout auffi inftructif que frappant, puifque de falle en falle la gradation ou les caractères des fiècles font devenus fi fenfibles, que la fimple vue en apprend infiniment plus que ne feroient ces mêmes morceaux diftribués fans égard au tems où ils ont été faits. Perfonne ne difconviendra des avantages fans nombre, que l'on peut retirer dans tous les tems de cet arrangement fyftématique; et il doit être intéreffant pour les Artiftes et les Amateurs de tous les pays de favoir qu'il exifte actuellement un Dépôt de l'hiftoire vifible de l'Art.

Pour guider l'Amateur qui vifite cette Galerie, nous allons donner une idée générale de la diftribution de fes tableaux dans les 24 pièces qui la compofent.

Les fept falles qui font à la droite du grand fallon d'entrée, ont été confacrées en entier aux Maîtres Italiens, divifés par écoles, et la porte qui y conduit a pour infcription:

ÉCOLES ITALIENNES.

L'*École Vénitienne* occupe les deux premières pièces de cette enfilade. Dans la Ire on diftingue plufieurs beaux Tableaux de *Paul Véronèfe* et du *Tintoret*.

La II.^{de} offre l'ineftimable tréfor de 50 tableaux *du Titien*. Nulle autre Collection en deça des alpes ne peut fe glorifier d'une fuite auffi nombreufe et auffi variée d'ouvrages de ce grand peintre. Ce qui pique encore la curiofité dans cette falle, c'eft un morceau capital du *Pordenon*, l'ennemi le plus dangereux de l'illuftre Titien et fon émule. On y remarque de plus quelques grands tableaux du *vieux Palme*.

La IIIme eft garnie de tableaux prefque tous de l'*École Romaine*. Deux fublimes morceaux de l'immortel *Raphaël* font de cette falle le fanctuaire de la Galerie. L'un, peint dans fa 23me année, eft d'un rare mérite, quoiqu'il tienne encore de fa première manière; l'autre eſt peint dans celle qu'il adopta fur la fin de fa courte carrière, et qui a mis le fceau à fon immortalité. Quels objets pour le curieux qui fait en fentir le prix!

Dans la IV.me falle on trouve plufieurs morceaux de l'*École Florentine*, parmi lesquels on diſtingue un tableau capital d'*André del Sarte*, quelques rares morceaux de *Michel-Ange* et deux charmantes pièces de *Gentilefchi*.

La V.me preſqu'entièrement occupée par des Maîtres de l'*École de Bologne*, offre plufieurs tableaux admirables du *Guide*. Le Baptême de Jéſus-Chriſt y tient le premier rang, et peut-être regardé comme l'un des plus beaux ouvrages qui foient fortis des mains de ce grand maître.

La VI.me renferme plufieurs tableaux de l'*École Lombarde*, parmi lefquels fe trouvent les célèbres pièces du *Corrège* dont nous avons fait mention ci-deſſus, et quelques morceaux eſtimables des *Carraches*, de l'*Efpagnolet* et de *Cignani*.

La VII.me enfin contient des tableaux de *diverſes Écoles d'Italie*, furtout de celle de Veniſe, dont quelques morceaux des *Baſſans* et de *Carl Loth* font les plus remarquables.

D'ici l'on paſſe aux fept falles à la gauche du grand fallon. Elles font confacrées au bel âge de la peinture des Pays-bas, et aux tableaux les plus

grands

grands que la Galerie possède de cette École. On lit sur la porte d'entrée:

ÉCOLE FLAMANDE.

Dans la Ire de ces pièces on est d'abord frappé par un chef-d'œuvre de *Jacques Jordaens*, le *Roi boit*, sujet souvent répété par ce Maître, mais qu'il n'a jamais mieux rendu que cette fois-ci. De plus, un grand morceau de *Philippe de Champaigne*, plusieurs excellentes têtes de *Rimbrandt*, ainsi qu'un vieillard à la fenêtre par *Hoogstraeten*, ne méritent pas moins d'attention.

La II.^{de} offre un grand Tableau de *Diepenbeck*, un autre de *G. de Crayer*, et de très-beaux tableaux d'architecture de *Peter Neefs* et de *Steinwyck*, d'une grandeur peu commune.

La IIIme salle est encore une des raretés de cette Galerie. L'illustre *van Dyck* la remplit en entier, et on peut l'étudier ici dans plusieurs de ses morceaux d'histoire et dans nombre de ses portraits admirables. Mais un plus grand spectacle va frapper le spectateur dans les deux salles suivantes, qui renferment quantité de chefs-d'œuvre de son maître: l'incomparable Rubens y paroît dans toute sa gloire.

On y admire les fameux tableaux d'autel de l'Église des ci-devant Jésuites d'Anvers; l'*Assomption*, tableau d'autel tiré de l'Abbaïe de Caudenberg; le St. *Ildephonse*, tableau d'autel de la chapelle de la Cour à Bruxelles; le St. *Ambroise*, et tant d'autres morceaux étonnans, qui ornent cette IV.me et cette V.me falle.

Après avoir parcouru ces tableaux du grand genre, l'œil se repose agréablement sur les objets que lui présente la VI.me falle. Ce sont les scènes champêtres et naïves que le brillant pinceau de Teniers retrace ici dans cette suite remarquable de tableaux dont nous avons parlé précédemment. On peut encore admirer ici ce fidèle copiste de la nature dans deux morceaux hors de son genre ordinaire, tels que le *Sacrifice d'Abraham*, morceau plein de force et d'expression, et celui qui représente le *Cabinet de l'Archiduc Léopold*, tel qu'il existoit en 1656 à Bruxelles, morceau unique et bien précieux pour l'histoire de cette Galerie, comme on le verra dans le Catalogue. On voit encore avec plaisir dans cette salle deux beaux tableaux de *D. Rickaert*, émule et contemporain de *Teniers*, qui s'est distingué dans le même genre.

La VII.me enfin contient, outre un beau tableau allégorique de *van Thulden*, plusieurs morceaux de Maîtres Flamands qui vivent encore, tels que M.rs *Lens*, *Verhagen*, et de *Cort*, dont les ouvrages occupent ici une place distinguée: M. *Lens* surtout plait généralement par le suave de son pinceau, et par des airs de tête extrêmement gracieux.

De cette dernière salle on monte au second étage, où les quatre pièces qui se trouvent immédiatement au-dessus des sept dont on vient de parler, sont

PRÉFACE.

confacrées à la fuite chronologique des anciens Maîtres Flamands. La porte d'entrée a pour infcription:

ANCIENNE ÉCOLE FLAMANDE.

Ici le curieux parcourt l'hiftoire de la peinture à l'huile dans les Pays-bas, et fuit les progrès que cet Art y a fait d'époque à époque.

La I.re chambre offre des ouvrages rares des plus anciens Maîtres Flamands, depuis les frères *van Eyck* jufqu'aux *Porbus* inclufivement. On ne fe laffe pas d'admirer le précieux tableau N°. 8 de *Jean van Eyck*, auffi-bien que les deux de *Gérard d'Harlem* N°. 15 et 16, qui excitent infiniment la curiofité, tant par leur mérite réel que par leur hiftoire particulière fi intéreffante à tous égards.

La II.de eft enrichie de Tableaux des *Breughels*, des *Valkemburg*, de *Vinckenbooms* et de *Savery*. On ne rencontre nulle part une fuite auffi confidérable de *Breughels*; furtout d'auffi grands, d'un choix auffi beau et auffi varié.

La III.me contient plufieurs beaux morceaux des *Franck*, et quantité de beaux tableaux de chaffe, d'animaux, de fleurs et de fruits, entre lefquels on diftingue deux des plus belles pièces de fleurs de *van Huyfum*, des tableaux de *de Heem*, de *Seegers*, de *Sneyders*, de *J. Fyt* et de *Hondekoeter*. Quel agrément pour l'Amateur que de trouver ici raffemblés tant de Maîtres qui fe font diftingués dans le même genre, d'être à même de les comparer entr'eux, et de juger du dégré de perfection auquel ils font parvenus en imitant plus ou moins la nature.

La IVme pièce enfin brille par des tableaux du plus précieux fini de quelques Maîtres Hollandois, tels que les *Mieris, Gérard Dov, Poelembourg, Wouwermans, Berghem, Peter de Laer* dit *le Bamboche, Bonaventure Peeters*, etc.

Ces quatre chambres forment avec les sept qui font au-deſſous, une ſuite hiſtorique très-intéreſſante, et qui, étant bien étudiée, peut mettre au fait de l'École Flamande.

Paſſant enſuite aux quatre chambres oppoſées à celles-ci, quel eſt le Patriote Allemand qui ne liſe avec tranſport cette inſcription :

ÉCOLE ALLEMANDE.

La Ire chambre eſt conſacrée aux tableaux les plus anciens de cette Galerie, à ces anciens monumens dont nous avons parlé au commencement de cette Préface. *Thomas de Mutina, Nicolas Wurmſer* et *Théodoric de Prague*, enlèvent ici aux frères *van Eyck* de Bruges l'invention de la peinture à l'huile par une priorité de tems conſidérable, et ne leur laiſſent que le mérite d'avoir perfectionné et rendu commun l'uſage de l'huile et du vernis. Ainſi l'honneur de cette invention appartiendra déſormais à l'Allemagne, auſſi long-tems que d'autres pays ne produi-

PRÉFACE. xxi

ront pas, pour fe l'approprier, des titres plus anciens que ces tableaux.

Après les ouvrages de ces trois Patriarches de la peinture allemande, on trouve ici quelques morceaux de *Martin Schoen*, et un tableau d'Autel à quatre volets de *Michel Wohlgemuth* d'une riche compofition. Mais on eft bientôt entraîné par les ouvrages de fon illuftre élève *Albert Durer*. Qui pourroit en effet refufer fon admiration à fon tableau de la *Trinité*, à celui des *Martyrs*, et à la plûpart de ceux que l'on trouve ici de lui ? On feroit un volume, fi l'on vouloit les décrire.

Quelle que foit la fupériorité que prend ici *Albert Durer*, l'Amateur ne fauroit refufer fon attention aux ouvrages de fes contemporains, *Luc Cranach, père et fils*, et *Jean Holbein le jeune*. La grande vérité qui règne dans leurs Portraits, la vivacité de leur coloris, et la délicateffe de leur pinceau, leur affureront toujours l'eftime des connoiffeurs.

Plufieurs ouvrages des Élèves de *Durer* terminent la filiation intéreffante des tableaux de cette pièce, et en même tems l'époque de Maximilien I. Reftaurateur des Arts.

Mais, quel contrafte offre la II.^{de} chambre ! Croiroit-on jamais que les ouvrages qu'on y trouve, fuivent de fi près, pour l'ordre du tems, ceux que nous venons d'indiquer ? Cet heureux changement fut, comme nous l'avons dit, l'effet de l'amour extrême de Rodolphe II. pour les arts, et de la protection généreufe qu'il leur accorda. *Barthélemi Spranger* fon premier Peintre fe diftingue ici à la tête de fon École, et *Jean van Achen*, *Jofeph Heinz*, et *J. Rottenhammer* en partagent la gloire avec lui.

La III.me chambre offre des ouvrages qui fe rapprochent plus de notre tems, et parmi lefquels on voit avec plaifir quelques excellens portraits de *van Schuppen* et de *Kupetzky*. On ne peut furtout y voir fans admiration deux têtes du célèbre *Denner*, l'une, fon propre portrait, l'autre celui d'une vieille femme. Ce dernier tableau peut être regardé comme un vrai chef-d'œuvre, et l'un des plus beaux qu'il ait jamais fait. L'École Allemande peut à jufte titre fe glorifier d'un maître pareil, qui dans fon genre n'a eu d'égal nulle part.

La IV.me et dernière chambre enfin contient quelques beaux tableaux des *Hamilton*, des *Roos*, des payfages des *Brand, père et fils*, un beau portrait de S. M. l'Empereur régnant par *Maron*, et un tableau de la famille Grand-Ducale de Florence par *Zoffani*, morceau furtout recommandable pour la compofition, pour de belles draperies et la vérité des étoffes.

Il eft encore à remarquer qu'à chacun des quatre coins de cet édifice, fe trouve une groffe tour de forme octogone. La première fur la droite de l'entrée fert de *Chapelle* au Château.

Dans la feconde tour on voit une pièce très-magnifique, garnie de glaces et de dorures, ce qui lui a fait donner le nom de *Cabinet doré*; elle eft ornée d'un beau plafond peint par *Solimène*, et d'un riche parquet de marqueterie. C'est ici qu'il a plu à LL. MM. II. et R. de faire placer le buste en marbre du Prince de Kaunitz-Rietberg, Chancelier de Cour et d'État, avec l'inscription suivante:

HANC
WENC. PRINCIPIS A KAUNITZ RIETBERG
CIVIS ET ADMINISTRI BENEMERENTIS
EFFIGIEM.
MAR. THERESIAE IMP. REG. MANDATO
HOC MARMORE EXPRESSAM
JOSEPHUS II. AUGUSTUS
QUOD LITTERARUM QUOQUE
AC BONARUM ARTIUM INCREMENTUM
EGREGIE CURAVERIT
IN HOC PICTORIAE ARTIS MUSAEO
MATRIS AUG. DESIDERIO ANNUENS
REPOSITAM VOLUIT.
MDCCLXXXI.

On lit ainsi derrière le buste le nom de l'habile Artiste qui l'a exécuté:

Jos. Ceracchi Romanus faciebat Vindobonae. 1780.

Dans la 3.me et 4.me tour, on a ménagé deux autres cabinets dont l'un, appelé le *Cabinet blanc*, est orné de plusieurs Pastels, Mignatures et autres ouvrages curieux; l'autre, dit le *Cabinet vert*, est garni de

PRÉFACE

divers tableaux flamands, parmi lesquels il y en a quelques-uns qui ne sont pas sans mérite.

Cette indication suffit pour donner une idée des 24 pièces qui forment la Galerie proprement dite, et qui contiennent ensemble une Collection de plus de 1200 Tableaux.

Avant de quitter le Belvedère supérieur, le curieux trouvera encore à s'arrêter dans des salles voutées au rez-de-chauffée, contre le jardin, où parmi une grande quantité de morceaux de sculpture ancienne et moderne, on en remarque plusieurs de fort intéressans.

De là on entre dans le vaste Jardin, dont la pente, coupée par des terrasses, se termine au pied de la colline par un bâtiment parallèle à celui d'en-haut. Celui-ci ne consiste qu'en un rez-de-chauffée, et porte, comme nous l'avons déjà dit, le nom de *Belvedère inférieur*. La pièce du milieu est encore ici un grand sallon de marbre aux côtés duquel on trouve de riches appartemens ornés d'une quantité de portraits de Princes et Princesses de l'Auguste Maison d'Autriche. Les plus intéressans sont indiqués à la fin de ce Catalogue. On voit encore dans une salle à la droite de l'entrée une suite de 12 tableaux de Batailles de *Pierre Snayers*, qui représentent les Actions les plus mémorables de l'*Archiduc Léopold Guillaume*, et du Général *Piccolomini*.

De l'autre côté de l'entrée l'on voit dans une autre salle 7 grands tableaux de *Parrocel* qui repré-

PRÉFACE.

fentent les principales Batailles du *Prince Eugène*. Ces tableaux, avant la translation de la Collection Impériale au Belvedère, décoroient la grande falle à préfent dite de *Rubens*.

Il y a fur la gauche un très-grand fallon qui fervoit autrefois de théâtre au Château; c'eft aujourd'hui un garde-meubles où l'on a dépofé la grande quantité de tableaux qui reftèrent après le choix fait pour la Galerie; l'on y conferve auffi un grand nombre d'anciens portraits de l'Augufte Maifon d'Autriche qu'on a retirés en différens tems des châteaux de la Cour.

Ce que nous venons de dire peut donner une idée de l'enfemble, ou des parties principales de cette riche Collection. Il peut en même-tems fervir de guide à l'Amateur qui, en vifitant la Galerie, ne veut qu'y jeter un coup d'œil rapide. Mais celui qui veut s'y arrêter davantage et y faire une étude des pièces les plus dignes de fon attention, les trouvera défignées dans ce Catalogue par un étoile * à côté du nom du peintre. L'Auteur fe flatte que les Amateurs lui fauront quelque gré de cette direction qui peut leur épargner bien des recherches et du tems.

Terminons cette Préface par quelques obfervations générales et particulières.

Pour la diftribution des tableaux par Écoles on s'eft conformé à l'ufage reçu, qui place un Maître dans telle École, non à raifon du lieu de fa naiffance, mais à raifon de la manière qu'il a adoptée; fans quoi

Rubens et *Mengs*, nés en Allemagne, appartiendroient à l'École Allemande, et *Spranger*, né à Anvers, à l'École Flamande.

Si l'on s'eſt permis dans cet arrangement quelques licences, on a toujours été fondé ſur de bonnes raiſons, comme, par exemple, ſi l'on a placé dans l'École Allemande un payſage de *Valkemburg* N°. 70. pag. 278. et un tableau allégorique relatif à l'Empereur Léopold, par *Gérard Hoët* N°. 23. pag. 289. ce n'a été que parce que ces tableaux ont été faits en Allemagne et à l'honneur de Princes Allemands, ce qui ſemble pour ainſi dire les avoir naturaliſés.

On s'eſt également permis de mêler quelques maîtres François parmi les Flamands, parce que le nombre en étoit trop peu conſidérable pour en faire une claſſe à part.

Pour les numeros des ſalles et des tableaux, voici l'ordre qu'on a ſuivi. Les ſalles de chaque diviſion générale ſont numerotées ſéparement, c'eſt-à-dire, celles d'en-bas depuis N°. I. à N°. VII. et celles d'en-haut depuis N°. I. à N°. IV. Les numeros des tableaux commencent et finiſſent toujours à chaque ſalle, ce qui a été trouvé plus commode que de faire ſuivre les numeros depuis le premier tableau de la Galerie juſqu'au dernier.

Tous les tableaux ſont dans de beaux cadres ſculptés et dorés, ſurmontés d'un écuſſon ſur lequel on lit le nom du Maître et le Numero, conformes à ceux de ce Catalogue, de façon que chaque objet ſe trouve facilement.

PRÉFACE.

Quant aux noms des peintres et à la manière de s'affurer autant qu'il étoit poffible des véritables auteurs de quantité d'anciens tableaux, on n'a rien négligé pour y parvenir : Hiftoires de l'Art, Biographies, Defcriptions d'anciens cabinets, Archives, Notes particulières, tout a été mis à contribution ; mais on a de plus profité de l'avantage, qu'un grand nombre de tableaux de cette Galerie ont été gravés, plufieurs par d'anciens et habiles graveurs contemporains des peintres, et quelques-uns par les peintres eux-mêmes. On a donc regardé ces eftampes, qu'on a raffemblées avec foin et dont on pourra peut-être un jour donner le Catalogue, comme les documens les plus authentiques pour conftater le nom des Maîtres. On s'en eft auffi fort utilement fervi quant aux portraits pour découvrir le nom des perfonnes qu'ils repréfentent. Il refte encore à obferver :

1.°) Que le pied dont on s'eft fervi pour mefurer les tableaux, eft celui de Vienne, qui eft de 4 lignes plus petit que celui de Roi.

2.°) Que les mefures ont été prifes d'arrafement ou au jour du cadre.

3.°) Quand en parlant d'un tableau on s'eft fervi de l'expreffion à droite ou à gauche, cela doit s'entendre, non de la droite ou de la gauche du fpectateur, mais de celle de la principale figure du tableau.

4.°) Quand en parlant d'un Portrait on ne fait pas mention des mains, c'eft marque qu'il n'y en a point dans le tableau.

5.°) L'on a presque toujours indiqué la proportion des figures après les dimensions des tableaux, et l'on ne s'en est dispensé que lorsqu'il s'agissoit de très-petits tableaux qui l'indiquoient assez d'eux-mêmes.

Cette Préface est suivie d'un Sommaire des Tableaux de cette Galerie, qui fait voir que le nombre des Maîtres passe celui de 500, nombre aussi rare que remarquable. On trouve pareillement à la fin du Catalogue une Table alphabétique des Maîtres, avec leurs noms et surnoms, la date de leur naissance et celle de leur mort, ainsi que les monogrammes, chiffres ou autres marques, dont plusieurs des anciens peintres se servoient, et parmi lesquels il y en a qui étoient inconnus jusqu'à présent, en sorte que cette Table peut servir aux Amateurs de Répertoire utile pour bien des recherches.

Cette Collection sert non-seulement d'ornement à la ville de Vienne, mais elle a été rendue d'une utilité générale par les ordres de Sa Majesté l'Empereur, qui a voulu qu'elle fut ouverte à tout le monde trois jours de la semaine, sans aucune rétribution. Quel bien ne peut-il pas en résulter pour ceux qui s'appliquent à la peinture, et quel agrément pour les Amateurs! Aussi les gens éclairés et équitables, en reconnoissant la bonté du Souverain qui a gratifié sa Capitale et l'on peut dire le monde d'un pareil trésor, ont-ils rendu justice aux soins qu'on s'est donné, tant pour le rassembler et le choisir, que pour le mettre dans ce

PRÉFACE.

nouvel ordre fyftématique; ce qui n'a pû fe faire qu'avec beaucoup de peines et de tems. Enfin cette Collection peut être regardée comme un extrait ou comme la quinteffence de ce que la Cour poffède de mieux en tableaux dans toute la Monarchie, ce choix ayant été fait dans une énorme quantité de morceaux tant à Vienne et dans les environs, qu'aux Châteaux de Prague, de Presbourg, d'Infpruck et dans d'autres lieux. Plufieurs des plus belles pièces Italiennes ont été tirées de la Lombardie Autrichienne, entr'autres le fuperbe tableau de Raphaël, page 40 N°. 39. qui étoit autrefois dans la facriftie de l'Église de St. Celfe à Milan. On a de même tiré des Pays-bas les chefs-d'œuvre de *Rubens* et tant d'autres beaux morceaux; et en dernier lieu les meilleurs pièces du Cabinet du feu Prince *Charles de Lorraine*, Gouverneur Général des Pays-bas.

Les nombreufes recherches qu'a exigé cet arrangement ont été pour l'auteur une occafion, peut-être unique, de faire des découvertes très-importantes nonfeulement pour l'hiftoire de l'Art en général, mais encore pour l'hiftoire particulière de la peinture en Allemagne. Il les a recueillies avec foin dans le deffein d'en faire part au public dans un Catalogue raifonné et fyftématique de la Galerie, accompagné de gravures d'après un choix de fes plus beaux tableaux, ouvrage dont il s'eft beaucoup occupé, et pour lequel il a déjà préparé quantité de matériaux. Mais comme une entreprife auffi confidérable eft au-deffus des forces d'un particulier,

PRÉFACE.

l'exécution d'un ouvrage auſſi intéreſſant dépend des ſecours qu'il pourra recevoir, ſoit immédiatement de quelque puiſſant protecteur desArts, ſoit du public à la faveur d'une ſouſcription.

Au reſte quoiqu'il arrive de cette entrepriſe, l'auteur ſe croira ſuffiſamment récompenſé des efforts qu'il a faits pour ſe rendre utile et agréable aux Amateurs et aux Artiſtes, ſi l'ouvrage qu'il leur offre actuellement a l'avantage d'en être favorablement accueilli. Pour atteindre ce but il a tâché de le rendre plus intéreſſant et plus étendu que ne le font pour l'ordinaire les Catalogues purement indicatifs; d'ailleurs il aura toujours le mérite d'avoir donné le premier, les détails d'une collection importante ſur laquelle on n'avoit juſqu'à préſent aucune notice.

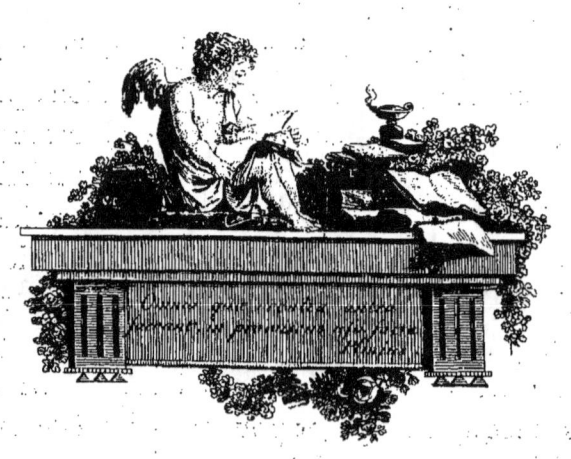

SOMMAIRE
DE
TOUS LES TABLEAUX
DE LA
GALERIE IMPÉRIALE ET ROYALE
DE VIENNE.

Tableaux du I.er Étage.

Dans le grand Sallon de marbre. 2. Pièces.
Dans la 1.re Chambre Italienne. 58.
Dans la 2.de . . . . . . 59.
Dans la 3.me . . . . . . 40.
Dans la 4.me . . . . . . 40.
Dans la 5.me . . . . . . 30.
Dans la 6.me . . . . . . 33.
Dans la 7.me . . . . . . 54.
　　　　　　　　　　316. Tableaux Italiens.
Dans la 1.re Chambre Flamande. 36.
Dans la 2.de . . . . . . 34.
Dans la 3.me . . . . . . 29.
Dans la 4.me . . . . . . 21.
Dans la 5.me . . . . . . 22.
Dans la 6.me . . . . . . 39.
Dans la 7.me . . . . . . 18.
Dans le Cabinet vert. . . . 12.
　　　　　　　　　　211. Tableaux Flamands.
Dans le Cabinet blanc. . . . 25. Miniats., Pastels. etc.
　　　　　　　　　　552. Pièces.
Voyez la suite ci-après.

Transport de l'autre page 552. Tableaux.

Tableaux du II.d Etage.

Dans la 1.re Chambre Flamande. 95. Pièces.
Dans la 2.de . . . . 82.
Dans la 3.me . . . . . . 74.
Dans la 4.me . . . . . . 105.
────── 356. anc. Tabl. Flamands.
Dans la 1.re Chambre Allemande. 106.
Dans la 2.de . . . . . . 93.
Dans la 3.me . . . . . 89.
Dans la 4.me . . . . . . 63.
────── 351. Tabl. Allemands.

Tableaux du Belvedère inférieur.

Dans la Salle des Batailles de l'Archiduc Léopold Guillaume: 13.
Dans celle des Batailles du Prince Eugène. . . . . 8.
Dans les autres Chambres 20. tableaux, la plûpart Portraits. . . . . . . 20. 41. Tabl. de différ. Maitres.

TOTAL, 1300 Tableaux.

Sommaire des Maîtres.

Maîtres Italiens. . . . . . 111. } au 1.er Étage.
Maîtres Flamands. . . . 87. }
Anciens Maîtres Flamands. 163. } au 2.d Étage.
Maîtres Allemands. . . . 147. }

TOTAL, 508. Maîtres.

ÉCOLE

ÉCOLES D'ITALIE

OCCUPANT

L'APPARTEMENT A DROITE

DU

PREMIER ÉTAGE.

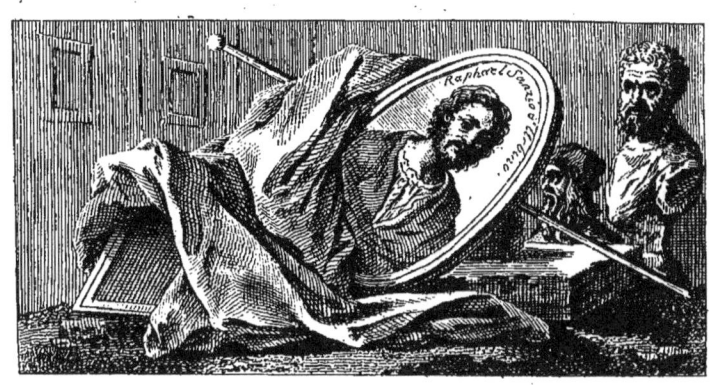

PREMIÈRE CHAMBRE.

TABLEAUX

DE

L'ÉCOLE VÉNITIENNE.

I.re Façade où est la Porte d'entrée.

* De Jaques Palme *dit* le Jeune.

1. Jésus-Christ mis dans le Sépulcre.

<small>Sur toile. Large de 4 pieds 6 pouces; haut de 3 pieds 5 pouces. Figures entières, trois quarts de nature.</small>

Nota. Ce Tableau est placé au-dessus de la porte.

Première Chambre.

* De Paul Véronèse.

2. Jésus-Christ à table chez le Pharisien, où la Madeleine essuie avec ses cheveux les pieds du Sauveur qu'elle vient d'arroser de ses larmes.

Sur toile. Large de 16 pieds 6 pouces ; haut de 6 p. 6 pouces.
Figures entières, forte nature.

De Paul Véronèse.

3. Vénus embrassant Adonis, & tâchant par ses caresses de le détourner de la chasse.

Sur toile. Large de 3 pieds 10 pouces ; haut de 3 pieds.
Figures entières, deux tiers de nature.

* Du Titien.

4. Un Paysage avec l'effet de la soirée. On voit sur le devant quelques troupeaux de moutons & des bergers, & sur le second plan le Songe de Jacob.

Sur toile. Large de 5 pieds 3 pouces ; haut de 3 pieds 5 pouces.
Petites figures.

* De Jaques Robusti, *dit* le Tintoret.

5. Hercule terrassant le Faune téméraire qui étoit venu surprendre Omphale dans son lit.

Sur toile. Haut de 3 pieds 6 pouces ; large de 3 pieds 4 pouces.
Figures entières, quart de nature.

* De Paul Véronèse.

6. Mars & Vénus assis sous un arbre & se faisant des caresses, tandis qu'un Amour élevé en l'air leur décoche une flèche.

Sur toile. Large de 3 pieds 10 pouces ; haut de 3 pieds.
Figures entières, deux tiers de nature. Pendant du N°. 3.

ÉCOLE VÉNITIENNE.

* D'André Mantegne.

7. St. Sébaſtien percé de flèches, & attaché à une colonne d'un Arc de Triomphe qui tombe en ruine. On voit ſur la gauche des lointains montagneux ornés de quelques figures.

Sur bois. Haut de 2 pieds 1 pouce; large de 11 pouces.
Petites figures.

D'Alexandre Turchi, *dit* l'Orbetto.

8. Jéſus-Chriſt mis dans le Sépulcre.

Sur pierre noire. Large de 11 pouces; haut de 8 pouces.
Petites figures.

* De Marc Baxaiti.

9. Jéſus-Chriſt accompagné de St. Pierre & de St. André, appelle Jaques & Jean, fils de Zébédée, de l'état de pêcheur à l'Apoſtolat. On lit au bas ſur un papier: *Marcus Baxaiti f. 1515.*

Sur bois. Haut de 3 pieds 10 pouces; large de 2 pieds 6 pouces.
Petites figures.

* De George Barbarelli *dit* le Giorgione.

10. Le Portrait du fameux Capitaine Vénitien *Gattamelata*. Il eſt repréſenté en cuiraſſe, la tête nue, aſſis contre une table ſur laquelle on voit ſon caſque, ſa maſſe-d'armes, & ſes éperons: il tient de la main droite ſon épée de bataille la pointe contre terre. Derrière lui eſt ſon fils *Antoine* tenant une lance.

Sur toile. Haut de 2 pieds 9 pouces; large de 2 pieds 3 pouces.
Demi-figures, grandeur naturelle.

* De Jaques Bellin *dit* le Vieux.

11. Un Payſage agreſte & d'une compoſition ſingulière, avec un lac bordé de roches eſcarpées & de ruines, près desquelles on apperçoit quelques figures barroques. Le premier plan offre une terraſſe fermée par une baluſtrade, où l'on voit la Ste. Vierge aſſiſe ſur un trône, & couronnant Ste. Catherine en préſence de pluſieurs Saints; un Enfant ſecoue un pommier au milieu de la terraſſe, tandis que trois autres jouent avec le fruit qu'il en fait tomber.

Sur bois. Large de 3 pieds 9 pouces; haut de 2 pieds 3 pouces.
Petites figures.

De Carletto Véronèse.

12. Judith tenant la tête d'Holopherne, que ſa Servante eſt prête à recevoir dans un ſac ouvert qu'elle lui préſente. Sujet de nuit.

Sur toile. Haut de 2 pieds 9 pouces; large de 2 pieds 5 pouces.
Demi-figures, grandeur naturelle.

De Jaques Palme *dit* le Vieux.

13. La ſainte Famille ſe repoſant ſous des arbres, avec la Madeleine qui tient ſon vaſe à parfums. On voit des fabriques & des montagnes dans le lointain.

Sur bois. Large de 3 pieds 3 pouces; haut de 2 pieds 6 pouces.
Figures entières, demi-nature.

II.ᵉ Façade, opposée aux Fenêtres.

* De Paul Véronèse.

14. Adonis prodiguant ses caresses à Vénus; tous deux sont assis sous une tenture accrochée à des arbres. Cupidon se tient debout à côté de la Déesse.

Sur toile. Haut de 2 pieds 1 pouce; large de 1 pied 7 pouces.
Petites figures.

* De Paul Véronèse.

15. La Ste. Vierge assise sur un trône avec l'Enfant Jésus, qui met l'anneau nuptial au doigt de Ste. Catherine agenouillée devant lui: un Ange, un lys à la main, soutient le bras de la Sainte. A la gauche est Ste. Agnès également à genoux, tenant une branche de palmier.

Sur toile. Large de 2 pieds 5 pouces; haut de 2 pieds 1 pouce.
Petites figures.

* De Jean Bellin.

16. La sainte Famille avec St. Jaques le majeur dans un paysage. Ce Tableau qui est un *Ex-voto*, a vraisemblablement été offert par l'homme & la femme âgés dont on ne voit que les têtes sur le devant.

Sur bois. Large de 3 pieds 7 pouces; haut de 2 pieds 3 pouces.
Demi-figures, trois quarts de nature.

* De Paul Véronèse.

17. La Ste. Vierge assise sur un trône avec l'Enfant Jésus, à qui Ste. Barbe & Ste. Catherine présentent deux Religieuses à genoux.

Sur toile. Large de 2 pieds 7 pouces; haut de 2 pieds 1 pouce.
Petites figures.

* De Paul Véronèse.

18. Hercule poursuivant le Centaure Nessus qui vient de lui enlever Déjanire.

> Sur toile. Haut de 2 pieds 1 pouce, large de 1 pied 7 pouces.
> Petites figures. Pendant du N°. 14.

* De Paul Véronèse.

19. L'Adoration des Mages.

> Sur toile. Large de 5 pieds 5 pouces; haut de 3 pieds 8 pouces.
> Figures entières, deux tiers de nature.

* De Jaques Palme *dit* le Jeune.

20. Un Christ mort sur les genoux de la Ste. Vierge, & quatre Anges qui pleurent. On lit au bas : *Jacobus Palma f.t*

> Sur toile. Haut de 3 pieds 9 pouces; large de 3 pieds 6 pouces.
> Figures entières, trois quart de nature.

* De Carletto Véronèse.

21. Rebecca près du Puits donnant à boire à Eliefer.

> Sur toile. Large de 4 pieds 10 pouces; haut de 3 pieds 9 pouces.
> Figures entières, deux tiers de nature.

* Du Tintoret.

22. à 25. Quatre portraits de Vieillards. Le premier, qui porte une barbe grise, est vêtu d'une simarre de velours cramoisi. Le second portant une barbe blanche, est vêtu d'une simarre noire bordée d'une fourrure blanche. Les deux autres sont en manteaux bruns fourrés.

> Sur toile. Hauts de 3 pieds; larges de 1 pied 8 pouces.
> Demi - figures, grandeur naturelle.

* De Paul Véronèse.

26. Efther paroît devant le Roi Affuérus, accompagnée d'une fuite nombreufe.

Sur toile. Large de 9 pieds; haut de 6 pieds 6 pouces.
Figures entières, trois quarts de nature.

De Paris Bordoni *dit* le Bordon.

27. Vénus & Adonis affis fous un arbre fe font des caresfes, tandis qu'un Amour élevé en l'air les couronne.

Sur toile. Large de 4 pieds 1 pouce; haut de 3 pieds 7 pouces.
Figures jufqu'aux genoux, petite nature.

Nota. Ce Tableau eft placé au-deffus de la porte.

* De Paul Véronèse.

28. & 29. Le premier de ces tableaux repréfente Jéfus-Chrift s'entretenant avec la Samaritaine; & le fecond le Sauveur pardonnant à la Péchereffe.

Sur toile. Larges de 9 pieds; hauts de 4 pieds 6 pouces.
Figures entières, petite nature.

* Du Tintoret.

30. Le Portrait de *Nicolas de Ponte* 87me Doge de Venife, revêtu de fes habits ducaux. Il eft affis dans un fauteuil, & tient un mouchoir blanc de la main droite.

Sur toile. Haut de 4 pieds; large de 2 pieds 6 pouces.
Figure jufqu'aux genoux, grandeur naturelle.

* Du Giorgione.

31. Un jeune homme couronné de pampre, eft faifi rudement par un Soldat qui tient un poignard caché derrière fon dos.

Sur toile. Haut de 2 pieds 4 pouces; large de 2 pieds un pouce.
Demi-figures, grandeur naturelle.

* Du Tintoret.

32. Le Portrait de *Paschal Ciconia* 88me Doge de Venise. Il est assis dans un fauteuil, le bras gauche appuyé sur celui de son siège.

> Sur toile. Haut de 2 pieds 8 pouces ; large de 1 pied 10 pouces.
> Demi-figure, grandeur naturelle.

De Paul Véronèse.

33. La Résurrection de Notre-Seigneur.

> Sur toile. Haut de 3 pieds 7 pouces ; large de 2 pieds 3 pouces.
> Figures entières, quart de nature.

De Vincent Catena.

34. Le Portrait du Peintre. Il est en Chanoine, vêtu d'un habit violet moiré ; & tient des deux mains un gros livre sur une table. Au haut du Tableau on lit : *Vincentius Catena pinxit.*

> Sur bois. Haut de 2 pieds 5 pouces ; large de 1 pied 10 pouces.
> Demi-figure, de grandeur naturelle.

D'Alexandre Turchi *dit* l'Orbetto.

35. Le Corps mort de Jésus-Christ au pied de la Croix, & la Ste. Vierge & d'autres Saints pleurant le Sauveur. Au dos du tableau se trouve une Adoration des bergers.

> Sur pierre noire. Haut de 1 pied 3 $\frac{1}{2}$ pouces ; large de 1 pied 1 pouce.
> Petites figures.

* Du Giorgione.

36. Les trois Mages dans un paysage agréable.

> Sur toile. Large de 4 pieds 6 pouces ; haut de 3 pieds 9 pouces.
> Figures entières, quart de nature.

ÉCOLE VÉNITIENNE.

* De Jaques Palme *dit* le Vieux.

37. Le Portrait de Gaston de Foix, Duc de Némours. Ce jeune Héros tient dans une de ses mains son casque entouré d'une branche de chêne.

Sur bois. Haut de 2 pieds 3 pouces; large de 2 pieds.
Demi-figure, grandeur naturelle.

* De Jaques Palme *dit* le Vieux.

38. Un Christ mort pleuré par trois Anges, dont l'un tient un flambeau. Sujet de nuit.

Sur pierre noire. Large de 1 pied 8 pouces; haut de 1 p. 3 pouces.
Petites figures.

De Paul Véronèse.

39. St. Sébastien attaché à une colonne, & percé de deux flèches.

Sur toile. Haut de 3 pieds 7 pouces; large de 2 pieds 3 pouces.
Figures entières, deux tiers de nature. Pendant du N.° 33.

Du Tintoret.

40. Un Portrait d'homme à barbe noire, vêtu d'une pelisse dont le dessus est de couleur brun-foncé.

Sur toile. Haut de 2 pieds 6 pouces; large de 2 pieds.
Buste, petite nature.

* Du Giorgione.

41. Un Guerrier cuirassé & couronné de lierre, tenant une hallebarde à la main.

Sur toile. Haut de 2 pieds 4 pouces; large de 2 pieds 1 pouce.
Demi-figure, de grandeur naturelle. Pendant du N.° 31.

* De Paul Véronèse.

42. Le Portrait de la célèbre Vénitienne *Catherine Cornaro*, Reine de Chypre. Elle est très-richement vêtue, & ornée de beaucoup de joyaux : de sa main droite elle relève une chaine d'or qui pend à sa ceinture.

Sur toile. Haut de 4 pieds ; large de 2 pieds 6 pouces.
Figure jusqu'aux genoux, de grandeur naturelle.

3.ᵉ Façade, vis-a-vis la Porte d'entrée.

* De Paul Farinati de la famille Uberti.

43. Un Sacrifice aux Divinités payennes.

Sur toile. Large de 11 pieds 9 pouces ; haut de 6 pieds.
Figures entières, petite nature.

* Du Tintoret.

44. Le Portrait du noble Vénitien *Sébastien Venieri* en cuirasse, tenant le bâton de commandement à la main. Il est représenté ici à l'âge de 70 ans, & tel qu'il parut à la grande journée de Lépante où il commandoit la Flotte Vénitienne. On voit sur la gauche du tableau ce fameux combat-naval, qui se donna contre les Turcs en 1571.

Sur toile. Haut de 3 pieds 5 pouces ; large de 2 pieds 7 pouces.
Demi-figure, de grandeur naturelle.

* Du Tintoret.

45. Le Portrait d'un respectable Vieillard à barbe & à chevelure blanches, assis dans un fauteuil, sur les bras duquel il s'appuie.

Sur toile. Haut de 3 pieds 5 pouces ; large de 2 pieds 7 pouces.
Figure jusqu'aux genoux, de grandeur naturelle.

* DE JEAN BELLINI.

46. Une jeune Dame qui arrange fa chevelure devant un miroir. Elle paroît fortir du bain, étant affife prefque nue fur un banc couvert d'un tapis de turquie. Une ouverture de fenêtre qui eft à fa droite, laiffe voir un Payfage orné de fabriques & de montagnes. On lit au bas du tableau fur un papier: *Joannes Bellinus faciebat MDXV.*

Sur bois. Large de 2 pieds 5 pouces ; haut de 2 pieds 2 pouces.
Figure jufqu'aux genoux, demi-nature.

* DE JEAN BELLIN.

47. La Ste. Vierge avec l'Enfant Jéfus. St. Joachim eft en adoration devant le Sauveur ; On voit St. Jofeph à côté du Saint, & Ste. Madeleine derrière la Vierge.

Sur bois. Ovale. Large de 2 pied 7 pouces ; haut de 2 pieds.
Demi-figures, demi-nature.

* DE PAUL VÉRONÈSE.

48. Le Portrait du noble Vénitien *Marc Antoine Barbaro*, Baile de la République de Venife à Conftantinople dans les années 1569 à 1574 fous le règne du Sultan Selim II. Il eft vêtu d'un cafetan, & tient à la main un diplome fur lequel on lit : IMO (c'eft-à-dire, *Illuftriffimo*) *Domino Mehemet Mufulmanorum Imperatoris Vifirio Amico noftro optimo.* Une ouverture de fenêtre qui eft à fa droite, laiffe voir le canal de la mer noire avec le Sérail d'un côté, & le faubourg Tophana de l'autre.

Sur toile. Haut de 3 pieds 10 pouces ; large de 3 pieds 1 pouce.
Figure jufqu'aux genoux, de grandeur naturelle.

Première Chambre.

* De Paul Véronèse.

49. Judith remettant la tête d'Holopherne à sa servante qui est une negresse.

Sur toile. Haut de 3 pieds 5 pouces; large de 3 pieds 1 pouce.
Figures jusqu'aux genoux; de grandeur naturelle.

* De Paul Véronèse.

50. Jésus-Christ guérissant l'Hémorrhoïsse.

Sur toile. Large de 4 pieds 3 pouces; haut de 3 pieds 2 pouces.
Figures entières, demi-nature.

* De Paul Véronèse.

51. Lucrèce se perçant le sein d'un coup de poignard.

Sur toile. Haut de 3 pieds 5 pouces; large de 2 pieds 10 pouces.
Figure jusqu'aux genoux, de grandeur naturelle. Pendant du N.° 49.

* Du Tintoret.

52. Le Portrait d'un Officier de Marine, en cuirasse. Il tient devant lui son casque appuyé sur une table. On voit à sa droite une Galère en pleine mer. Sur le piédestal d'une colonne est écrit : *Annor. XXX.*

Sur toile. Haut de 3 pieds 10 pouces; large de 3 pieds 1 pouce.
Figure jusqu'aux genoux, de grandeur naturelle.

Du Tintoret.

53. Un Portement de croix. Le Sauveur succombe sous le poids de la croix, & Marie accablée de douleur, tombe en défaillance à côté de son divin fils; elle est soutenue par St. Jean & les saintes femmes.

Sur toile. Large de 2 pieds 6 pouces; haut de 2 pieds 5 pouces.
Petites figures.

ÉCOLE VÉNITIENNE.

* Du Tintoret.

54. Le Portrait d'un bel homme portant fa barbe, vêtu d'une robe noire fourrée. Il eft affis dans un fauteil, appuyant le bras gauche fur celui de fon fiège, & faifant de la main droite le mouvement d'un homme qui parle.

Sur toile. Haut de 3 pieds 2 pouces; large de 2 pieds 8 pouces.
Demi-figure, de grandeur naturelle.

Du Tintoret.

55. Le Corps mort de Jéfus-Chrift foutenu par Jofeph d'Arimathie, & pofé fur les genoux de la Vierge en pleine défaillance au pied de la croix. A côté de la Vierge font les deux Maries, dont l'une la foutient. On voit à la gauche Nicodème dans la plus grande émotion.

Sur toile. Large de 3 pieds 9 pouces; haut de 2 pieds 9 pouces.
Figures entières, tiers de nature.

* Du Tintoret.

56. Le Portrait d'un Vieillard affis & courbé fous le poids des années; un jeune garçon en peliffe fe tient debout à côté de lui.

Sur toile. Haut de 3 pieds 2 pouces; large de 2 pieds 7 pouces.
Demi-figure, de grandeur naturelle.

* De Brusasorei.

57. Un Chrift mort pleuré par les Anges, dont plufieurs portent les inftrumens de la Paffion.

Sur pierre noire, Haut de 2 pieds 11 pouces; large de 2 pieds 10 pouces.
Petites figures.

De Polidore Lanzani de Venise.

58. Une Ste. Famille dans un paysage: l'Enfant Jésus est couché sur les genoux de la Vierge, & tient dans sa main une pomme qu'il élève en l'air. Un Ange couronne la Vierge d'une guirlande de fleurs.

Sur toile. Large de 4 pieds 1 pouce; haut de 3 pieds 7 pouces.
Figures entières, demi-nature.

Nota. Ce Tableau est placé au-dessus de la porte.

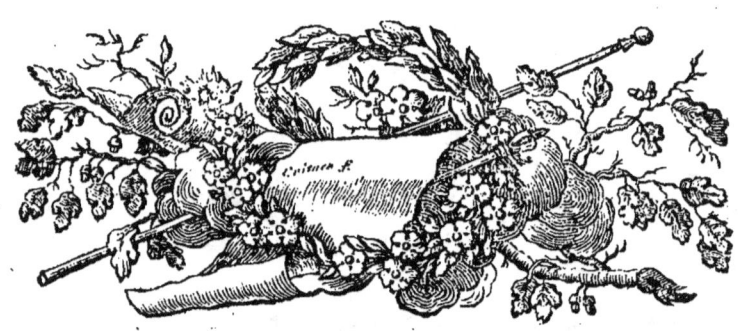

DEUXIÈME CHAMBRE.

TABLEAUX DE L'ÉCOLE VÉNITIENNE.

I.re FAÇADE OÙ EST LA PORTE D'ENTRÉE.

DU TITIEN.

1. La Femme adultère amenée devant Jésus-Christ par les Pharisiens.

Sur bois. Large de 4 pieds 2 pouces ; haut de 3 pieds 3 pouces.
Demi-figures, grandeur naturelle.

Nota. Ce Tableau est placé au-dessus de la porte.

DE JAQUÉS PALME *dit* LE VIEUX.

2. Une Visitation. La Scène est un paysage garni de beaucoup de fabriques.

Sur toile. Large de 12 pieds ; haut de 6 pieds.
Figures entières, grandeur naturelle.

DU TITIEN.

3. & 4. Deux Bustes de grandeur naturelle. L'un représente Jésus-Christ tenant le Globe du Monde ; l'autre St. Jaques le majeur.

Sur toile. Hauts de 2 pieds 7 pouces ; larges de 1 pied 11 pouces.

Du Titien.

5. La Vertu enseignant à l'Innocence le chemin du Ciel; sujet emblèmatique, représenté par une Mère embrassant d'une main son Enfant agenouillé à côté d'elle, & lui montrant de l'autre le ciel, d'où il descend sur eux quelques rayons de lumière dont l'Enfant paroît frappé. On voit à leur côté un Ange gardien.

Sur toile. Haut de 5 pieds 9 pouces; large de 2 pieds 11 pouces.
Figures entières, grandeur naturelle.

* Du Pordenon.

6. Ste. Justine dans un paysage. Elle est debout, tenant une branche de palmier à la main, & fixant ses regards sur un homme de considération, qui, à genoux à sa gauche, lui addresse dévotement ses prières. On voit à sa droite une licorne couchée à ses pieds.

Sur bois. Haut de 6 pieds 3 pouces; large de 4 pieds 5 pouces.
Figures entières; grandeur naturelle.

* De Jaques Palme *dit* le Vieux.

7. La Ste. Vierge avec l'Enfant Jésus sur ses genoux dans un paysage. A sa droite est St. Jérôme écrivant dans un livre, & à sa gauche Ste. Ursule avec trois compagnes. La Sainte tient dans ses mains une flèche & une bannière à croix rouge, emblêmes de son martyre.

Sur toile. Large de 6 pieds 3 pouces; haut de 4 pieds 2 pouces.
Figures entières, petite nature.

* De Jaques Palme *dit* le Vieux.

8. La Ste. Vierge tenant l'Enfant Jésus. Elle est assise sous des arbres, avec une jeune Sainte qui tient un livre & une branche de palmier à la main; on voit à sa droite, le Pape

ÉCOLE VÉNITIENNE.

Celeſtin V. & Ste. Catherine à genoux, & St. Jean Baptiſte à à gauche. On apperçoit dans le lointain des fabriques & des montagnes.

Sur bois. Large de 6 pieds 3 pouces; haut de 4 pieds 2 pouces.
Figures entières, petite nature. Pendant du N°. précédent.

DE JAQUES PALME dit LE VIEUX.

9. & 10. Deux Portraits de jeunes Dames à cheveux blonds. L'une, qui tient de la main gauche une écrin, eſt vêtue d'une étoffe verte; l'autre, vue en partie par derrière, arrange ſon corſet ſur ſes épaules.

Sur bois. Hauts de 1 pied 6 pouces; larges de 1 pied 3 pouces.
Buſtes, petite nature.

DE POLIDORE DE VENISE.

11. La Ste. Vierge aſſiſe ſous des arbres avec l'Enfant Jéſus ſur ſon giron. Ste. Claire eſt à genoux devant elle, ainſi que St. Nicolas qui préſente ſa croſſe à l'Enfant. On voit dans le lointain un port de mer au pied de hautes montagnes.

Sur bois. Large de 2 pieds 10 pouces; haut de 2 pieds.
Figures entières, quart de nature.

* DE JAQUES PALME dit LE VIEUX.

12. Le Portrait d'une jeune femme à cheveux blonds, tenant dans ſa main droite un petit livre fermé.

Sur bois. Haut de 1 pied 6 pouces; large de 1 pied 2 pouces.
Buſte, petite nature.

DE L'ÉCOLE DE JAQUES PALME.

13. Un Portrait de jeune femme, le ſein à demi-nu, dans une bordure formée de branches de laurier. On croit que c'eſt un portrait de la célèbre Laure de Pétrarque.

Sur bois. Haut de 1 pied 6 pouces; large de 1 pied 2 pouces.
Buſte, demi-nature.

* De Polidore de Venise.

14. La Ste. Vierge avec l'Enfant Jésus, qui met l'anneau nuptial au doigt de Ste. Catherine à genoux devant lui, tandis que le petit St. Jean soutient le bras de la Sainte. Trois Saints sont assis à la gauche de la Vierge; savoir, St. Jérôme & St. Augustin, lisant chacun dans un livre, & St. François dans une attitude humble. Des ruines & un paysage garni de fabriques, forment le fond du Tableau.

Sur bois. Large de 3 pieds 2 pouces; haut de 2 pieds 2 pouces.
Figures entières, quart de nature.

IIe Façade, opposée aux Fenêtres.

Du Titien.

15. La Ste. Vierge, l'Enfant Jésus sur son giron, assise dans un paysage. Ste. Rosalie à génoux, présente une corbeille de fleurs au petit Jésus, qui presse un oiseau contre son sein.

Sur toile. Large de 4 pieds 3 pouces; haut de 3 pieds 2 pouces.
Figures entières, trois quart de nature.

Nota. Ce Tableau est placé au-dessus de la porte.

* Du Titien.

16. Le Portrait de l'Empereur *Charles Quint*. Ce Prince vêtu de noir, à l'Espagnole, est représenté debout, de grandeur naturelle. On lit au haut du tableau : Carolus V. Imp. an. æta. 50. MDL. **T.** Cette double lettre signifie: *Titianus fecit.*

Sur toile. Haut de 6 pieds 5 pouces; large de 3 pieds 4 pouces.

ÉCOLE VÉNITIENNE.

* Du Titien.

17. Le grand Ecce Homo. Jéfus-Chrift eft préfenté au peuple Juif par Pilate du haut d'un efcalier. Parmi le grand nombre de fpectateurs on diftingue plufieurs portraits de perfonnes célèbres & contemporaines du Titien, qui s'y eft auffi peint lui-même avec fa famille. On lit fur un papier qui eft fur une des marches de l'efcalier : Titianus Eques Ces. f. 1543.

Sur toile. Large de 11 pieds 3 pouces ; haut de 7 pieds 7 pouces.
Figures entières, grandeur naturelle.

* Du Titien.

18. Le favant Antiquaire *Jaques de Strada*, repréfenté dans fon Cabinet, tenant des deux mains une petite Vénus antique en marbre, qu'il paroit montrer à quelqu'un. On voit devant lui, fur une table, des médailles & des manufcrits. Le Cabinet eft garni de figures antiques. Au haut du Tableau on lit dans un cartouche : Jacobus de Strada *Civis Romanus Cafs. Antiquarius & Com. Belic. an. Ætat.* LIX. MDLXVI, & à côté : *Titianus f.*

Sur toile. Haut de 3 pieds 11 pouces ; large de 3 pieds.
Figure jufqu'aux genoux, grandeur naturelle.

* Du Titien.

19. Le Portrait d'un homme à barbe noire, en peliffe, affis contre une table fur laquelle on voit une lettre. Une petite fille, debout devant lui, lui préfente une fleur.

Sur toile. Large de 2 pieds 9 pouces ; haut de 2 pieds 5 pouces.
Demi-figure, grandeur naturelle.

Deuxième Chambre.

* Du Titien.

20. Le Portrait d'un homme à barbe rouffe, à la fleur de l'âge, vêtu de noir, tenant fes gands dans la main droite, & appuyant la gauche fur une table.

Sur toile. Haut de 2 pieds 8 pouces; large de 1 pied 10 pouces.
Demi-figure, grandeur naturelle.

* Du Titien.

21. Une Ste. Famille où le petit St. Jean apporte des fraifes à l'Enfant Jéfus, qui, debout fur une table, en a déja les mains pleines, & femble attendre de fa mère la permiffion d'en manger. St. Jofeph & Zacharie regardent avec complaifance cette fcène innocente.

Sur bois. Large de 3 pieds 1 pouce; haut de 2 pieds 6 pouces.
Demi-figures, grandeur naturelle.

* Du Titien.

22. Un jeune Religieux élevant avec ferveur les yeux vers le Ciel, d'où il defcend fur lui quelques rayons de lumière; il appuye la main droite fur fa poitrine, & tient dans fa gauche deux flèches & une éponge, qui font vraifemblablement les fignes de fon martyre.

Sur toile. Haut de 2 pieds 9 pouces; large de 2 pieds 1 pouce.
Demi-figure, grandeur naturelle.

* Du Titien.

23. Le Portrait du célèbre Sculpteur & Architecte Vénitien *Giacomo Sanfovino* dans la force de l'âge. Il eft repréfenté en habit de travail, les manches de la chemife retrouffées, & tenant des deux mains une figure de plâtre qu'il paroît montrer à quelqu'un.

Sur toile. Haut de 2 pieds 8 pouces; large de 2 pieds 2 pouces.
Demi-Figure, grandeur naturelle.

Du Titien.

24. Le Portrait d'une jeune Dame, vêtue d'une étoffe brune, & tenant un petit chat dans ses mains.
>Sur toile. Haut de 3 pieds; large de 2 pieds.
>Demi-figure, grandeur naturelle.

* De Jean de Calcar, Élève du Titien.

25. Le Portrait d'un homme à barbe noire, vêtu d'une étoffe de même couleur, & tenant une lettre à la main. On voit, à côté de lui, un livre & plusieurs papiers sur une table.
>Sur toile. Haut de 2 pieds 8 pouces; large de 2 pieds 2 pouces.
>Demi-figure, grandeur naturelle.

* Du Titien.

26. & 27. Deux Allégories ingénieuses, l'une de l'Amour & l'autre de la Fidélité conjugale. Le Titien, selon sa coutume, a représenté dans ces deux tableaux, des personnes célèbres de son tems, comme, par exemple, dans le premier, le fameux Marquis *del Vasto*, Général de Charles-Quint, & sa maîtresse.
>Sur toile. Larges de 4 pieds; hauts de 3 pieds.
>Demi-figures, grandeur naturelle.

Du Titien.

28. La Ste. Vierge tenant debout sur ses genoux l'Enfant Jésus, dont le petit St. Jean touche respectueusement le pied droit.
>Sur toile. Haut de 3 pieds 1 pouce; large de 2 pieds 7 pouces.
>Figure jusqu'aux genoux, grandeur naturelle.

* Du Titien.

29. La Ste. Vierge tenant sur le bras l'Enfant Jésus qu'elle incline vers le petit St. Jean, & auquel celui-ci présente des roses qu'il reçoit d'un air gracieux. A sa gauche St. Antoine, appuyé sur son baton, les regarde d'un œil satisfait. On voit à la droite un bout de paysage.
>Sur bois. Large de 3 pieds; haut de 2 pieds 2 pouces.
>Demi-figures, trois quarts de nature.

Du Titien.

30. & 31. Deux petits Tableaux dont l'un repréſente l'Adoration des Mages, & l'autre la Réſurection de Notre-Seigneur.

Sur bois. Hauts de 1 pied 10 pouces; larges de 1 pied 6 pouces.
Petites figures.

Du Titien.

32. Le Portrait en face d'un homme dans la fleur de l'âge, portant des cheveux noirs & une barbe brune, & autour du cou une fraiſe garnie de dentelles.

Sur bois. Haut de 1 pied; large de 8 pouces.
Tête, grandeur naturelle.

* Du Titien.

33. Le Portrait en profil d'un bel homme à barbe rouſſe, & en peliſſe noire.

Sur bois. Haut de 11 pouces; large de 8 pouces.
Petit Buſte.

* Du Titien.

34. La Ste. Vierge dans un veſtibule, tenant devant elle l'Enfant Jéſus debout ſur une baluſtrade. On voit à ſa droite par une grande ouverture, un payſage garni de fabriques & terminé par des montagnes.

Sur bois. Large de 2 pieds 7 pouces; haut de 2 pieds.
Demi-figure, trois quart de nature.

Du Titien.

35. Une ſainte Famille ſe repoſant ſous un arbre. Elle eſt aſſiſe ſur un morceau de rocher. Dans l'éloignement s'élève une colline au ſommet de laquelle on voit une tour ronde.

Sur toile. Large de 2 pieds 6 pouces; haut de 1 pied 6 pouces.
Petites figures.

École Vénitienne.

De Jean de Calcar.

36. Le Portrait d'un homme à barbe & à cheveux crépus, repréfenté de trois manières differentes dans ce même tableau; favoir, une fois de face & deux fois de profil.

<small>Sur toile. Large de 2 pieds 5 pouces; haut de 1 pied 7 pouces.
Bufte, grandeur naturelle.</small>

Du Titien.

37. Jéfus-Chrift à Emmaüs, à table avec fes Difciples, au moment où il rompt le pain.

<small>Sur toile. Large de 5 pieds 6 pouces; haut de 2 pieds 10 pouces.
Demi-figures, petite nature.</small>

* Du Titien.

38. Le Portrait du favant *Benedetto Varchi* de Florence, repréfenté debout, en peliffe noire, un livre à la main, & s'appuyant contre une colonne fur le piédeftal de laquelle il pofe le bras gauche. Le nom du peintre, qui étoit fon intime ami, fe lit ainfi fur la colonne : *Titianus f.*

<small>Sur toile. Haut de 3 pieds 9 pouces; large de 3 pieds.
Figure jufqu'aux genoux, grandeur naturelle.</small>

Du Titien.

39. L'Electeur de Saxe *Jean Fréderic* en fimarre noire fourrée & à larges rebords. Ce Prince, affis dans un fauteuil, les bras appuyés fur ceux de fon fiège, tient une barette dans la main gauche.

<small>Sur toile. Haut de 3 pieds 9 pouces; large de 3 pieds.
Figure jufqu'aux genoux, grandeur naturelle. Pendant du N.° précédent.</small>

Du Titien.

40. Le célèbre *Philippe Strozzi*, noble Florentin, représenté dans la fleur de l'âge, avec une barbe noire, & en robe doublée de peaux de tigre, qu'il croise par devant avec les deux mains.

Sur toile. Haut de 3 pieds 8 pouces; large de 2 pieds 10 pouces.
Figure jusqu'aux genoux, grandeur naturelle.

Du Titien.

41. Le Portrait de *Fabrice Salvaréfius* de Venise. Il est représenté debout, la tête couverte d'une toque, vêtu d'une pelisse & ceint d'une écharpe d'étoffe rayée. Un petit Nègre lui présente des fleurs. Derrière lui on voit une pendule sur une armoire. On lit au haut du Tableau dans un petit cadre : FABRICIUS SALVARESIUS ANNUM AGENS L. MDLVIII. *Titiani opus*.

Sur toile. Haut de 3 pieds 8 pouces; large de 2 pieds 10 pouces.
Figure jusqu'aux genoux, grandeur naturelle. Pendant du N°. précédent.

III.e Façade, où est la Porte de sortie.

Du Titien.

42. Bacchus assis sous un arbre, une flûte à la main ; & Ariadne nue couchée à côté de lui sur une peau de tigre.

Sur toile. Large de 5 pieds 10 pouces; haut de 4 pieds 10 pouces.
Figures entières, grandeur naturelle.

*Du Titien.

43. Diane au bain avec ses Nymphes, qui découvrent la grossesse de Calisto.

Sur toile. Large de 6 pieds 4 pouces; haut de 5 pieds 9 pouces.
Figures entières, deux tiers de nature.

ÉCOLE VÉNITIENNE.

* Du Titien.

44. Danaë recevant la pluie d'or. Elle est couchée sur un lit sous une tente; & une vieille femme, qui est à côté d'elle, tend avec empressement une coupe d'or pour recevoir cette pluie séduisante. On lit au bas du tableau TITIANUS EQUES CÆS. FECIT.

Sur toile. Large de 4 pieds 9 pouces; haut de 4 pieds 3 pouces.
Figures entières, grandeur naturelle.

* Du Titien.

45. & 46. Deux Portraits de femmes. Le premier est celui de la Princesse *Isabelle d'Est*, femme de François de Gonzague Marquis de Mantoue, peinte à la fleur de son âge, assise dans un fauteüil & richement habillée. Elle est coiffée d'une espèce de turban garni de perles & de pierreries.

Le second représente une jeune & belle personne à gorge & à bras découverts, se couvrant négligemment d'une pelisse noire. Ce Tableau est connu sous le nom de la *Maîtresse du Titien*.

Sur toile. Hauts de 3 pieds 2 pouces; larges de 2 pieds.
Figures jusqu'aux genoux, grandeur naturelle.

* Du Titien.

47. & 48. Deux Portraits d'hommes dont le premier représente le célèbre *Jean Boccace* dans un âge avancé, sans barbe mais avec des cheveux gris un peu crépus, portant un habit noir recouvert d'un manteau de même couleur, qu'il retient de la main gauche.

Le second est un homme de qualité à barbe brune, également vêtu d'un habit noir, la tête couverte d'une barette, & appuyant la main gauche sur la garde de son épée.

Sur toile. Hauts de 3 pieds 6 pouces; larges de 2 pieds 7 pouces.
Demi-figures, grandeur naturelle.

Du Titien.

49. Le Portrait du Peintre lui-même dans un âge avancé, une calotte sur la tête, & une triple chaîne d'or au cou.

Sur bois. Haut de 1 pied 6 pouces; large de 1 pied 3 pouces.
Tête, grandeur naturelle.

Du Titien.

50. Un Ecce Homo. Le Sauveur couronné d'épines est debout, les mains liées, & tenant un roseau dans la gauche.

Sur toile. Haut de 2 pieds; large de 1 pied 5 pouces.
Demi-figure, demi-nature.

* Du Titien.

51. Ste. Catherine debout, tenant de la main droite une roue brisée, & une branche de palmier de la gauche qu'elle appuie sur un piédestal.

Sur toile. Haut de 3 pieds 1 pouce, large de 2 pieds 4 pouces.
Demi-figure, grandeur naturelle.

* Du Titien.

52. Le Portrait d'une Dame représentée en Lucrèce, le sein découvert & tenant un poignard à la main. On lit dans l'ombre du Tableau en très-petit caractère : *Sibi Titianus faciebat* ; c'est-à-dire, *le Titien a peint ce tableau pour lui-même*.

Sur toile. Haut de 3 pieds 1 pouce; large de 2 pieds 4 pouces.
Demi-figure, grandeur naturelle. Pendant du N.° précédent.

* Du Titien.

53. Le Portrait d'une jeune Dame de qualité, vêtue de velours pourpre, le cou paré d'un fil de grosses perles qui lui retombe sur la poitrine, & le corps ceint d'une écharpe de

drap d'or garnie de pierreries. Une table couverte d'un tapis de Turquie, est placée à sa gauche.

Sur toile. Haut de 3 pieds ; large de 2 pieds 2 pouces.
Figure jusqu'aux genoux, grandeur naturelle.

* Du Titien.

54. Le Savant Naturaliste *Ulysse Aldrovandi* de Bologne à la fleur de son âge, tenant la serre d'un oiseau de proie dans sa main gauche.

Sur toile. Haut de 3 pieds 1 pouce ; large de 2 pieds 4 pouces.
Figure jusqu'aux genoux, trois quarts de nature. Pendant du N.° précédent.

* Du Titien.

55. Une jeune femme représentée en Flore. Elle est en chemise, tenant de la main droite des fleurs, & de la gauche un bout d'étoffe de soie brochée, dont elle se couvre le sein. Ce doit être le portrait de la fille de Jaques Palme *dit* le Vieux, connue sous le nom de *Violante*.

Sur toile. Haut de 2 pieds 6 pouces ; large de 2 pieds.
Demi-figure, grandeur naturelle.

Du Titien.

56. Une Lucrèce prête à se frapper d'un poignard qu'elle tient à la main. On voit derrière elle une tête d'homme qu'on suppose être son père.

Sur toile. Haut de 2 pieds 6 pouces ; large de 2 pieds.
Demi-figure, grandeur naturelle. Pendant du N.° précédent.

Du Titien.

57. Un Enfant nu assis sous un arbre & jouant du tambourin. On voit devant lui des fleurs éparpillées à terre.

Sur toile. Haut de 1 pied 7 pouces ; même largeur.
Figure entière, demi-nature.

* Du Titien.

58. Jésus-Christ au sépulcre. Joseph d'Arimathie & Nicodème posent le corps du Sauveur dans une tombe de pierre, à côté de laquelle on voit la Ste. Vierge & Marie Madeleine en pleurs.

Sur toile. Large de 3 pieds 7 pouces; haut de 3 pieds 1 pouce.
Figures entières, trois quarts de nature.

Du Titien.

59. La Ste. Vierge avec l'Enfant Jésus sur ses genoux. St. Jérôme, vêtu d'une étoffe rouge, est debout devant elle, lisant dans un livre. On voit à sa droite St. Etienne, une branche de palmier à la main, & à sa gauche St. George tenant une lance.

Sur bois. Large de 4 pieds 3 pouces; haut de 3 pieds 6 pouces.
Figures jusqu'aux genoux, de grandeur naturelle.

Nota. Ce Tableau est placé au-dessus de la porte.

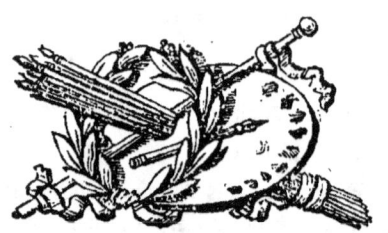

TROISIÈME CHAMBRE.

TABLEAUX
POUR LA PLUPART
DE L'ÉCOLE ROMAINE.

I.re Façade où est la Porte d'Entrée.

*De Charles Maratte.

1. St. Joseph mourant sur son lit. Le Sauveur qui est à son côté, ainsi que la Ste. Vierge, lui donne sa bénédiction. On voit devant le lit quelques Anges à genoux, & au-dessus d'autres Anges dans une gloire.
<small>Sur toile. Haut de 11 pieds 9 pouces; large de 6 pieds 6 pouces.
Figures entières, grandeur naturelle.</small>

* De Dominique Féti.

2. Moyse se déchaussant devant le buisson ardent.
<small>Sur toile. Haut de 5 pieds 3 pouces; large de 3 pieds 6 pouces.
Figure entière, de grandeur naturelle.</small>

* D'Antoine Raphael Mengs.

3. St. Pierre assis sur son siège, élevant la main vers le ciel, & tenant de la gauche un livre & les clefs,

symboles de son ministère. On voit une langue de feu au-dessus de sa tête.

Sur toile. Haut de 4 pieds 11 pouces ; large de 3 pieds 7 pouces.
Figure entière, grandeur naturelle.

* D'Antoine Raphael Mengs.

4. L'Infante *Marie Thérèse de Naples* à l'âge d'un an : elle se soutient contre un tabouret.

Sur bois. Haut de 3 pieds 3 pouces ; large de 2 pieds 11 pouces.
Figure entière, grandeur naturelle.

* De Jules Romain.

5. La Ste. Vierge, un livre à la main, soutenant l'Enfant Jésus, qui, debout sur une table, tient une guirlande de fleurs à la main.

Sur bois. Haut de 3 pieds 3 pouces ; large de 2 pieds 6 pouces.
Figures jusqu'aux genoux, grandeur naturelle.

* De Nicolas Poussin.

6. St. Pierre & St. Jean guérissant le Boiteux à la porte du Temple.

Sur toile. Haut de 2 pieds 6 pouces ; large de 1 pied 9 pouces.
Petites figures.

* De Dominique Feti.

7. Une Fuite en Egypte, représentée au clair de la Lune.

Sur bois. Large de 2 pieds 7 pouces ; haut de 2 pieds.
Petites figures.

D'André Luigi *dit* l'Ingegno.

8. La Circoncision de Notre Seigneur. On lit sur le Tableau : 1526. LVIG.

Sur bois. Haut de 2 pieds 6 pouces ; large de 1 pied 9 pouces.
Petites figures.

DE BENVENUTO GAROFALO *dit* TISIO.

9. Un Repos en Égypte. La Ste. Vierge, l'Enfant Jésus sur ses genoux, est assise avec St. Joseph sur un mur. Le Saint appuie son bras droit sur un sac & tient dans sa main gauche un bâton. Le fond présente un paysage ouvert.

Sur bois. Haut de 3 pieds 3 pouces ; large de 2 pieds 7 pouces.
Figures entières, deux tiers de nature.

DE PIERRE MONTANINI *dit* LE PÉRUGIN.

10. La Ste. Vierge avec l'Enfant Jésus sur ses genoux. On voit à côté d'elle deux Saintes, dont l'une tient une branche de palmier, & l'autre prie les mains jointes.

Sur bois. Haut de 2 pieds 8 pouces ; large de 2 pieds.
Figures jusqu'aux genoux, trois quarts de nature.

DE FRANÇOIS RAIBOLINI *dit* FRANÇOIS FRANCIA.

11. La Ste. Vierge assise sur un trône élevé, avec l'Enfant Jésus debout sur ses genoux. A sa droite est St. François à qui l'Enfant donne sa bénédiction, & à sa gauche Ste. Catherine tenant dans sa main droite une branche de palmier, & dans l'autre une roue. Le petit St. Jean debout devant le trône, montre le Sauveur de la main. On voit des deux côtés, sur le devant, quelques arbres, & dans le fond un paysage ouvert. Sur la corniche du soubassement qui porte le trône est écrit : *Francia Aurifaber Bono*.

Sur bois. Haut de 6 pieds 1 pouce ; large de 4 pieds 4 pouces.
Figures entières, deux tiers de nature.

D'ANDRÉ SACCHI.

12. Sem & Japhet couvrant la nudité de leur père ivre, étendu sur la terre, tandis que Cham le regarde d'un air moqueur.

Sur toile. Large de 5 pieds 1 pouce ; haut de 4 pieds.
Figures entières, deux tiers de nature.

II.ᵉ Façade, où est la Porte de sortie.

De Jules Romain.

13. Des combats de gladiateurs & des courses de chevaux en préfence d'une foule de spectateurs. Le lieu de la scène est une grande place environnée des principaux édifices & monumens de Rome. Phœbus monté sur un char contemple ce spectacle du haut des airs.

Sur toile. Large de 10 pieds 5 pouces ; haut de 7 pieds.
Petites figures.

De François Curadi.

14. Abraham devant fa tente fe profternant aux pieds des trois Anges qu'il invite à fe repofer. Sara qu'on voit à la porte de la tente, écoute leur entretien.

Sur toile. Haut de 7 pieds 4 pouces ; large de 5 pieds 6 pouces.
Figures entières, grandeur naturelle.

De Dominique Féti.

15. La Ste. Vierge affife fur un trône, & tenant l'Enfant Jéfus qui remet l'anneau nuptial à Ste. Catherine agenouillée devant lui. Du côté de la Vierge eft St. Pierre Martyr debout, & devant le trône St. Dominique un lys à la main.

Sur toile. Haut de 7 pieds 3 pouces ; large de 4 pieds 6 pouces.
Figures entières, grandeur naturelle.

De Pompée Batoni.

16. Cléopâtre mourante montrant à Augufte le Bufte de Jules-Céfar, placé à fa gauche fur une table.

Sur toile. Large de 4 pieds 5 pouces ; haut de 3 pieds 2 pouces.
Figures jufqu'aux genoux, petite nature.

ÉCOLE ROMAINE.

* De Pompée Batoni.

17. Le Retour de l'Enfant prodigue, que son père reçoit à bras ouverts. On lit sur le tableau : *P. Batoni pinxit Romæ* 1773.

<small>Sur toile. Haut de 4 pieds 4 pouces; large de 3 pieds 1 pouce.
Figures jusqu'aux genoux, grandeur naturelle.</small>

De Moyse Valentin.

18. Moyse tenant dans ses mains sa verge & les tables de la Loi.

<small>Sur toile. Haut de 4 pieds 1 pouce; large de 3 pieds 3 pouces.
Figure jusqu'aux genoux, forte nature.</small>

De Polidore de Carravage.

19. Procris s'efforçant de retirer de son sein le dard fatal lancé par son mari Céphale, qui, reconnoissant sa voix au cri qu'elle poussa, y accourt tout interdit. Un bois épais forme le fond du tableau qui est une grisaille.

<small>Sur toile. Haut de 4 pieds; large de 3 pieds 3 pouces.
Figures entières, demi-nature.</small>

De Joseph Césari *dit* le Josépin.

20. Un Ecce Homo. Pilate présente au peuple Juif Jésus-Christ lié & tenu par deux soldats.

<small>Sur toile. Haut de 3 pieds 10 pouces; large de 3 pieds 6 pouces.
Figures jusqu'aux genoux, forte nature.</small>

* De Salvator Rose.

21. Un guerrier cuirassé, représenté dans une attitude tranquille, le bras gauche négligemment appuyé sur la garde de son épée, qu'il tient de la droite la pointe contre terre.

<small>Sur toile. Haut de 3 pieds 6 pouces; large de 2 pieds 7 pouces.
Figure jusqu'aux genoux, grandeur naturelle.</small>

De Salvator Rose.

22. St. Guillaume pénitent. Il est représenté en cuirasse, couché sur son dos, les bras étendus & attachés à un arbre.

Sur toile. Haut de 2 pieds 3 pouces; large de 1 pied 8 pouces.
Petite figure.

De Dominique Féti

23. Un marché public avec beaucoup de monde. On voit sur le devant du tableau, au milieu, sous des arcades, une boutique de joaillerie, devant laquelle plusieurs chalands examinent des joyaux.

Sur bois. Haut de 2 pieds; large de 1 pied 5 pouces.
Petites figures.

* De Dominique Féti.

24. Ste. Marguerite victorieuse du démon qu'elle tient enchaîné à ses pieds; elle fixe ses regards sur une gloire céleste qui lui apparoît.

Sur bois. Haut de 1 pied 9 pouces; large de 1 pied 2 pouces.
Petites figures.

* De Dominique Féti.

25. & 26. Deux sujets de la Fable. Le premier représente Léandre noyé, porté sur le rivage par les Néréides. On voit planer au-dessus d'elles un Amour éploré, & dans le lointain Héro qui se précipite de désespoir du haut de sa tour dans la mer.

Le second est un Triomphe de Galathée. Assise sur un char entourré de Nymphes & de Tritons, & au-dessus duquel plane un petit Amour, Galathée vogue en pleine mer, tandis que Polyphème, l'apercevant du haut d'un rocher élevé, l'appelle à grands cris, & exprime son désespoir par de violens mouvemens.

Sur bois. Larges de 3 pieds; hauts de 1 pied 4 pouces.
Petites figures.

ÉCOLE ROMAINE.

DE RENAUD DE MANTOUE.

27. Le Triomphe d'un Empereur Romain.

Sur bois. Large de 4 pieds 8 pouces; haut de 1 pied 4 pouces.
Petites figures.

* D'ANDRÉ SACCHI.

28. La Sagesse Divine représentée allégoriquement sous la figure d'une belle femme, tenant un sceptre & un miroir à la main, & assise sur un trone d'or posé sur des nuages, & environné de plusieurs figures portant des attributs relatifs au sujet.

Sur toile. Large de 3 pieds 2 pouces; haut de 2 pieds 6 pouces.
Petites figures.

* DE FRÉDÉRIC BAROCHE.

29. Une Nativité. Marie en extase est à genoux devant l'Enfant Jésus couché dans la crèche, tandis que St. Joseph ouvre aux bergers la porte de l'étable.

Sur cuivre. Haut de 1 pied 4 pouces; large de 1 pied.
Petites figures.

DE JOSEPH CÉSARI *dit* LE JOSÉPIN.

30. Ste. Catherine assise sur sa roue brisée, sous un palmier dont de petits Anges détachent des rameaux pour les lui offrir.

Sur toile. Haut de 1 pied; large de 9 pouces.
Petites figures.

III.ᵉ Façade du côté du Cabinet Doré.

31. Un Tableau en mosaïque exécuté à Rome en 1772
par Bernardin Regoliron,
d'après un tableau de Pompée Batoni;

repréſentant

S M. Imp. & Royale Joseph II.
& ſon auguſte Frère
L'Archiduc Léopold, Grand Duc de Toſcane.

Figures juſqu'aux genoux, grandeur naturelle. Haut de 5 pieds 10 pouces;
large de 3 pieds 10 pouces.

Ce morceau précieux, envoyé en 1773, par le Pape Clément XIV, à l'Impératrice-Reine, de glorieuſe mémoire, eſt monté dans un cadre magnifique de métal doré, incruſté de pierreries & d'ornemens en argent. On lit au haut dans un cartouche:

Clemens XIV. P. M.
Auguſtæ Matri
Jucundiſſimum Donum.

C'eſt-à-dire,
Don très-agréable
du Pape Clément XIV
à l'Auguſte Mère.

De Raphaël.

32. Ste. Marguerite dans une caverne où elle triomphe du diable en lui montrant un crucifix. Satan eſt couché à ſes pieds ſous la figure d'un horrible dragon.

Sur bois. Haut de 5 pieds; large de 3 pieds 10 pouces.
Figure entière, grandeur naturelle.

De l'École de Raphaël.

33. Un Portement de croix. Le Sauveur en fuccombant fous le poids de fa croix, confole fa Mère éplorée qui eft à genoux devant lui, accompagnée de St. Jean & des faintes femmes.

Sur bois. Haut de 5 pieds; large de 3 pieds 4 pouces.
Figures entières, tiers de nature.

De Joseph Césari *dit* le Josépin.

34. Andromède, enchaînée à un rocher, eft délivrée par Perfée qui combat le monftre dont elle alloit être dévorée.

Sur pierre. Haut de 1 pied 7 pouces; large de 1 pied 2 pouces.
Petites figures.

De Pierre Montanini *dit* le Pérugin.

35. Le Baptème de Jéfus-Chrift.

Sur bois. Haut de 1 pied; large de 8 pouces.
Petites figures.

De Jules Romain.

36. Les Attributs des quatre Evangéliftes, formant un grouppe porté fur des nuages. Le St. Efprit fous la forme d'une colombe, plane au-deffus de ce grouppe.

Sur bois. Octogone de 8 pouces de diamètre.

De l'École de Raphaël.

37. Le Sauveur s'entretenant avec la Samaritaine, accompagné de quatre de fes Difciples. On voit dans le lointain un payfage montueux garni de fabriques.

Sur bois. Haut de 2 pieds; large de 1 pied 5 pouces.
Petites figures.

* De Raphaël.

38. La Ste. Vierge affife dans une prairie avec l'Enfant Jéfus debout à côté d'elle. Un petit St. Jean, un genou en terre, préfente refpectueufement au Sauveur, une croix de rofeaux qu'il reçoit d'un air gracieux. Le fond du tableau offre une plaine à perte de vue, terminée à l'horifon par des montagnes, au pied defquelles on apperçoit un lac & quelques fabriques. On diftingue fur ce tableau le miléfime 1506, d'où il réfulte que Raphaël étoit âgé de 23 ans lorfqu'il le peignit.

Sur bois. Haut de 3 pieds 6 pouces; large de 2 pieds 9 pouces.
Figures entières, trois quarts de nature.

* De Raphaël.

39. Une Ste. Famille fe repofant fous un palmier. La Vierge un genoux en terre, incline l'Enfant Jéfus vers le petit St. Jean agenouillé, qui lui préfente des fruits, & que St. Jofeph foutient par le bras gauche pour l'aider à fe relever. On voit fur la droite un bout de payfage.

Sur bois. Haut de 4 pieds 10; large de 3 pieds 7 pouces.
Figures entières, grandeur naturelle.

De Jules Romain.

40. La St. Vierge affife, préfente l'Enfant Jéfus à Ste. Anne qui tend les bras pour le recevoir : à côté de la Vierge eft une autre Sainte. On voit fur le devant le petit St. Jean affis fur une peau de tigre, montrant du doigt le Sauveur. Le mur d'un bâtiment forme le fond du tableau.

Sur bois. Haut de 4 pieds 11 pouces; large de 3 pieds 11 pouces.
Figures entières, grandeur naturelle.

QUATRIÈME CHAMBRE.

TABLEAUX

POUR LA PLUPART
DE L'ÉCOLE FLORENTINE.

Ire FAÇADE DU CÔTÉ DE LA CHAPELLE.

DE THOMAS GHERARDINI.

1. Une Grifaille imitant un bas-relief antique de marbre, qui repréfente le triomphe d'Ariadne montée fur un char traîné par deux tigres. On lit fur le Tableau : *Tom.^{so} Gherardini f.* 1777.

Sur toile. Large de 4 pieds ; haut de 3 pieds 6 pouces.
Figures entières, tiers de nature.

Nota. Ce Tableau eft placé au-deffus de la porte.

✶ D'HORACE GENTILESCHI.

2. Madeleine pénitente couchée dans une grotte. Quelques rayons de lumière defcendant du ciel, viennent tomber fur la Sainte par l'ouverture de la grotte. On lit au bas : *Horatius Gentilefchi Florentinus f.*

Sur toile. Large de 6 pieds 9 pouces ; haut de 5 pieds 1 pouce.
Figure entière, grandeur naturelle.

* De Michel-Ange.

3. L'Enlèvement de Ganimède emporté dans les airs par Jupiter sous la forme d'un aigle. On voit à terre un chien de chasse qui suit son maître des yeux, & dans le lointain, un paysage montueux, avec quantité de ruines & de fabriques.

Sur bois. Haut de 3 pieds ; large de 2 pieds 4 pouces.
Petites figures.

De François Pagani.

4. Une Ste. Famille. L'Enfant Jésus que la Vierge tient sur le bras, reçoit des mains du petit St. Jean une banderole sur laquelle on lit : *Agnus Dei*. St. Joseph se tient debout à la droite, & Ste. Anne à la gauche, soulevant le petit St. Jean pour le présenter au Sauveur.

Sur bois. Haut de 2 pieds 7 pouces ; large de 1 pieds 11 pouces.
Figures jusqu'aux genoux, trois quarts de nature.

De Jean Paul Lomazzo.

5. La Ste. Vierge & Ste. Anne assises dans un paysage, & l'Enfant Jésus s'amusant à jouer avec un agneau. Le lointain présente des montagnes & des rocs escarpés.

Sur bois. Haut de 3 pieds 2 pouces ; large de 2 pieds 3 pouces.
Figures entières, tiers de nature.

De Jean François Romanelli.

6. Le Triomphe d'Alexandre le Grand dans l'Inde, où les Rois qu'il a vaincus lui apportent leurs sceptres & leurs couronnes.

Sur toile. Large de 2 pieds 10 pouces ; haut de 2 pieds.
Petites figures.

* D'Antoine Balestra.

7. St. François de Paule en adoration devant une gloire céleste.

Sur bois. Large de 1 pied 1 pouce ; haut de 11 pouces.
Petit Buste.

ÉCOLE FLORENTINE. 43

DE MARIO BALASSI.

8. L'Enfant Jésus dormant sur les genoux de la Vierge, qui fait signe au petit St. Jean de ne pas faire de bruit.

<small>Sur pierre. Rond de 9 pouces de diamètre.</small>

* DE LÉONARD DE VINCI.

9. Hérodiade ordonnant au bourreau qui lui apporte la tête de St. Jean Baptiste, de la mettre dans un bassin de pierre posé sur une table à côté d'elle.

<small>Sur bois. Haut de 4 pieds 3 pouces; large de 2 pieds 6 pouces.
Figures entières, trois quarts de nature.</small>

DE JEAN FRANÇOIS ROMANELLI.

10. Le jeune David se reposant sur le champ de bataille où il a vaincu Goliath dont il tient la tête & l'épée. On voit à la droite les femmes Israëlites s'avancer vers lui en célébrant son triomphe par des chants d'allégresse, & par des danses au son de divers instrumens.

<small>Sur toile. Large de 2 pieds 10 pouces; haut de 2 pieds.
Petites figures. Pendant du N°. 6.</small>

DE L'ÉCOLE DE MICHEL-ANGE.

11. Le Buste de Michel-Ange. Ce grand Artiste est représenté sur le déclin de l'âge, avec une barbe & des cheveux grisonnant, & dans un habit noir. On lit autour du tableau : IL DIVIN MICHAEL ANGELO BONARROTI FIORENTINO.

<small>Sur bois. Rond de 9 pouces de diamètre.</small>

* DE FRÉDÉRIC ZUCCHERO.

12. La Ste. Vierge assise dans une chambre, l'Enfant Jésus sur ses genoux, & une rose blanche dans sa main droite.

Elle a les yeux fixés sur le petit St. Jean qui, ses bras posés sur une table, dort tranquillement devant elle. Une ouverture de fenêtre laisse voir un bout de paysage.

Sur bois. Large de 1 pied 2 pouces; haut de 11 pouces.

IIe Façade où est la Porte d'entrée.

De Thomas Gherardini.

13. Une grisaille imitant un bas-relief antique de marbre, représentant une offrande au Dieu Pan.

Sur toile. Large de 4 pieds; haut de 3 pieds, 6 pouces.
Figures entières, tiers de nature.

Nota. Ce Tableau est placé au-dessus de la porte.

* De Pierre de Cortone.

14. St. Martin Evêque ressuscitant un jeune homme en présence d'une foule de peuple.

Sur toile. Large de 10 pieds; haut de 7 pieds 3 pouces
Figures entières, grandeur naturelle.

* De Sébastien Bombelli.

15. Le Portrait du jeune Duc *François de Medicis.* Ce Prince, âgé de douze ans, est représenté en habit verd, une fraise blanche au cou, & appuyant sa main droite sur un chien de chasse tigré qui est à côté de lui.

Sur toile. Haut de 5 pieds; large de 3 pieds 7 pouces.
Figure entière, grandeur naturelle.

DE FRANÇOIS VANNI.

16. La Ste. Vierge avec l'Enfant Jésus sur ses genoux. Le Sauveur tient un oiseau en l'air, & le petit St. Jean qui est à côté de lui, le montre de la main en riant.

Sur bois. Haut de 1 pied 8 pouces ; large de 1 pied 5 pouces.
Figures jusqu'aux genoux, demi-nature

* DU FRÈRE BARTHELEMI DE ST. MARC.

17. La Ste. Vierge tenant sur ses bras l'Enfant Jésus qui l'embrasse tendrement.

Sur bois. Haut de 2 pieds 6 pouces ; large de 2 pieds.
Demi-figure, grandeur naturelle.

* DE PIERRE DE CORTONE.

18. Ananie rendant la vue à Saul par l'imposition des mains.

Sur toile. Haut de 1 pied 7 pouces ; même largeur,
Petites figures.

DE TADDÉE ZUCCHERO.

19. La Flagellation de Notre-Seigneur.

Sur bois. Haut de 1 pieds 10 pouces ; large de 1 pied.
Petites figures.

* DE VENTURE SALIMBENI.

20. La Ste. Vierge assise dans un paysage avec l'Enfant Jésus qu'elle tient sur le bras, & qui s'entretient avec le petit St. Jean debout devant lui.

Sur bois. Haut de 1 pied 8 pouces ; large de 1 pied 1 pouce.
Petites figures.

Quatrième Chambre.

D'André del Sarté.

21. La Ste. Vierge tenant dans un de ses bras l'Enfant Jésus debout sur une table ; le petit St. Jean présente une croix d'or au Sauveur.

Sur bois. Haut de 1 pied 16 pouces ; large de 1 pied 5 pouces.
Figure jusqu'aux genoux, demi-nature.

D'André del Sarté.

22. St. Sébastien tenant dans sa main droite deux flèches liées ensemble, & dans sa gauche une branche de palmier.

Sur bois. Haut de 2 pieds 7 pouces ; large de 2 pieds 1 pouces.
Demi-figure, grandeur naturelle.

* De Ciro Ferri.

23. Le Noli me tangere, ou Jésus-Christ apparoissant en Jardinier à la Madeleine.

Sur cuivre. Haut de 1 pied 6 pouces ; large de 1 pied 2 pouces.
Petites figures.

III.e Façade où est la Porte de sortie.

D'André Verrochio.

24. Jésus-Christ mis au tombeau.

Sur bois. Haut de 2 pieds ; large de 1 pied 7 pouces.
Petites figures.

* De Michel-Ange.

25. Une Ste. Famille. L'Enfant Jésus dort sur les genoux de la Vierge assise sur un banc sous lequel on apperçoit un horloge de sable ; elle tient un livre ouvert à la main. On voit à sa droite le petit St. Jean tenant un

le fes doigts fur fa bouche, & à fa gauche St. Joseph. Derrière eux est un baldaquin verd.

Sur bois. Haut de 1 pied 5 pouces; large de 10 pouces.

* De Michel-Ange.

26. Jésus-Christ sur la montagne des oliviers, tableau où la figure du Sauveur se trouve répétée dans deux actions différentes. A la droite on le voit prier à genoux sur un petit monticule; à la gauche il réveille ses Disciples endormis. Dans le lointain on apperçoit Judas qui s'avance avec sa troupe hors de la ville de Jérusalem.

Sur bois. Large de 2 pieds 4 pouces; haut de 1 pied 5 pouces.
Petites figures.

* De Michel-Ange.

27. Un sujet allégorique & des plus singuliers, connu sous le nom du *Songe de Michel-Ange*, ou du *Spectacle de la vie humaine*. Sur le devant un jeune homme tenant un globe des deux mains, est assis tout nu sur une pierre carrée & creuse à demi-renversée, & dont le vide est rempli de toutes sortes de masques. Son attitude, qui exprime la surprise & l'étonnement, donne à connoître qu'il vient de s'éveiller au bruit de la trompette dont sonne un ange qui descend vers lui. On voit sur des nuages rassemblés autour du jeune homme en forme cercle, une quantité de petites figures & de grouppes, qui doivent faire allusion aux sept péchés capitaux.

Sur pierre. Haut de 1 pieds 10 pouces; large de 1 pieds 5 pouces.

* De Charles Dolci.

28. Une Ste. Vierge en prières, les mains jointes, le corps incliné & enveloppé d'un manteau bleu.

Sur toile. Haut de 1 pied 6 pouces; large de 1 pied 3 pouces.
Buste, grandeur naturelle.

* De Léonard de Vinci.

29. Un Chrift couronné d'épines & portant fa croix.

Sur bois. Haut de 1 pied 9 pouces; large de 1 pied 5 pouces.
Bufte, grandeur naturelle.

* De Léonard de Vinci.

30. Hérodiade tenant dans un plat d'argent la tête de St. Jean Baptifte. On voit à côté d'elle le Bourreau qui vient de la lui remettre.

Sur bois. Haut de 1 pied 9 pouces; large de 1 pied 3 pouces.
Bufte, grandeur naturelle.

De Léonard de Vinci.

31. Hérodiade qui vient de recevoir du bourreau la tête de St. Jean Baptifte, pofée devant elle fur une table dans un baffin d'or. Elle s'entretient avec une Vieille qui fe tient debout à fon côté.

Sur bois. Large de 1 pied 10 pouces; haut de 1 pied 7 pouces.
Bufte, demi-nature.

De Sébastien del Piombo.

32. Le Bufte d'un homme barbu vu par derrière, le dos nu, & tournant la tête qui fe préfente de profil.

Sur bois. Haut de 1 pieds 6 pouces; même largeur.
Grandeur naturelle.

De Jaques Carrucci *dit* le Pontorme.

33. Le Bufte d'un jeune homme à cheveux bruns & crépus, vu de profil, la poitrine à demi-nue.

Sur bois. Haut de 1 pied 6 pouces.; même largeur.
Bufte, grandeur naturelle. Pendant du N°. précédent.

De

DE BERNARD BARBATELLO *dit* POCCHIETTI.

34. Le Portrait d'une jeune Dame vêtue d'une étoffe couleur de rose brochée. Sa coiffure est une espèce de turban garni de perles & de pierreries.

> Sur bois. Haut de 1 pied 6 pouces ; même largeur.
> Buste , grandeur naturelle.

DE CÉSAR DA SESTO *dit* CÉSAR DE MILAN.

35. Le Portrait d'un jeune homme , vêtu d'un habit noir, & d'une veste d'étoffe à raies jaunes, bleues & blanches, la tête couverte d'un chapeau plat.

> Sur bois. Haut de 1 pied 6 pouces ; même largeur.
> Buste, grandeur naturelle. Pendant du N.° précédent.

* D'ANDRÉ DEL SARTE.

36. Un Christ mort pleuré par la Ste. Vierge & deux Anges. On lit sur le tableau : AND. SAR. FLO. FAC.

> Sur bois. Large de 3 pieds 10 pouces ; haut de 3 pieds 2 pouces.
> Figures entières , grandeur naturelle.

* D'HORACE GENTILESCHI.

37. Une Sainte Famille. La Vierge est assise à terre, donnant le sein à l'Enfant Jésus. St. Joseph se repose à côté d'elle sur un sac. On lit au bas du tableau : HORATIUS GENTILESCHUS. FECIT.

> Sur toile. Large de 6 pieds 10 pouces ; haut de 4 pieds 4 pouces.
> Figures entières , grandeur naturelle.

DE THOMAS GHERARDINI.

38. Une grisaille imitant un bas relief antique de marbre, représentant la Victoire avec la Renommée sur un

char de triomphe traîné par deux chevaux. On lit sur le tableau : *Tom.*ᵒ *Gherardini f.* 1777.

Sur toile. Large de 4 pieds ; haut de 3 pieds 6 pouces.

Figures entières, un tiers de nature.

Nota. Ce Tableau est placé au-dessus de la porte.

Du Frère Barthelemi & de Julien Bugiardini.

39. Les deux fils de Jacob, Siméon & Lévi, retirant à main armé leur sœur Dina de la maison de Sichem, qui l'avoit enlevée, & massacrant impitoyablement les Sichemites. La scène se passe au milieu d'une grande place ornée de fabriques.

Sur toile. Large de 5 pieds 10 pouces ; haut de 5 pied 1 pouce.

Figures entières, un tiers de nature.

De Jaques Chimenti dit d'Empoli.

40. Susanne assise auprès d'une fontaine dans un jardin, & prête à entrer dans le bain ; elle est servie par deux de ses femmes. On apperçoit, à la gauche, dans un bosquet où ils se sont cachés, les deux Vieillards qui la lorgnent & semblent guetter le moment de la surprendre. On lit sur le tableau : *Jacopo Empoli* f. 1600.

Sur toile. Haut de 7 pieds ; large de 5 pieds 4 pouces.

Figures entières, grandeur naturelle.

La Chapelle

dans la Tour du côté de la Cour,

contiguë à cette quatrième Chambre, renferme un superbe Tableau d'Autel de Franc. Solimène, représentant la Résurrection du Sauveur.

CINQUIÈME CHAMBRE.

TABLEAUX
POUR LA PLUPART
DE L'ÉCOLE BOLONOISE.

I.re Façade où est la Porte d'entrée.

De l'École du Guerchin.

1. Jésus-Christ saisi au Jardin des Olives par les soldats, dont les uns le lient tandis que d'autres le tirent violemment par les cheveux. Judas, une bourse à la main, se tient un peu à l'écart sur la droite.

Sur toile. Large de 4 pieds 10 pouces ; haut de 3 pieds 10 pouces.
Demi-figures, grandeur naturelle.

Nota. Ce Tableau est placé au-dessus de la porte.

D'Augustin Carrache.

2. St. François en extase recevant les stigmates dans un désert. Un peu plus loin, à droite, est un Religieux qui se repose à terre.

Sur toile. Haut de 6 pieds 7 pouces ; large de 4 pieds 6 pouces.
Figures entières, grandeur naturelle.

Du Guerchin.

3. St. Jean-Baptiste prêchant dans le désert.

<blockquote>Sur toile. Haut de 6 pieds 7 pouces; large de 4 pieds 6 pouces. Figures entières, grandeur naturelle.</blockquote>

* Du Guerchin.

4 & 5. Deux sujets de la Parabole de l'Enfant prodigue. Le premier représente le moment où il est reçu par son père.

Le second le représente ôtant ses haillons, pour se revêtir des vêtemens neufs que lui présentent les serviteurs de son père.

<blockquote>Sur toile. Larges de 4 pieds 8 pouces; hauts de 3 pieds 4 pouces. Demi-figures, grandeur naturelle.</blockquote>

De Michel-Ange de Carravage.

6. David portant en triomphe la tête & l'épée de Goliath.

<blockquote>Sur bois. Large de 3 pieds 7 pouces; haut de 2 pieds 10 pouces. Demi-figure, grandeur naturelle.</blockquote>

De Jean Baptiste Salvi, *dit* Sassoferrato.

7. La Ste. Vierge avec l'Enfant Jésus, qui dort tranquillement sur ses genoux, & qu'elle regarde avec tendresse.

<blockquote>Sur toile. Haut de 2 pieds 3 pouces; large de 1 pied 10 pouces. Buste, grandeur naturelle.</blockquote>

De Lucas Jordane *dit* Fa-Presto.

8. Le Martyre de St. Barthélemi.

<blockquote>Sur toile. Large de 3 pieds 7 pouces; haut de 2 pieds 10 pouces. Demi-figures, grandeur naturelle.</blockquote>

ÉCOLE BOLONOISE.

II.ᶜ Façade opposée aux Fenêtres.

* De Bernard Strozzi *dit* le Prêtre Génois.

9. Un Joueur de Luth habillé à l'Espagnole, & portant un chapeau à plumes sur sa tête.

Sur toile. Haut de 3 pieds ; large de 2 pieds 5 pouces.
Demi-figure, grandeur naturelle.

* Du Guide.

10. Une Sibylle dans une profonde méditation, s'appuyant sur son bras droit & tenant un livre ouvert à la main.

Sur toile. Haut de 2 pieds 10 pouces ; large de 2 pieds 4 pouces.
Demi-figure, grandeur naturelle.

* Du Guide.

11. La Purification de la Vierge. Elle est à genoux devant le Souverain Sacrificateur qui tient l'Enfant Jésus dans ses bras & le présente au Seigneur. Siméon & Anne la Prophétesse s'approchent respectueusement. St. Joseph se tient debout à la droite ; devant lui est un petit garçon, appuyé sur une table ronde, & regardant avec une joie enfantine deux tourterelles posées sur un plat. Sur le devant, à la gauche, une jeune fille à genoux, conduite par une vieille, apporte deux pigeons en offrande ; plusieurs personnes des deux sexes sont derrière elles, en prières & dans l'étonnement.

Sur toile. Haut de 19 pieds ; large de 6 pieds 7 pouces.
Figures entières, grandeur naturelle.

✱ Du Guide.

12. Jésus-Christ baptisé par St. Jean dans le Jourdain. On voit le St. Esprit qui descend sur le Sauveur sous la forme d'une colombe, & trois Anges qui se sont chargés de ses vêtemens pendant cette sainte cérémonie.

Sur toile. Haut de 8 pieds 3 pouces; large de 5 pieds 9 pouces.

Figures entières, grandeur naturelle.

✱ De Marc-Antoine Franceschini.

13. L'Emblème de l'Amour maternel, représentée dans un paysage, par une mère assise auprès d'un berceau, tenant une grenade en l'air, & entourée de ses trois enfans qui la caressent.

Sur toile. Large de 7 pieds; haut de 5 pieds.

Figures entières, au-dessus de nature.

✱ Du Guide.

14. Les quatre Saisons représentées allégoriquement par quatre figures de Femmes & trois Génies qui tiennet divers attributs particuliers à chaque Saison.

Sur toile. Large de 7 pieds; haut de 6 pieds 3 pouces.

Figures entières, grandeur naturelle.

Du Guide.

15. Ste. Madeleine en prière devant un Crucifix.

Sur toile. Haut de 2 pieds 3 pouces; large de 1 pied 10 pouces.

Buste, grandeur naturelle.

ÉCOLE BOLONOISE.

* DE FRANÇOIS FURINI.

16. Ste. Madeleine pleurant amérement. Elle s'appuie de ses deux bras sur une table ronde, soutenant sa tête de la main gauche, & ayant devant elle son vase à parfums.

Sur toile. Haut de 2 pieds 2 pouces ; large de 2 pieds.
Buste, grandeur naturelle.

* DU GUIDE.

17. St. Pierre pleurant son péché, les yeux tournés vers le ciel.

Sur toile. Haut de 2 pieds 3 pouces ; large de 1 pied 10 pouces.
Buste, forte nature.

DE L'ÉCOLE DU GUIDE.

18. Une Ste. Madeleine en profonde contemplation, & tenant une couronne d'épines dans sa main.

Sur bois. Haut de 2 pieds ; large de 1 pied 6 pouces.
Buste, grandeur naturelle.

* DU GUIDE.

19. La Ste. Vierge en adoration devant l'Enfans Jésus dormant sur un coussin.

Sur cuivre. Ovale de 2 pieds 8 pouces de large ; sur 2 pieds de haut.
Buste, grandeur naturelle.

DU GUIDE.

20. St. Jean-Baptiste dans l'Adolescence, regardant vers le ciel.

Sur toile. Haut de 2 pieds ; large de 1 pied 6 pouces.
Buste, grandeur naturelle.

De Pierre François Mola.

21. St. Jean, prèchant le peuple dans le désert.

<small>Sur toile. Haut de 1 pied 3 pouces; large de 1 pied 1 pouce.
Petites figures.</small>

De Lucas Jordane.

22. Agar renvoyée par Abraham avec son fils Ismaël. On voit Sara sur la gauche, & dans le fond quelque architecture.

<small>Sur toile. Large de 2 pieds; haut de 1 pied 6 pouces.
Demi-figures, quart de nature.</small>

De Guide Canlassi *dit* Cagnacci.

23. Ste. Madeleine couchée à terre dans un désert. Elle tient une tête de mort à la main & regarde dévotement vers le ciel, tandis que trois Anges élevés en l'air répandent des fleurs sur elle.

<small>Sur bois. Large de 1 pied 8 pouces; haut de 1 pied 4 pouces.</small>

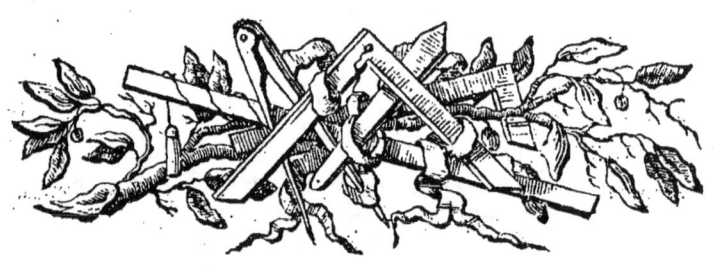

ÉCOLE BOLONOISE.

III.e FAÇADE OÙ EST LA PORTE DE SORTIE.

* D'ÉLISABETH SIRANI.

24. Une jeune Femme qui se coiffe devant un miroir placé sur une table, sur laquelle sont étalés différens joyaux. On voit à sa gauche une autre femme mise très-simplement & qui semble lui faire de sérieuses remontrances sur sa vanité.

Sur toile. Large de 4 pieds 5 pouces; haut de 3 pieds 4 pouces.
Demi-figures, grandeur naturelle.

* DE SIMON CANTARINI *dit* LE PÉSARESE.

25. Tarquin, un poignard dans sa main droite, menace Lucrèce & lui impose silence par un signe de la main gauche.

Sur toile. Large de 4 pieds 5 pouces; haut de 3 pieds 4 pouces.
Figures jusqu'aux genoux, grandeur naturelle.

DE JOSEPH-MARIE CRESPI *dit* L'ESPAGNOL.

26. & 27. Deux Sujets mythologiques. L'un représente Enée traversant le Styx dans la barque de Caron, accompagné de la Sibylle de Cumes.

On voit dans l'autre, le Centaure Chiron enseignant au jeune Achilles à tirer de l'arc.

Sur toile. Hauts de 4 pieds 6 pouces; larges de 4 pieds 3 pouces.
Figures entières, grandeur naturelle.

Cinquième Chambre.

De Michel-Ange de Caravage.

28. Le jeune Tobie oignant les yeux de son père en présence de l'Ange & de trois personnes.

Sur toile. Large de 5 pieds 2 pouces ; haut de 4 pieds 1 pouce.

Figures jusqu'aux genoux, grandeur naturelle.

Du Guerchin.

29. Un sujet de Conversation. Un Vieillard portant sa barbe & tenant une bourse à la main, est assis contre une table sur laquelle un soldat compte de l'argent. On voit encore deux hommes derrière celui-ci ; & au bout de la table, à la gauche, une femme, un collier de perles à la main, & devant laquelle un jeune garçon se tient debout, regardant avec avidité l'argent que compte le soldat.

Sur toile. Large de 5 pieds 2 pouces ; haut de 4 pieds 1 pouce.

Demi-figures, grandeur naturelle.

De Michel-Ange de Caravage.

30. La Ste. Vierge & Ste. Anne assises l'une auprès de l'autre dans une chambre. Marie tient dans ses bras l'Enfant Jésus, debout sur une table, tandis que la Sainte le prend gracieusement par le bras gauche. Le fond est un mur de la chambre.

Sur toile. Large de 4 pieds 9 pouces ; haut de 3 pieds 9 pouces.

Figures jusqu'aux genoux, grandeur naturelle.

Nota. Ce Tableau est placé au-dessus de la porte.

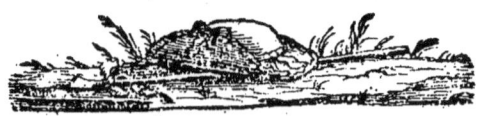

SIXIÈME CHAMBRE.

TABLEAUX POUR LA PLUPART DE L'ÉCOLE LOMBARDE.

I.re Façade où est la Porte d'Entrée.

De Simon Cantarini *dit* le Pésarese.

1. Une Sibylle assise & appuyée sur le bras droit dans une profonde méditation, tandis qu'un petit Génie déploie devant elle un rouleau de parchemin.

Sur toile. Haut de 5 pieds 6 pouces; large de 4 pieds 6 pouces.
Figures entières, forte nature.

* De Barthelemi Schidone.

2. Jésus-Christ à table à Emaüs, avec les deux disciples, au moment où il rompt le pain.

Sur toile. Large de 6 pieds 3 pouces; haut de 4 pieds 10 pouces.
Demi-figures, forte nature.

De Matthias Préti *dit* le Chev.r Calabrois.

3. St. Thomas mettant la main dans le côté de Jésus.

Sur toile. Haut de 5 pieds 10 pouces; large de 4 pieds 6 pouces.
Figures jusqu'aux genoux, forte nature.

* Du Corrège.

4. Cupidon se taillant un arc, le pied droit posé sur des livres placés sur une table, derrière laquelle on voit un petit Amour qui serre une petite fille dans ses bras.

Sur bois. Haut de 4 pieds 3 pouces; large de 2 pieds 1 pouce.
Figure entière, grandeur naturelle.

De Joseph Heinz.

5. Une copie fidèle du tableau précédent.

Sur bois. Haut de 4 pieds 3 pouces; large de 2 pieds 1 pouce.
Figure entière, grandeur naturelle.

* Du Parmesan.

6. La Ste. Vierge dans un paysage. Elle est assise sur un tertre sous un arbre, & tient sur ses genoux l'Enfant Jésus, à qui Ste. Madeleine baise respectueusement le pied gauche. Un Chanoine est à genoux devant le Sauveur, & soutenu par St. Jean-Baptiste, dont un petit Ange, à côté de lui, porte la croix de roseaux, tandis qu'un autre Ange, placé près de Ste. Madeleine, tient son vase à parfums. La tête du Chanoine est portrait, & représente vraisemblablement celui qui a fait peindre ce tableau votif.

Sur bois. Haut de 6 pieds; large de 5 pieds.
Figures entières, grandeur naturelle.

* Du Corrège.

7. Jupiter sous la forme d'un aigle enlevant Ganimède.

Sur toile. Haut de 5 pieds 2 pouces; large de 2 pieds 3 pouces.
Figure entière, demi-nature.

* Du Corrège.

8. Jupiter sous la forme d'un nuage embrasse Jo.

Sur toile. Haut de 5 pieds 2 pouces; large de 2 pieds 3 pouces.
Figure entière, deux tiers de nature.

ÉCOLE LOMBARDE.

* Du Corrège.

9. Jésus-Christ chassant les Vendeurs hors du Temple.

<small>Esquisse sur bois. Haut de 1 pied 6 pouces; large de 1 pied.</small>

* D'Annibal Carrache.

10. Le Corps de Jésus sur les genoux de la Vierge en défaillance & soutenue par deux Anges, dans la grotte sépulcrale.

<small>Sur cuivre. Large de 1 pied 11 pouces; haut de 1 pied 4 pouces.</small>

De Barthelemi Schidone.

11. St. Sébastien une flèche à la main.

<small>Sur bois. Haut de 1 pied 6 pouces; large de 1 pied 4 pouces.
Buste, grandeur naturelle.</small>

* D'Annibal Carrache.

12. Jésus-Christ s'entretenant avec la Samaritaine auprès du puits de Jacob.

<small>Sur toile. Large de 4 pieds 7 pouces; haut de 1 pied 10 pouces.
Petites figures.</small>

De l'École des Carraches.

13. Le Portrait d'un homme à barbe courte, habillé de noir, la tête couverte d'une barette, & jouant du luth.

<small>Sur toile. Haut de 2 pieds 5 pouces; large de 2 pieds.
Demi-figure, grandeur naturelle.</small>

De Lœlius Orsi.

14. L'Innocence sous la figure d'une jeune Vierge qui presse un agneau contre son sein découvert.

<small>Sur toile. Haut de 2 pieds 5 pouces; large de 2 pieds.
Demi-figure, grandeur naturelle.</small>

II.ᵉ Façade opposée aux Fenêtres.

De François Primatice.

15. Moyſe frappant le rocher dans le déſert en préſence du peuple.

Sur toile. Haut de 4 pieds 7 pouces; large de 3 pieds 4 pouces.

Figures entières, deux tiers de nature.

* Du Parmesan.

16. Le Portrait du fameux Capitaine Florentin *Malateſta Baglioni*, vêtu d'une ſimarre rouge, doublée de peaux de tigres, & portant une barette ſur la tête. On voit dans le fond la porte d'une chambre, à chaque côté de laquelle eſt une hallebarde dreſſée contre le mur.

Sur bois. Haut de 4 pieds; large de 3 pieds.

Figure juſqu'aux genoux, grandeur naturelle.

De Guide Canlassi *dit* Cagnacci.

17. St. Jérôme dans une grotte tenant une plume à la main, & ayant devant lui un livre ouvert. Il lève bruſquement la tête, & ſemble entendre la trompette qui lui annonce le Jugement dernier. On lit ſur le tableau : *Guido Cagnacci p.t*

Sur toile. Haut de 5 pieds; large de 3 pieds 6 pouces.

Figure entière, grandeur naturelle.

* De Daniel Crespi.

18. St. Joseph averti en songe par l'Ange du Seigneur, de s'enfuir en Égypte avec Marie & l'Enfant Jésus.
Sur toile. Haut de 9 pieds 4 pouces; large de 6 pieds 4 pouces.
Figures entières, forte nature.

* De Bernard Strozzi *dit* le Prêtre Génois.

19. La Veuve de Sarepta avec son fils, montrant au Prophète Elie le petit reste de sa farine dans un pot, & celui de son huile dans une phiole.
Sur toile. Large de 4 pieds 4 pouces; haut de 3 pieds 6 pouces.
Demi-figures, forte nature.

* De François Gessi.

20. Morphée apparoissant en songe à Alcione sous la figure de Ceyx son mari, qui vient de se noyer. On voit dans le lointain un vaisseau qui fait naufrage.
Sur toile. Haut de 4 pieds; même largeur.
Figures entières, demi-nature.

De Jacques Cavedone.

21. St. Sebastien attaché à un arbre & près d'être martyrisé. On voit sur la gauche un bout de paysage avec quelques arbres.
Sur toile. Haut de 4 pieds; large de 3 pieds.
Figure jusqu'aux genoux, grandeur naturelle.

* De Barthelemi-Étienne Murillo.

22. Le petit St. Jean dans un paysage, caressant son agneau, & tenant une croix de roseau dans sa main gauche.
Sur toile. Haut de 4 pieds 11 pouces; large de 3 pieds 5 pouces.
Figure entière, grandeur naturelle.

III.e Façade où est la Porte de sortie.

De Barthelemi Manfredi.

23. Un Corps-de-garde où des Soldats assis autour d'une table jouent aux cartes.

<small>Sur toile. Large de 5 pieds 8 pouces; haut de 4 pieds 6 pouces.
Figures jusqu'aux genoux, grandeur naturelle.</small>

* De Guide Cagnazzi.

24. Cléopatre expirante. Elle est assise dans un fauteuil environnée de ses femmes. On lit sur le tableau: *Guido Cagnazzi p.*^{t}

<small>Sur toile. Large de 5 pieds 4 pouces; haut de 4 pieds 9 pouces.
Figures jusqu'aux genoux, grandeur naturelle.</small>

De Barthelemi Manfredi.

25. Un sujet de Société. Quatre personnes des deux sexes assises autour d'une table, s'amusent à jouer aux cartes, tandis qu'une jeune femme, qu'on voit sur le devant, à gauche, se fait dire la bonne-avanture par une Égyptienne, à qui elle présente en riant, une de ses mains que soutient un jeune homme assis à son côté.

<small>Sur toile. Large de 5 pieds 8 pouces; haut de 4 pieds 6 pouces.
Figures jusqu'aux genoux, grandeur naturelle. Pendant du N.° 23.</small>

ÉCOLE LOMRBARDE.

* De Joseph Ribera *dit* l'Espagnolet.
26. Un Portement de croix. Le Sauveur eft fur le point de fuccomber fous le fardeau de fa croix, dont Simon de Cyrène vient le décharger.

 Sur toile. Large de 6 pieds 3 pouces ; haut de 4 pieds 6 pouces.
 Figures jufqu'aux genoux, grandeur naturelle.

* De Bernard Strozzi *dit* le Prêtre Génois.
27. St. Jean-Baptifte répondant aux Prêtres & aux Lévites qui l'interrogeoient fur ce qu'il étoit. Le fond eft un payfage ouvert.

 Sur toile. Haut de 4 pieds 2 pouces ; large de 4 pieds.
 Figures jufqu'aux genoux, grandeur naturelle.

* De Joseph Ribera *dit* l'Espagnolet.
28. Jéfus-Chrift, à l'âge de douze ans, au milieu des Docteurs, dans le Temple.

 Sur toile. Large de 5 pieds 6 pouces ; haut de 4 pieds 1 pouce.
 Figures jufqu'aux genoux, grandeur naturelle.

De Joseph Ribera *dit* l'Espagnolet.
29. & 30. Deux Philofophes de l'Antiquité. Le premier eft Pythagore méditant profondément fur une tête de mort placée devant lui.

L'autre eft Archimède, un compas à la main & occupé à méfurer différentes figures géométriques dans un livre.

 Sur toile. Hauts de 3 pieds 2 pouces ; larges de 2 pieds 3 pouces.
 Demi - figures, grandeur naturelle.

* De Charles Cignani.
31. Cimon allaité dans la prifon par fa fille Péra, qui tient un Enfant fur le bras ; fujet communément défigné fous le nom de *Charité Grecque*.

 Sur toile. Ovale de 3 pieds 9 pouces de large, fur 3 pieds 1 pouce de haut.
 Figures jufqu'aux genoux, grandeur naturelle.

Sixième Chambre.

* De Joseph Ribera dit l'Espagnolet.

32. Le Repentir de St. Pierre. Il regarde vers le ciel les mains jointes, & verse des larmes de douleur.

Sur toile. Haut de 3 pieds 7 pouces; large de 2 pieds 9 pouces.
Figure jusqu'aux genoux, grandeur naturelle.

** De Louïs Carrache.

33. St. François en profonde méditation, tenant une tête de mort dans sa main.

Sur toile. Haut de 3 pieds 7 pouces; large de 2 pieds 6 pouces.
Demi-figure, grandeur naturelle.

SEPTIÈME CHAMBRE.

TABLEAUX

DE

DIVERS MAITRES ITALIENS.

Ire Façade où est la Porte d'entrée.

* D'André Schiavone *dit* Meldolla.

1. Une fainte Famille dans un payfage. La Ste. Vierge tient fur fon giron l'Enfant Jéfus que Ste. Catherine embraffe à genoux. Le petit St. Jean eft affis à terre, à la gauche de la Vierge, ayant un agneau à côté de lui.

Sur bois. Large de 3 pieds 8 pouces; haut de 3 pieds.

Figures entières, demi-nature.

Nota. Ce Tableau eft placé au-deffus de la porte.

Du Cavalier Pierre Liberi.

2. L'Apothéose d'un Héros. La Prudence & la Force l'élèvent dans les nues, tandis que l'Immortalité & la Renommée le couronnent. On voit étendus sur la terre l'Envie & plusieurs autres vices dont il a triomphé.

Sur toile. Haut de 12 pieds; large de 7 pieds 9 pouces.
Figures entières, forte nature.

* De Jean Charles Loth *vulgairement* Carl Loth.

3. Jacob mourant qui donne sa bénédiction aux deux fils de Joseph.

Sur toile. Large de 5 pieds; haut de 4 pieds 3 pouces.
Figures jusqu'aux genoux, forte nature.

* De Laurent Lotto.

4. La Ste. Vierge assise à l'ombre d'un grand arbre, & tenant l'Enfant Jésus sur ses genoux. Un Ange, placé à sa droite, la couronne d'une guirlande de fleurs. St. Thomas, les mains jointes, est à genoux devant la Vierge, ainsi que Ste. Catherine, qui tient un livre ouvert dans lequel l'Enfant Jésus s'amuse à feuilleter.

Sur toile. Large de 4 pieds 7 pouces; haut de 3 pieds 4 pouces.
Figures entières, deux tiers de nature.

* De Paris Bordon.

5. Un Paysage enrichi de quantité de figures & de fabriques, & dont les lointains sont fort étendus. On y voit un bain antique construit en rotonde & à demi-ruiné, où se baignent nombre de femmes & d'enfans; à la gauche sont d'autres ruines & un obélisque. On apperçoit dans le lointain un port de mer où mouillent plusieurs vaisseaux.

Sur toile. Large de 4 pieds 9 pouces; haut de 3 pieds 2 pouces.
Petites figures.

* De Scipion Compagno.

6. & 7. Deux Paysages ornés d'une quantité de figures. Le premier offre la Vue de Naples avec son Port, & le Mont Vésuve en éruption. Sur le devant est un pont couvert d'une foule de monde que des soldats à pied & à cheval forcent, l'épée à la main, de rentrer dans les maisons.

Le second Paysage offre une Vue des environs de Pouzzoles, où le peintre a représenté le martyre de St. Janvier & de ses compagnons au pied d'une colline, sur laquelle on voit les débris d'un Temple païen. On apperçoit, dans le lointain, à la droite, une chaîne de montagnes qui borde la mer. On lit sur ces tableaux : SIP. COMPAGNO. F.

Sur cuivre. Larges de 3 pieds ; hauts de 2 pieds.
Petites figures.

* De Jaques da Ponte *dit* le Bassan.

8. Tamar menée au bucher pour y être brulée, se justifie devant Juda, qui l'avoit condamnée, en lui montrant son cachet & son bâton qu'un jeune homme tient dans ses mains.

Sur toile. Large de 3 pieds 7 pouces ; haut de 2 pieds 1 pouce.
Petites figures.

* De Jaques da Ponte *dit* le Bassan.

9. & 10. Deux sujets de l'Histoire sacrée. Le premier, sujet de nuit, représente une Adoration des Bergers.

Le second représente le Samaritain charitable, pansant les plaies de l'homme tombé entre les mains des voleurs. On voit un peu plus loin, le Prêtre & le Lévite qui ont passé outre.

Sur toile. Larges de 3 pieds 2 pouces ; hauts de 2 pieds 3 pouces.
Petites figures.

Septième Chambre.

De Laurent Lotto.

11. Jésus-Christ mis au tombeau. Joseph d'Arimathie soulève le corps du Sauveur placé sur la pierre destinée à couvrir la tombe, auprès de laquelle la Ste. Vierge, Jean & Marie-Madeleine, pleurent amérement.

Sur bois. Large de 3 pieds 9 pouces ; haut de 2 pieds 6 pouces.

Figures jusqu'aux genoux, grandeur naturelle.

De Jaques Palme *dit* le Jeune.

12. Abel tué par Caïn son frère. On voit à droite & à gauche les deux autels avec les sacrifices, dont la fumée de l'un s'élance vers les cieux, tandis que celle de l'autre se rabat sur la terre.

Sur toile. Large de 3 pieds 10 pouces ; haut de 3 pieds.

Figures entières, deux tiers de nature.

De Jaques Palme *dit* le Jeune.

13. Le même Sujet représenté différemment.

Sur toile. Haut de 4 pieds 9 pouces ; large de 3 pied 7 pouces.

Figures entières, grandeur naturelle.

II.ᵉ FAÇADE VIS-A-VIS LES FENÊTRES.

* DE CARL LOTH.

14. Jupiter & Mercure déguisés en Voyageurs, à table chez Philémon & Baucis.
<small>Sur toile. Large de 7 pieds 4 pouces; haut de 5 pieds 6 pouces. Figures entières, grandeur naturelle.</small>

* D'ALEXANDRE VAROTARI *dit* LE PADOUAN.

15. La Femme adultère accusée devant Jésus-Christ par les Pharisiens, qui montrent au Sauveur le Livre de la Loi.
<small>Sur toile. Large de 7 pieds 4 pouces; haut de 5 pieds 6 pouces. Figures jusqu'aux genoux, forte nature.</small>

DE PARIS BORDONÉ.

16. & 17. Deux sujets allégoriques. Dans le premier un jeune Guerrier cuirassé, embrasse une Dame assise sur le gazon, près d'un oranger dont elle détache un fruit, tandis qu'un Génie renverse une petite corbeille de roses sur ses genoux. Une Victoire leur pose à tous deux une couronne de fleurs sur la tête.

La seconde Allégorie est représentée par une jeune Dame affligée assise sous un arbre, & par un guerrier plus âgé que le précédent, & dont les armes sont appuyées contre le même arbre. Un Amour, à qui le guerrier vient d'enlever son arc & ses flèches, le conjure de les lui rendre. A côté d'eux est une jeune femme pensive, qui arrache & laisse tomber dans un plat de vermeil, les feuilles vertes d'une plante qu'elle tient dans ses mains. Le fond est un paysage montueux.
<small>Sur toile. Larges de 5 pieds 6 pouces; hauts de 3 pieds 5 pouces. Figures jusqu'aux genoux, grandeur naturelle.</small>

De Piétro *della* Vecchia.

18. Le Portrait d'un homme à barbe noire, qui tire d'un air menaçant un poignard de son fourreau.

Sur toile. Haut de 3 pieds 8 pouces; large de 3 pieds.
Demi-figure, forte nature.

De Jules Carpione.

19. Un sujet des Métamorphoses d'Ovide, qui représente la Nympde Liriope consultant l'aveugle Tirésias sur la destinée de son fils Narcisse, qu'elle lui présente, & que ce Devin touche des doigts. On voit près d'eux un guerrier & quelques autres figures. Le fond du tableau offre un palais orné de colonnes.

Sur toile. Haut de 3 pieds 3 pouces; large de 2 pieds 8 pouces.
Petites figures.

* De Piétro *della* Vecchia.

20. Le Portrait d'une jeune Dame, singulièrement coiffée en cheveux, qui sont parsemés de petites fleurs bleues: elle embrasse des deux mains un enfant qui est debout à côté d'elle.

Sur toile. Haut de 3 pieds 2 pouces ; large de 2 pieds 7 pouces.
Demi-figure, grandeur naturelle.

* De François Solimène.

21. Un sujet mythologique qui représente Borée enlevant Orithye sur des nues.

Sur toile. Haut de 3 pieds 7 pouces; large de 3 pieds.
Petites figures.

DE FRANÇOIS VECELLI.

22. Le Portrait d'un homme à barbe noire, vêtu d'une robe brun-foncé, doublée d'une fourrure & ferrée par une ceinture. A fa droite eft une table, fur laquelle il tient une lettre dans fa main. On lit au haut du tableau : 1538 *Natus Annos* 35.

Sur toile. Haut de 3 pieds 6 pouces ; large de 2 pieds 7 pouces.

Figure jufqu'aux genoux, grandeur naturelle.

* D'ANDRÉ SCHIAVONE *dit* MELDOLLA.

23. L'Adoration des Bergers.

Sur toile. Haut de 3 pieds 3 pouces ; large de 2 pieds 4 pouces.

Petites figures.

* DE LÉANDRE BASSAN.

24. Un tableau de famille, compofé de trois perfonnes d'un âge avancé. On y voit un homme de confidération habillé de noir, une fraife au cou, préfentant des lettres à un Négociant qui écrit dans un gros livre pofé fur une table, fur laquelle on remarque plufieurs piles d'argent monnoyé. A la gauche du Négociant fe tient fa femme, devant laquelle un petit chien eft couché fur la table.

Sur toile. Large de 3 pieds 8 pouces ; haut de 3 pieds.

Buftes, grandeur naturelle.

Nota. Ce Tableau eft placé au-deffus de la porte.

III.e Façade où est la Porte de sortie.

* De François Solimène.

25. Une Descente de Croix. Trois hommes descendent le corps du Sauveur; Joseph d'Arimathie, debout au pied de la croix, tient un plat à la main, dans lequel on voit l'écriteau & les clous qui ont servi au crucifiement. St. Jean, qui est derrière la croix, paroît vouloir baiser les pieds du Seigneur. Sur le devant est la Ste. Vierge en défaillance, & les Saintes femmes qui s'empressent à la secourir. On voit au-dessus de la croix une gloire d'Anges en pleurs.

Sur bois. Haut de 12 pieds 6 pouces; large de 7 pieds.

Figures entières, grandeur naturelle.

D'Alexandre Varotari *dit* le Padouan.

26. & 27. Deux Portraits de femmes. Le premier est une jeune Dame représentée en Hérodiade, tenant dans un plat le chef de St. Jean-Baptiste. On voit à côté d'elle une vieille Suivante la tête couverte d'un voile.

Le second est une Dame de qualité vêtue d'un habit brodé & garni de dentelles. Ses cheveux singulièrement arrangés, sont ornés de plusieurs touffes de rubans. Elle tient sa main droite sur sa poitrine & dans sa gauche des gands brodés.

Sur toile. Hauts de 3 pieds; larges de 2 pieds 5 pouces.

Demi-figures, grandeur naturelle.

Divers Maîtres Italiens.

* Du Tintoret.

28. Un homme du peuple, d'une figure grotefque, riant de ce qu'un finge, placé fur fes épaules, lui gratte la tête.

Sur toile. Haut de 2 pieds 1 pouce; large de 1 pied 10 pouces.
Bufte, grandeur naturelle.

De Jaques Palme *dit* le Vieux.

29. Le Portrait d'une Dame à cheveux blonds partagés en plufieurs treffes; elle tient dans fa main droite un porte-crayon.

Sur bois. Haut de 2 pieds; large de 1 pied 7 pouces.
Bufte, grandeur naturelle.

De Jaques da Ponte *dit* le Bassan.

30. Le Martyre de St. Sébaftien. Devant le Saint, qui eft attaché à une colonne, font deux foldats dont l'un lui décoche une flèche. On lit fur le tableau : IAC. BASSA-NEN.SIS f.

Sur toile. Large de 2 pieds 5 pouces; haut de 2 pieds.
Petites figures.

Du Giorgion.

31. La Madeleine chez le Pharifien. Elle demande à genoux au Sauveur, qui eft à table, la permiffion de lui oindre les pieds.

Sur toile. Large de 3 pieds; haut de 2 pieds 1 pouce.
Petites figures.

Du Tintoret.

32. Les neuf Mufes exécutant un concert fur le fommet du Parnaffe. Apollon, un arc & un violon dans fes mains, vient du haut des airs fe joindre à elles. On apperçoit Pégafe dans le lointain.

Sur toile. Large de 3 pieds; haut de 2 pieds 1 pouce.
Petites figures.

De Jaques da Ponte *dit* le Bassan.

33. Une Circoncifion. L'Enfant Jéfus eft couché fur une table devant le Grand Prêtre. La Ste. Vierge, à genoux, attend avec inquiétude la fin de cette cérémonie. On voit à fa droite Ste. Anne, & St. Jofeph qui s'appuie fur fon bâton. Entre plufieurs autres figures, on remarque, fur le devant, une femme qui vient d'apporter des pigeons & une petite corbeille d'œufs en offrande.

Sur toile. Large de 2 pieds 5 pouces; haut de 2 pieds. Pendant du N°. 30.
Petites figures.

De Jaques Palme *dit* le Vieux.

34. Le Portrait d'une jeune Dame à fein découvert & à cheveux blonds qui lui tombent négligemment fur les épaules. Elle eft vêtue d'une robe d'étoffe bleuâtre qui laiffe entrevoir les manches d'un corfet vert.

Sur bois. Haut de 2 pieds; large de 1 pied 7 pouces.
Bufte, grandeur naturelle. Pendant du N°. 29.

De Léandre Bassan.

35. Le Portrait d'un Eccléfiaftique à barbe & cheveux noirs & courts. Il eft revêtu d'un rochet blanc.

Sur toile. Haut de 2 pieds 6 pouces; large de 1 pied 10 pouces.
Demi-figure, grandeur naturelle.

* De Jaques da Ponte *dit* le Bassan.

36. Le Portrait du Peintre lui-même dans un âge avancé, avec une barbe grife. Il eft vêtu d'une peliffe brun-foncé & porte une calotte noire fur fa tête. De fa main gauche il tient une palette avec des pinceaux & appuie le bras droit fur une table, fur laquelle on voit un livre.

Sur toile. Haut de 2 pieds 6 pouces; large de 2 pieds 3 pouces.
Demi-figure, grandeur naturelle.

Divers Maîtres Italiens. 77

Du Chevalier François del Cairo.

37. Le Portrait d'un homme de moyen âge, en bonnet de Docteur, & vêtu d'une pelisse noire. Il est assis dans un fauteuil sur les bras duquel il s'appuie. A sa gauche, une ouverture étroite laisse voir une échappée de vue & quelques arcs d'un ancien acqueduc.

Sur toile. Haut de 2 pieds 8 pouces ; large de 2 pieds 2 pouces.
Demi-figure, grandeur naturelle.

De Jaques da Ponte *dit* le Bassan.

38. L'Adoration des Mages.

Sur toile. Large de 3 pieds 8 pouces ; haut de 3 pieds.
Figures entières, quart de nature.
Ce Tableau est placé au-dessus de la Porte.

Du Tintoret.

39. St. Jérôme assis dans une grotte, tenant dans sa main gauche un crucifix qu'il presse dévotement contre son sein, & lisant dans un livre qu'il tient sur ses genoux.

Sur toile. Haut de 4 pieds 6 pouces ; large de 3 pieds 2 pouces.
Figure entière, grandeur naturelle.

De Paris Bordon.

40. & 41. Deux Portraits de jeunes Dames à cheveux blonds & crépus qui leur descendent sur les épaules. Elles sont en négligé, la gorge découverte, & occupées à faire leur toilette. La première se couvre à-demi le sein d'une draperie d'étoffe verte ; la seconde s'appuie de la main droite sur une table & relève par-devant, de la gauche, une partie de sa chevelure.

Sur toile. Hauts de 3 pieds 5 pouces ; larges de 2 pieds 7 pouces.
Figures jusqu'aux genoux, grandeur naturelle.

DE DOSSO DOSSI DE FERRARE.

42. St. Jérôme dans une grotte, un livre devant lui, & dans la main un crucifix qu'il élève dévotement vers le ciel. On voit sur la gauche, dans un paysage, plusieurs figures & une Église sous des arbres. Le peintre a exprimé son nom sur ce tableau par ce singulier monogramme.

Sur toile. Large de 2 pieds 3 pouces; haut de 1 pied 7 pouces.

Petites figures.

DE FRANÇOIS BASSAN.

43. & 44. Deux tableaux dont l'un représente St. François, l'autre Ste. Claire; tous deux fondateurs d'ordres Religieux. Ils sont l'un & l'autre dans une grotte, & à genoux devant un crucifix, à côté duquel on voit une tête de mort. Des rayons de lumière descendent d'en haut sur les deux Saints.

Sur toile. Hauts de 4 pieds; larges de 3 pieds.

Figures jusqu'aux genoux, grandeur naturelle.

* DE JAQUES DA PONTE *dit* LE BASSAN.

45. & 46. Deux sujets de l'Histoire sacrée. Le premier représente Jésus-Christ chassant les vendeurs du Temple.

Le second Noé faisant entrer les animaux dans l'arche.

Sur toile. Larges de 6 pieds; hauts de 4 pieds 3 pouces.

Figures entières, quart de nature.

Du Tintoret.

47. & 48. Les Portraits de deux Vieillards en manteaux brun-foncé & doublés de fourrures; l'un à barbe blanche & ayant très-peu de cheveux; l'autre à barbe grise, le haut de la chemise rabattu sur ses épaules.

<small>Sur toile. Hauts de 1 pied 7 pouces; larges de 1 pied 4 pouces.
Bustes, grandeur naturelle.</small>

De Jaques Palme *dit* le Vieux.

49. Le Portrait d'un Vieillard à cheveux blancs, la tête couverte d'une barette, & vêtu d'une robe noire doublée d'une fourrure blanche.

<small>Sur toile. Haut de 1 pied 6 pouces; large de 1 pied 4 pouces.
Buste, petite nature.</small>

Du Giorgion.

50. Le Portrait d'un homme qui accorde une guitarre.

<small>Sur bois. Haut de 1 pied 6 pouces; large de 1 pied 2 pouces.
Buste, grandeur naturelle.</small>

De Paul Véronèse.

51. Le Portrait d'un jeune Garçon qui serre un petit chien dans ses bras.

<small>Sur toile. Haut de 1 pied 8 pouces; large de 1 pied 4 pouces.
Buste, grandeur naturelle.</small>

* De François Bassan.

52. Un jeune Garçon couronné de pampres & jouant de la flûte.

<small>Sur cuivre. Haut de 1 pied 8 pouces; large de 1 pied 4 pouces.
Buste, grandeur naturelle.</small>

SEPTIÈME CHAMBRE.

* DE JAQUES DA PONTE dit LE BASSAN.

53. Un petit Paysage orné de figures & d'animaux. On voit sur le devant un repas rustique pris à terre & dans lequel une femme donne une tasse de lait à boire à un enfant.

Sur pierre. Large de 1 pieds 3 pouces ; haut de 1 pied.
Petites figures.

* DE PAUL VÉRONÈSE.

54. Un Tableau historique qui orne le plafond de cette septième Chambre, & qui représente Curtius se précipitant, à cheval & tout armé, dans le gouffre, en présence du peuple Romain.

Sur toile. Rond de 8 pieds de diamètre.
Figures entières, grandeur naturelle.

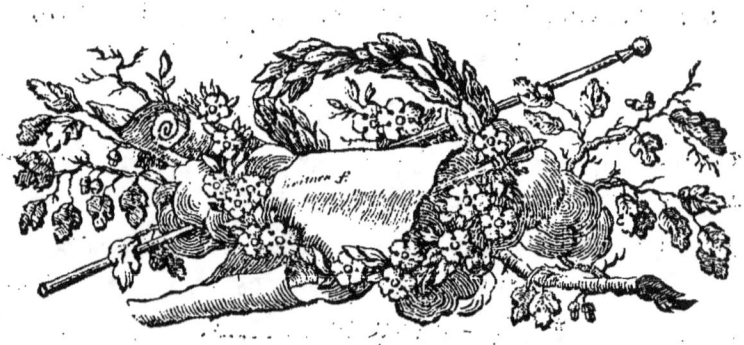

ÉCOLE FLAMANDE,

OCCUPANT

L'APPARTEMENT A GAUCHE

DU

PREMIER ÉTAGE.

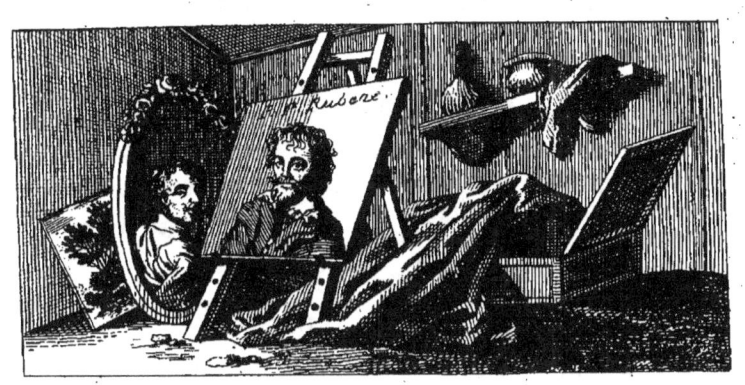

PREMIÈRE CHAMBRE.

TABLEAUX

DE

L'ÉCOLE FLAMANDE.

I.re Façade où est la Porte d'entrée.

* De Philippe de Champaigne.

1. Adam & Eve pleurant la mort d'Abel, dont la tête pâle & défigurée est couchée sur les genoux de sa mère. Auprès d'eux sont trois enfans, dont le plus petit embrasse tendrement Eve & semble vouloir la consoler. On voit

dans l'éloignement le malheureux Caïn s'enfuir au travers d'un payfage agrefte & montueux. On lit au bas du tableau: *Phil. de Champaigne faciebat* A°. 1656.

Sur toile. Large de 12 pieds 6 pouces; haut de 9 pieds 10 pouces.

Figures entières, au-deffus de nature.

D'Otto-Vénius.

2. Un fujet allégorique repréfentant la Fortune affife fur fa roue foutenue par des nuages. Elle eft toute nue, un toupet de cheveux fur le front, chauve par derrière, & répand de la main droite des couronnes, des fceptres & des lauriers, & de la gauche des épines.

Sur bois. Haut de 2 pieds 4 pouces; large de 1 pied 11 pouces.

Figure entière, quart de nature.

D'Adrien de Vries.

3. Le Portrait d'un homme de qualité dans la vigueur de l'âge, avec la mouftache fous le nez & le petit toupet au menton. Il porte un habillement de fatin noir, garni d'un large collet à l'Efpagnole, & appuie fon bras droit fur une table, contre laquelle il eft affis.

Sur bois. Haut de 2 pieds 5 pouces; large de 1 pied 11 pouces.

Démi-Figure, grandeur naturelle.

* De Samuel van Hoogstraeten.

4. Un Vieillard à barbe grife, la tête couverte d'un bonnet fourré, & regardant avec vivacité par une fenêtre. Il y a fur le tableau le monogramme du Peintre fuivi du miléfime 1653.

Sur toile. Haut de 3 pieds 6 pouces; large de 2 pieds 9 pouces.

Tête, grandeur naturelle.

De Corneille de Vischer.

5. Le Portrait d'un homme avancé en âge, à barbe grife, la tête couverte d'une toque noire, & tenant dans fa main droite un rouleau de mufique. Au haut du tableau on voit le monogramme du Peintre, & l'on y lit ces mots: *Ætatis fuæ 62. A°. 1574. ars probat virum.*

Sur bois. Haut de 2 pieds 7 pouces; large de 2 pieds.
Demi-figure, grandeur naturelle.

De Gilles Mostaert.

6. Le Portrait de Chriftophe Baumgartner, Patricien de Nurenberg. Il eft vêtu d'un habit de fatin rouge, & par-deffus d'une efpèce de robe noire fans manches: il tient fes gands dans la main droite, & la garde de fon épée de la gauche. Une ouverture de fenêtre laiffe voir, dans le lointain, un payfage avec un lac entouré de hautes montagnes. Sur un papier pofé à côté de lui fur une table, eft écrit: *Chriftofferus Baumgartner Filius Sebaldi. Ætatis 29. A°. 1543.*

Sur bois. Haut de 2 pieds 7 pouces; large de 2 pieds.
Demi-figure, grandeur naturelle.

II.ᵉ Façade opposée aux Fenêtres.

D'Abraham Bloemaert.

7. L'Adoration des Mages. Ils font accompagnés d'une suite nombreuse. On voit au-deſſus de la ſainte Famille une gloire d'Anges dans l'alégreſſe. Sur le tableau eſt écrit: *A. Blomaert fect.*

Sur toile. Haut de 13 pieds 5 pouces; large de 9 pieds 1 pouce.
Figures entières, au-deſſus de nature.

* De Philippe de Champaigne.

8. Une femme bleſſée qui ſe meurt, aſſiſe à terre, & repouſſant avec une tendreſſe mêlée d'amertume ſon enfant qui voudroit la teter. *Plin. Hiſt. nat. Lib.* 35. *cap.* 10.

Sur toile. Large de 6 pieds 9 pouces; haut de 5 pied 11 pouces.
Figures entières, au-deſſus de nature.

* D'Otto-Vénius.

9. Une ſainte Famille. La Vierge aſſiſe au pied d'un magnifique palais orné de colonnes, tient l'Enfant Jéſus debout à côté d'elle. A ſa droite eſt le petit St. Jean qui montre du doigt le Sauveur. Deux Anges deſcendant d'en-haut, leur apportent des fruits. On apperçoit dans le lointain une belle place ornée d'un temple & d'autres fabriques.

Sur toile. Large de 6 pieds 1 pouce; haut de 4 pieds 2 pouces.
Figures entières, petite nature.

* De Rémi Lang-Jan.

10. Mercure ſur des nuages avec Cupidon, qui lui montre la belle Herſé, portant avec ſes compagnes une offrande de fleurs au temple de Minerve, qu'on apperçoit dans le lointain.

Sur toile. Large de 5 pieds 8 pouces; haut de 3 pieds 9 pouces.
Figures entières, un tiers de nature.

ÉCOLE FLAMANDE.

* De Pierre van Lint.

11. Jésus-Christ guérissant le Paralytique, qui étoit couché depuis trente-huit ans près de la piscine de Bethesda, en lui disant : lève-toi, prends ton petit lit, & marche. On lit sur le tableau : *P. v. Lint. f.*

Sur bois. Large de 2 pieds 6 pouces ; haut de 1 pied 6 pouces.
Petites figures.

* De Jean Stradan.

12. Un Repas de Dieux dans une grotte. On apperçoit dans le lointain Neptune monté sur son char avec Amphitrite, & voguant en pleine mer.

Sur cuivre. Large de 2 pieds 6 pouces ; haut de 1 pied 6 pouces.
Petites figures.

* De Théodore van Thulden.

13. La Ste. Vierge assise sur un trône, soutenant d'une main l'Enfant Jésus, qui est debout, & tenant un sceptre dans l'autre. Ils reçoivent les hommages de la Flandre, du Hainaut & du Brabant. Ces trois Provinces des Pays-bas sont figurées par autant de femmes, dont chacune tient l'écusson de ses armes : on voit au-dessus d'elles deux Anges dans une gloire, l'un portant les Codes des Loix de ces Provinces, l'autre répandant des monnoies d'une corne d'abondance. Sur le tableau est écrit : *T. van Thulden fec. Ao.* 1654.

Sur toile. Haut de 6 pieds 2 pouces ; large de 5 pieds 6 pouces.
Figures entières, grandeur naturelle.

* De Jaques Jordaens.

14. Jupiter & Mercure à table chez Philémon & Baucis. Sujet de nuit.

Sur toile. Large de 5 pieds 10 pouces ; haut de 2 pieds 2 pouces.
Figures entières, grandeur naturelle.

III.e Façade où est la Porte de sortie.

∗ De Jaques Jordaens.

15. Une Fête Flamande appellée vulgairement *le Roi boit*. Elle repréfente une famille qui fe livre à la joie, & qui porte une fanté au Roi & à la Reine de la fève.

Sur toile, Large de 9 pieds 6 pouces ; haut de 7 pieds 7 pouces.
Figures entières, forte nature.

De Regnier Persyn.

16. Bélifaire après fa difgrace dans une grotte. Il s'appuie de fa main droite fur un bâton, & tient dans la gauche une boite de fer blanc pour y recevoir l'aumône ; on voit fon cafque derrière lui.

Sur toile. Haut de 3 pieds 7 pouces ; large de 3 pieds 5 pouces.
Figures jufqu'aux genoux, grandeur naturelle.

De Rimbrandt.

17. L'Apôtre St. Paul, une plume à la main, affis contre une table, fur laquelle on voit un livre ouvert. Dans le fond de la chambre fe voit une épée dreffée contre le mur. Sur le tableau eft écrit : *Rimbrandt f.t 1638.*

Sur toile. Haut de 4 pieds ; large de 3 pieds 5 pouces.
Figure jufqu'aux genoux, grandeur naturelle.

∗ De Jaques Jordaens.

18. Bacchus affis fur un tonneau, & tendant fa coupe à une Bacchante qui la remplit. On voit à fon côté deux enfans, & derrière lui un Satyre buvant dans un grand vafe. La fcène eft un payfage.

Sur toile. Haut de 4 pieds 10 pouces ; large de 3 pieds 9 pouces.
Figures entières, grandeur naturelle.

ÉCOLE FLAMANDE.

De Christoph Pauditz.

19. & 20. Deux Têtes d'hommes. L'une préfente un jeune homme à longs cheveux blonds, la tête couverte d'une efpèce de bonnet garni de plumes blanches.

L'autre eft un vieillard à barbe grife, portant fur fa tête un chapeau en pain de fucre. On lit fur ce tableau : *Chriftoff Pauditz f.t 1665.*

Sur bois. Hauts de 2 pieds ; larges de 1 pied 7 pouces.

Grandeur naturelle.

* De Rimbrandt.

21. Le Portrait du Peintre lui-même à la fleur de l'âge, la tête couverte d'un bonnet fourré. Son habillement eft une peliffe brun-foncé ferrée par une ceinture dans laquelle il paffe fes deux mains.

Sur bois. Haut de 3 pieds 6 pouces ; large de 2 pieds 6 pouces.

Figure jufqu'aux genoux, grandeur naturelle.

De Rimbrandt.

22. Le Portrait d'un jeune homme ayant la tête couverte d'une toque ; il tient un livre dans une de fes mains & paroît chanter.

Sur toile. Haut de 2 pieds 2 pouces ; large de 1 pied 11 pouces.

Bufte, grandeur naturelle.

* De Rimbrandt.

23. & 24. Deux Portraits. Le premier eft celui d'une femme de diftinction de moyen âge, affife dans un fauteuil & tenant fes gands dans la main gauche. Elle eft richement habillée, & porte une fraife épaiffe autour du cou ; fa coiffure eft une efpèce de cornette à dentelles fuivant la mode de fon tems.

Le fecond préfente un homme de confidération, vêtu d'un habit à fleurs avec un furtout par-deffus, & portant au cou une fraife empefée. Il fait de la main droite le mouvement d'un homme qui parle.

Sur bois. Hauts de 2 pieds 10 pouces; larges de 2 pieds 2 pouces.
Demi-figures, grandeur naturelle.

* De Rimbrandt.

25. Le Portrait de la Mère du Peintre, courbée fous le poids des années & s'appuyant des deux mains fur un bâton. Son habillement eft une peliffe fermée par-devant avec une agrafe d'or: elle porte fur la tête une large coiffe de velours. On lit fur le tableau: *Rimbrandt f.^{t} 1639.*

Sur bois. Ovale. Haut de 2 pieds 6 pouces; large de 2 pieds.
Demi-figure, grandeur naturelle.

De Rimbrandt.

26. Le Portrait d'un Juif à barbe noire, la tête couverte d'un grand chapeau ufé, & s'appuyant de la main droite fur un bâton.

Sur toile. Haut de 2 pieds 2 pouces; large de 1 pied 11 pouces.
Bufte, grandeur naturelle. Pendant du N°. 22.

De Rimbrandt.

27. Le Portrait d'un jeune homme cuiraffé, la tête couverte d'une toque garnie de plumes, appuyant la main droite fur fa hanche & tenant une canne dans la gauche.

Sur bois. Haut de 3 pieds 5 pouces; large de 2 pieds 5 pouces.
Figure jufqu'aux genoux, grandeur naturelle.

De Gérard Terburg.

28. Une jeune fille de qualité affife contre une table recouverte en partie d'un tapis de Turquie, & occupée à écrire.

Sur bois. Haut de 1 pied 5 pouces; large de 1 pied 1 pouce. Petite figure.

De Ferdinand Bol.

29. Un Philosophe lisant dans un gros livre posé sur une table, sur laquelle on voit plusieurs manuscrits, un globe & une tête de mort.

<small>Sur bois. Haut de 1 pied 5 pouces ; large de 1 pied 1 pouce.
Petite figure.</small>

De Léonard Bramer.

30. La Fragilité des choses humaines représentée par un tas de débris d'ustenciles, d'armes, de cuirasses, &c. au milieu desquels on voit un Philosophe tenant un écriteau, sur lequel on lit : *Memento mori*, & auquel un squelette présente une tête de mort.

<small>Sur bois. Haut de 2 pieds 6 pouces ; large de 1 pied 10 pouces.
Petites figures.</small>

* De Rimbrandt.

31. Le Portrait de Rimbrandt lui-même où il s'est représenté dans un âge plus avancé qu'au No. 21. Il est vêtu d'un pourpoint rouge avec une pelisse brun-foncé par-dessus : sa tête est couverte d'un grand chapeau rond.

<small>Sur toile. Haut de 1 pied 6 pouces ; large de 1 pied 3 pouces.
Buste, grandeur naturelle.</small>

De Rimbrandt.

32. Le Portrait d'un homme de qualité, la tête couverte d'une toque de velours. Il est peint dans une guirlande de fleurs de la main de *Daniel Seghers*.

<small>Sur bois. Ovale. Haut de 1 pied 11 pouces ; large de 1 pied 9 pouces.
Petit Buste.</small>

De Michel Janson Mirevelt.

33. Le Portrait d'un vénérable Vieillard à tête chauve, fort peu de barbe, vêtu d'un habit noir avec un manteau brun fourré par-dessus.

Sur bois. Haut de 1 pied 8 pouces; large de 1 pied 4 pouces.
Buste, grandeur naturelle.

De Léonard Bramer.

34. La Vanité des choses de ce Monde, représentée par un amas de meubles, & de bijoux précieux, de belles armes, d'instrumens de musique, &c. On voit au milieu de tout cela un jeune homme jouant de la guitarre, & près duquel une femme assise, portant une chaîne d'or au cou, se regarde dans un miroir.

Sur bois. Haut de 2 pieds 6 pouces; large de 1 pied 10 pouces.
Petites figures. Pendant du N.° 30.

De Gerbrand van der Eckhout.

35. Le Portrait d'un homme à barbe noire, la tête couverte d'un bonnet rond, habillé de noir, ayant autour du cou un petit collet blanc rabattu.

Sur bois. Haut de 1 pied 3 pouces; large de 1 pied.
Buste, petite nature.

De Jean Livens.

36. Le Portrait d'une vieille femme ridée, vêtue d'une pelisse brun foncé, & la tête enveloppée d'un morceau de toile rayée.

Sur bois. Haut de 1 pied 3 pouces; large de 1 pied.
Buste, petite nature.

DEUXIÈME CHAMBRE.

TABLEAUX
DE
L'ÉCOLE FLAMANDE.

Ire Façade où est la Porte d'Entrée.

* De Gaspard de Crayer.

1. Une Annonciation.

Sur toile. Haut de 10 pieds 6 pouces, large 7 pieds 6 pouces.

Figures entières, au-dessus de nature.

De Theodore van Thulden.

2. Une Visitation.

Sur toile. Haut de 6 pieds 5 pouces; large de 4 pieds 6 pouces.

Figures entières; trois quarts de nature.

* De Gaspard Crayer.

3. Une Ste. Famille. L'Enfant Jéfus dort fur le giron de fa mère, qui porte dévotement fes regards fur un grouppe de petits Anges planant au-deffus d'elle dans une gloire. Derrière la Vierge eft St. Jofeph, & devant elle le petit St. Jean debout, faifant un figne de filence.

Sur toile. Haut de 4 pieds 9 pouces ; large de 4 pieds.
Figures entières, grandeur naturelle.

* De Jaques Torenvliet.

4. Un Marché où l'on voit diverfes femmes qui vendent des légumes, près d'un étal de boucher, devant lequel une jeune femme accompagnée de fa fervante, paroît demander au boucher une éclanche de mouton qu'elle lui indique de la main.

Sur toile. Large de 2 pieds ; haut de 1 pied 9 pouces.
Petites figures.

* De Jean van Steen.

5. Une Compagnie de gens de nôces accompagnant les nouveaux mariés à leur chambre nuptiale, en folâtrant & en exécutant une mufique burlefque. On voit fur le devant du tableau une groffe femme affife près d'une table & allaitant un enfant.

Sur toile. Large de 2 pieds 2 pouces ; haut de 1 pieds 10 pouces.
Petites figures.

De Gérard Seghers.

6. & 7. Deux payfages ornés de figures. Dans le premier on voit, fur le devant, Agar avec fon Enfant & l'Ange du Seigneur qui leur montre la fource d'eau.

Dans l'autre on voit une fainte Famille fe repofant fous des arbres près d'une fontaine, & St. François dévotement à genoux devant l'Enfant Jéfus qui lui donne fa bénédiction.

Sur toile. Larges de 4 pieds 4 pouces; hauts de 3 pieds.

Petites figures.

* De W. van Ehrenberg.

8. L'Intérieur d'une Eglife bâtie en marbre, & dont l'architecture eft dans le goût Italien. On y voit fur le devant, le tombeau d'un Pape, fous un dôme foutenu par des colonnes ifolées; & un Prêtre portant le St. Sacrement vers l'Autel, accompagné de plufieurs perfonnes. On y lit fur le piédeftal d'une colonne : *W. v. Ehrenberg f.* 1664.

Sur toile. Large de 3 pieds 10 pouces; haut de 3 pieds 1 pouce.

Petites figures.

* De Gérard Seghers.

9. La Ste. Vierge affife à terre dans un payfage, & tenant dans fes bras l'Enfant Jéfus à qui le petit St. Jean préfente un oifeau.

Sur toile. Large de 4 pieds 10 pouces; haut de 3 pieds 2 pouces.

Figures entières, petite nature.

De Gilles Bakareel.

10. Héro pleurant la mort de Léandre, dont le corps eft étendu fur le rivage de la mer. On voit à côté d'elle fa nourrice qui tâche de la confoler, & au-deffus d'elle deux Amours en pleurs élevés en l'air, l'un d'eux tenant un flambeau dont la flamme eft prête à s'éteindre.

Sur toile. Haut de 6 pieds 5 pouces; large de 5 pieds 3 pouces.

Figures entières, petite nature.

II.e Façade opposée aux fenêtres.

* D'Abraham Diepenbeck.

11. La Ste. Vierge pleurant la mort du Sauveur, dont le corps étendu à terre devant elle, est entouré par cinq Anges qui paroissent vouloir le relever, tandis que d'autres Anges portés sur un nuage, contemplent ce spectacle avec des yeux baignés de larmes.

Sur toile. Large de 8 pieds 3 pouces; haut de 6 pieds 6 pouces.
Figures entières, forte nature.

De Corneille Schut.

12. Léandre noyé étendu sur le rivage de la mer, est pleuré par Héro, à côté de laquelle on voit un Amour affligé. Clair de Lune.

Sur toile. Large de 6 pieds 9 pouces; haut de 4 pieds 10 pouces.
Figures entières, grandeur naturelle.

De Nicolas van Hoyen.

13. Un combat de Cavalerie entremêlé de quelques fantassins. On y distingue sur le devant un cavalier en colet de bufle avec une écharpe bleue, monté sur un cheval blanc, & un autre Cavalier qui lui tire un coup de pistolet.

Sur toile. Large de 7 pieds 6 pouces; haut de 4 pieds 2 pouces.
Petites figures.

* De Jean Both *dit* le Both d'Italie.

14. Un Coucher du Soleil dans une plaine garnie de figures & d'animaux. On voit sur le devant des arbres élevés & touffus qui occasionnent des ombres très-fortes ; & sur le second plan une grosse tour ronde au-delà d'une large rivière. On distingue dans le lointain une grande ville avec un port.

Sur toile. Large de 3 pieds 3 pouces ; haut de 2 pieds 3 pouces.

* De Guillaume de Heusch.

15. Un Lever du Soleil dans un paysage montueux que traverse une rivière. On voit sur le devant différentes figures champêtres, quelques animaux, & les ruines d'un château, situé sur un rocher. Le nom de l'Artiste se trouve ainsi sur ce tableau. Heusch : *f.t*

Sur toile. Large de 3 pieds 3 pouces ; haut de 2 pieds 3 pouces.
Pendant du N°. précédent

De Gérard Seghers.

16. La Communion de la Ste. Vierge.

Sur toile. Large de 7 pieds 7 pouces ; haut de 5 pieds.
Figures entières, trois quarts de nature.

De Joseph van Craesbeke.

17. Un Paysage où l'on voit deux paysannes assises sur les débris d'une muraille ; elles sont en conversation avec trois hommes qui se tiennent debout devant elles, ainsi qu'un petit garçon. Ce tableau est marqué des deux lettres C. B.

Sur bois. Haut de 1 pied 4 pouces ; large de 1 pied.

De Jean Bockhorst *dit le* Long Jean.

18. Des Nymphes fatiguées de la chasse, dormant dans un bois, & surprises par des Satyres. Un petit amour qui garde leurs chiens leur fait signe de ne pas aboyer.

Sur toile. Large de 2 pieds 8 pouces; haute de 1 pied 7 pouces.
Petites figures.

De Pierre Snayers.

19. Un paysage montueux, où l'on voit un vieux château & quelques figures.

Sur bois. Large de 2 pieds 8 pouces; haut de 1 pied 7 pouces.

* De Jean Asselyn *dit* Crabetje.

20. Un paysage où l'on voit sur le devant, à droite, une cascade auprès de laquelle trois cavaliers se sont arrêtés, tandis qu'un quatrième descendu de cheval, boit à un ruisseau bordé de joncs & de roseaux. On apperçoit dans le lointain une montagne dont le pied est baigné par un lac. Ce tableau est marqué du monogramme de l'Artiste.

Sur toile. Large de 3 pieds; haut de 2 pieds 2 pouces.

* De Jean Weenix.

21. La Vue d'un port de mer avec un château, dont le devant présente une colonnade avec un monument auprès duquel on remarque différentes figures, la plupart habillées à l'orientale. Tout-à-fait sur le devant deux hommes sont occupés à décharger une gondole. On apperçoit dans le lointain plusieurs vaisseaux à l'ancre. Sur le tableau est écrit : *J. Weenix f.*

Sur toile. Large de 3 pieds; haut de 2 pieds 2 pouces.

De Nicolas van Hoye.

22. Une Bataille dans une plaine qui se termine à la droite par une hauteur, & à la gauche par un port garni de batteaux. Le devant est occupé par la cavalerie au milieu de laquelle on distingue particulièrement un cavalier cuirassé qui en poursuit un autre monté sur un cheval gris.

Sur toile. Large de 6 pieds 8 pouces; haut de 4 pieds 2 pouces.
Petites figures. Pendant du N°. 13.

De Corneille Schut.

23. La Ste. Vierge tenant sur ses genoux l'Enfant Jésus, dont l'attitude & le geste indiquent qu'il donne sa bénédiction à quelqu'un. Ils sont entourés d'une large guirlande de fleurs & de fruits soutenue par cinq petits anges: cette guirlande est peinte par *Daniel Seghers*.

Sur toile. Large de 6 pieds 4 pouces; haut de 5 pieds.
La Vierge est buste; l'Enfant Jésus & les petits anges sont figures entières, de grandeur naturelle.

III.e Façade où est la Porte de sortie.

D'Abraham Jansens.

24. Vénus sur les genoux d'Adonis au pied d'un arbre. A côté de la Déesse sont deux petits amours dont l'un tient un flambeau allumé, tandis que l'autre détache une flèche du carquois d'Adonis. On voit sur le devant quelques chiens de chasse en repos.

Sur toile. Large de 7 pieds 8 pouces; haut de 6 pieds 4 pouces.
Figures entières, grandeur naturelle.

De Jean Fyt et de Thomas Wyllebort.

25. Un Repos de Diane. La Déesse est assise sous une tente où ses Nymphes lui apportent toutes sortes de gibier & de volailles, dont une partie est étalée à ses pieds. On voit devant elle une meute de chiens dont un beau levrier pose ses deux pattes sur les genoux de la Déesse. Les figures sont de *Thomas Wyllebort*. Sur le tableau est écrit: *Joh. Fyt* 1650.

Sur toile. Large de 9 pieds 2 pouces; haut de 6 pieds 6 pouces.
Figures entières, grandeur naturelle.

* D'Henri van Steinwyck le Jeune.

26. Un Sujet d'Architecture avec un effet de nuit. Il représente une vaste prison voutée & soutenue par des colonnes; on y voit la délivrance de St. Pierre par l'Ange du Seigneur, & sur le devant les gardes dormant d'un profond sommeil. Sur le tableau est écrit: HNE. v. STEINWYCK. 1621.

Sur toile. Large de 6 pieds 2 pouces; haut de 4 pieds 10 pouces.
Petites figures.

* De Jean van Steen.

27. Une Famille flamande composée de six personnes adultes & de trois enfants, représentée d'une manière comique. Au milieu de la chambre un jeune amoureux est assis auprès d'une demoiselle qui lui présente un verre de vin rouge; une vieille femme leur parle d'un air fâché, mais le jeune homme ne fait qu'en rire. Derrière lui se tient un vieillard debout, ayant un canard sur l'épaule droite & lisant dans un livre, tandis qu'un garçon racle du violon à côté de lui. On voit sur le devant du tableau une jeune femme dormant contre une table.

Sur toile. Large de 4 pieds 7 pouces; haut de 3 pieds 4 pouces.
Figures entières, quart de nature.

* De François Leux.

28. La Vanité & la Fragilité des choses humaines, représentées allégoriquement. On y voit un jeune homme ailé tenant un médaillon à la main, & placé entre deux tables, dont celle de la droite, qui est d'un bois vermoulu & sur laquelle on lit : *Nil Omne*, est couverte de têtes de mort, de vieilles armes, de livres, & d'une chandelle éteinte ; celle de la gauche recouverte de velours, est chargée d'une quantité de choses précieuses & d'un globe terrestre que le jeune homme ailé montre du doigt.

Sur toile. Large de 5 pieds 6 pouces ; haut de 4 pieds 10 pouces.
Figures jusqu'aux genoux, grandeur naturelle.

* De Guillaume de Heusch.

29. & 30. Deux Paysages ornés de figures. Ils offrent des points de vue d'Italie très-agréables, enrichis de rivières couvertes de batteaux & dont les rivages sont bordés de châteaux & de villes. On voit sur le devant du premier tableau un cheval & un mulet que des hommes sont occupés à charger ; & sur le devant du second, des pêcheurs assis sur une grosse pierre & jouant aux cartes. Au delà des rivières s'élèvent des chaînes de montagnes qui vont se perdre dans l'horison. On lit sur les tableaux : *Heusch f.t*

Sur toile. Larges de 2 pieds 8 pouces ; hauts de 2 pieds 2 pouces.

De Jean Gheringh.

31. L'Intérieur de la belle Église des ci-devant Jésuites d'Anvers, ornée de diverses figures. L'Artiste a représenté en petit sur le Maître-Autel, le fameux tableau de Rubens (St. Ignace exorcisant) qui décoroit alors cette Église, & qui se trouve actuellement dans cette Galerie à la Salle de Rubens sous le No. 1. Sur ce tableau est écrit : *Gheringh f.t Ao. 1665.*

Sur toile. Large de 4 pieds 5 pouces, haut de 3 pieds 6 pouces.

* De Sébastien Vrancx.

32. L'Intérieur de la même Église pareillement ornée de figures, & où l'on voit de même le tableau d'Autel de Rubens. On lit sur le chapiteau d'une colonne : *S. Vrancx ft*.

Sur bois. Large de 2 pieds 3 pouces; haut de 1 pied 8 pouces.

De Thomas Wyck.

33. L'Entrée d'une vieille hotellerie voutée, où l'on voit près d'un puits deux hommes & d'autres figures.

Sur bois. Haut de 1 pied 6 pouces; large de 1 pied 2 pouces.
Petites figures.

* De Pierre Neeffs.

34. La Vue intérieure de la Cathédrale d'Anvers, d'une architecture gothique. On y remarque quantité de figures, peintes vraisemblablement par Franck, parmi lesquelles on distingue un grand Seigneur avec son cortège, qui est reçu par le clergé à l'entrée de l'Église. On lit au bas du tableau : *Peter Neeffs f*.t

Sur bois. Large de 2 pieds 3 pouces; haut de 1 pied 8 pouces.

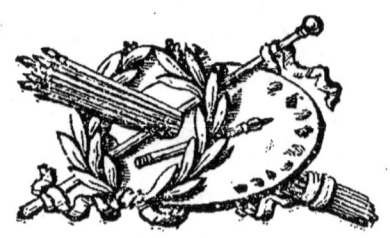

TROISIÈME CHAMBRE.

TABLEAUX D'ANTOINE VAN DYCK.

I.re Façade où est la Porte d'entrée.

* De van Dyck.

1. Samſon trahi par Dalila. Le moment du tableau eſt celui où les Philiſtins l'arrachent des bras de Dalila, & le garottent pour s'aſſurer de lui.

Sur toile. Large de 8 pieds 1 pouce; haut de 5 pieds 8 pouces.
Figures entières, grandeur naturelle.

De van Dyck.

2. Le Portrait d'une vieille femme aſſiſe dans un fauteuil ſur les bras duquel elle s'appuie. Elle eſt vêtue très-ſimplement d'un habit noir ſur les manches duquel celles de ſa chemiſe ſont largement repliées. Elle porte une coiffe de velours toute unie, & autour du cou une large collerette blanche boutonnée par devant.

Sur toile. Haut de 3 pieds 5 pouces; large de 2 pieds 9 pouces.
Demi-figure, grandeur naturelle.

TROISIÈME CHAMBRE.

* De van Dyck.

3. Le Portrait de *Philippe le Roi*, Seigneur de Ravels, bel homme d'un teint brun, & dans la vigueur de l'âge. Il est habillé à l'Espagnole, & caresse de la main droite un levrier qui s'est dressé contre lui.

Sur toile. Haut de 3 pieds 5 pouces; large de 2 pieds 9 pouces.
Demi-figure, grandeur naturelle.

* De van Dyck.

4. Le Portrait du Comte *Jean de Montfort*, Grand Chambellan de l'Archiduc Albert, Gouverneur général des Pays-bas. Il porte une large fraise & une chaîne d'or au cou, & la clef de Chambellan à son côté.

Sur toile. Haut de 3 pieds 6 pouces; large de 2 pieds 7 pouces.
Demi-figure, grandeur naturelle.

* De van Dyck.

5. Le Portrait d'un homme de très-bonne mine, avec la moustache sous le nez & le toupet au menton. Il est enveloppé d'un manteau noir qu'il serre par devant avec les deux mains, & qui ne laisse voir qu'un large collet de chemise.

Sur toile. Haut de 3 pieds 6 pouces; large de 2 pieds 8 pouces.
Demi-figure, grandeur naturelle.

* De van Dyck.

6. St. François le Séraphique assis dans une grotte, tenant un crucifix & une tête de mort. Il paroit extasié de la musique d'un ange jouant du luth & qu'on voit au-dessus de lui sur un nuage.

Sur toile. Haut de 3 pieds 8 pouces; large de 3 pieds.
Figure jusqu'aux genoux, grandeur naturelle.

* De van Dyck.

7. & 8. Les Portraits des Princes *Charles Louis & Robert*, fils de l'Electeur Palatin Frédéric V. l'un âgé de 15 ans & l'autre de 12. Ces deux Princes font repréfentés debout, la tête découverte, avec des cheveux chatains & courts. Ils font en habits noirs à l'Efpagnole, portant au cou une fraife empefée & une chaîne d'or. L'ainé appuie fa main droite fur fa hanche & laiffe tomber négligemment la gauche. Le Cadet, à côté duquel on voit un chien de chaffe blanc, s'appuie du bras droit fur un piedeftal, & a le gauche foiblement tendu le long du corps.

Le fond de ces tableaux eft d'architecture avec une échappée de vue fur un jardin.

Sur toile. Hauts de 5 pieds 6 pouces; larges de 3 pieds.
Figures entières, grandeur naturelle.

* De van Dyck.

9. Le Portrait d'un Général d'armée, avec le bâton de commandement à la main, portant une cuiraffe luifante d'un travail très-riche. Il eft peint dans la force de l'âge, fans barbe, avec la tête découverte, & appuyant la main gauche fur fa hanche.

Sur toile. Haut de 3 pieds 7 pouces; large de 3 pieds 3 pouces.
Demi-figure, grandeur naturelle.

II.e Façade opposée aux Fenêtres.

* De van Dyck.

10. La Ste. Vierge affife fur un trône élevé foutenu par des colonnes. Elle tient fur fes genoux l'Enfant Jéfus qui remet

à Ste. Rosalie, agenouillée devant lui, une couronne de fleurs. On voit aux deux côtés du trône St. Pierre & St. Paul debout, & derrière Ste. Rosalie, un ange qui apporte une corbeille de roses, tandis que deux autres petits anges en l'air répandent des fleurs sur les saintes personnes.

Sur toile. Haut de 8 pieds 8 Pouces; large de 6 pieds 8 pouces.
Figures entières, forte nature.

DE VAN DYCK.

11. Le Portrait d'un Musicien, enveloppé d'un manteau brun, & la tête couverte d'un large chapeau garni de plumes. Il s'appuie du bras droit sur une vieille armoire sur laquelle on voit une pipe, des papiers & divers instrumens de musique.

Sur toile. Haut de 3 pieds 6 pouces; large de 2 pieds 8 pouces.
Demi-figure, grandeur naturelle.

* DE VAN DYCK.

12. Une Ste. Famille. La Ste. Vierge tient sur ses genoux le petit Jésus qui caresse affectueusement St. Joseph, tandis que celui-ci le prend avec tendresse par le bras droit.

Sur toile. Haut de 3 pieds 9 pouces; large de 2 pieds 8 pouces.
Figures jusqu'aux genoux, grandeur naturelle.

DE VAN DYCK.

13. Jésus-Christ au Tombeau, pleuré par la Ste. Vierge, par St. Jean & par Ste. Madeleine qui lui baise tendrement la main gauche. On y voit aussi un petit ange en pleurs tenant un des clouds de la Croix.

Sur bois. Haut de 3 pieds 3 pouces, large de 2 pieds 6 pouces.
Figures entières, tiers de nature.

DE VAN DYCK.

14. Minerve recevant de Vulcain son armure, dont un Cyclope lui endosse la cuirasse. Quatre génies se jouent avec

différentes pièces de cette armure, tandis qu'un amour élevé au-dessus de la Déesse décoche une flèche sur Vulcain.
>Sur toile. Large 5 pieds; haut 3 pieds 8 pouces.
>Figures entières, demi-nature.

* De van Dyck.

15. Jésus sur la Croix au moment de l'éclipse du Soleil.
>Sur toile. Haut de 4 pieds 2 pouces; large de 3 pieds 2 pouces.
>Figure entière, demi-nature.

De van Dyck d'après le Titien.

16. Un Ecce-homo. Le Sauveur est représenté nud jusqu'a mi-corps, les mains liées & tenant un roseau. A sa droite est un soldat qui lui met le manteau de pourpre sur les épaules.
>Sur toile. Haut de 3 pieds 4 pouces; large 2 pieds 6 pouces.
>Figures jusqu'aux genoux, grandeur naturelle.

* De van Dyck.

17. Le Portrait d'un bel homme à petite barbe clair-brune, enveloppé d'un manteau & portant au cou un large collet garni de dentelles. Il a sa main droite, dans laquelle il tient ses gands, sur la poitrine, & appuie sur sa hanche la gauche cachée sous le manteau.
>Sur toile. Haut de 3 pieds 6 pouces; large de 2 pieds 8 pouces.
>Demi-figure, grandeur naturelle.

III.e Façade où est la Porte de sortie.

De van Dyck.

18. La Conception immaculée, ou Jésus-Christ triomphant du péché originel, Sujet emblèmatique représenté par la Ste. Vierge élevée sur des nuages & tenant l'Enfant Jésus

qui foule aux pieds la tête de Satan chargé de chaînes. Le St. Esprit sous la forme d'une colombe plane au-dessus d'eux; ils sont entourés d'une gloire d'anges qui leur présentent des sceptres, des couronnes & des fleurs. Au bas du tableau, sur la gauche, on apperçoit dans l'éloignement, par l'ouverture d'un nuage, Adam & Eve chassés du Paradis terrestre.

Sur toile. Haut de 8 pieds 3 pouces; large de 6 pieds 2 pouces.
Figures entières, grandeur naturelle.

De van Dyck.

19. Le Portrait de *Charles Scribani*, Recteur des Collèges des Jésuites d'Anvers & de Bruxelles. Il tient de la main gauche sa barrette & de la droite un livre posé sur une table, sur laquelle on voit aussi un crucifix.

Sur toile. Haut de 3 pieds 8 pouces; large de 3 pieds 3 pouces.
Figure jusqu'aux genoux, grandeur naturelle.

De van Dyck.

20. L'Infante *Isabelle Claire Eugénie*, Gouvernante générale des Pays-bas Espagnols, veuve de l'Archiduc Albert d'Autriche, représentée en habits de l'Ordre de Ste. Claire, & relevant des deux mains, qui sont jointes, le côté droit de sa mante.

Sur toile. Haut de 3 pieds 5 pouces; large de 2 pieds 10 pouces.
Figure jusqu'aux genoux, grandeur naturelle.

⋆ De van Dyck.

21. Le Portrait de *Charles I. Roi d'Angleterre*, vêtu d'une étoffe de soie blanche, & d'un manteau noir jetté légérement sur l'épaule gauche. Il appuie la main droite sur sa hanche, & la gauche sur la garde de son épée. Le fond du tableau laisse voir un bout de paysage.

Sur toile. Haut de 3 pieds 5 pouces; large de 2 pieds 8 pouces.
Demi-figure, grandeur naturelle.

De van Dyck.

22. Le Portrait du Marquis *François de Moncada*, *Comte d'Offune*, Conseiller privé de Philippe IV. Roi d'Espagne, Capitaine général de ses armées dans les Pays-bas Espagnols, &c. Il est vêtu d'un habit noir de cour, & porte un colier d'or duquel pend une médaille qu'il relève de la main droite, appuyant la gauche sur la garde de son épée.

Sur toile. Haut de 3 pieds 5 pouces; large de 2 pieds 7 pouces.
Demi-figure, grandeur naturelle.

* De van Dyck.

23. Le Portrait d'une Bourgeoise Flamande de moyen âge, en habit noir, les épaules couvertes d'un grand mouchoir de toile blanche garni de dentelles ainsi que ses manchettes, qui sont repliées en arrière. Elle laisse tomber négligemment la main droite, & tient la gauche contre sa poitrine. On voit de ce côté une échappée de vue sur la campagne.

Sur toile. Haut de 3 pieds 8 pouces; large de 3 pieds.
Figure jusqu'aux genoux, grandeur naturelle.

De van Dyck.

24. Une Ste. Madeleine élevant dévotement les yeux vers le ciel.

Sur bois. Haut de 1 pied 6 pouces; large de 1 pied 5 pouces.
Buste, grandeur naturelle.

De Jean van den Hoecke.

25. Le Portrait de *Philippe IV. Roi d'Espagne* dans un âge avancé, en habits noirs, revêtu d'un colier d'ordre & portant au cou un collet empesé.

Sur toile. Haut de 1 pied 5 pouces; large de 1 pied 1 pouce.
Buste, grandeur naturelle.

* De van Dyck.

26. Le Bienheureux Herrmann de l'Ordre des Prémontrés, à genoux devant la Ste. Vierge, qui lui met un anneau dans la main droite qu'un ange lui soutient.

Sur toile. Haut de 5 pieds; large de 4 pieds 1 pouce.
Figures entières, trois quarts de nature.

D'Adrien Hannemann.

27. Le Portrait *de van Dyck* à la fleur de l'âge, en habit noir avec une chaîne d'or au cou.

Sur toile. Haut de 1 pied 6 pouces; large de 1 pied 3 pouces.
Buste, grandeur naturelle.

De Juste van Egmond.

28. Le Portrait de *Philippe IV. Roi d'Espagne* dans sa jeunesse. Il est vêtu d'habits très-riches brodés en or, & décoré de l'Ordre de la Toison d'or.

Sur toile. Haut de 1 pied 5 pouces; large de 1 pied 2 pouces.
Buste, grandeur naturelle.

* De van Dyck.

29. La Comtesse *Émilie de Solms*, Princesse de Nassau-Orange. Elle est représentée en habits de cour à l'Espagnole, portant une chaîne d'or au cou. De la main droite elle tient un éventail & laisse tomber négligemment la gauche à son côté.

Sur toile. Haut de 3 pieds 8 pouces; large de 3 pieds.
Figure jusqu'aux genoux, grandeur naturelle.

QUATRIÈME CHAMBRE,
DITE
LA SALLE DE RUBENS.

I.re Façade où est la Porte d'entrée et celle de sortie.

* De P. P. Rubens.

1. & 2. Les deux grands Tableaux d'Autel qui décoroient ci-devant l'Église des Jésuites d'Anvers. Le premier représente St. Ignace de Loyola au pied de l'Autel, exorcisant des possedés en présence de sa communauté; & le second, St. François Xavier prêchant l'Évangile aux Indiens & opérant plusieurs miracles.

Sur toile. Hauts de 17 pieds; larges de 12 pieds 6 pouces.
Figures entières, au-dessus de nature.

* De Rubens.

3. L'Assomption de la Vierge.

Sur bois. Haut de 14 pieds 6 pouces; large de 9 pieds 5 pouces.
Figures entières, forte nature.

De Rubens.

4. Un Portrait d'homme à cheveux noirs & courts, & à barbe brune, vêtu d'une simarre fourrée sur laquelle le col de la chemise est rabattu.

Sur bois. Large de 1 pied 10 pouces; haut de 1 pied 9 pouces.
Buste, au-dessus de nature.

DE RUBENS.

5. St. André en croix.

Sur bois. Large de 1 pied 10 pouces ; haut de 1 pied 9 pouces.
Buste, au-dessus de nature.

DE RUBENS.

6. La Rencontre de Jacob & d'Esaü.

Sur bois. Large de 2 pieds 9 pouces ; haut de 1 pied 10 pouces.
Petites figures.

II.e FAÇADE DU CÔTÉ DES DEUX CABINETS.

DE RUBENS.

7. La Chasse de Méléagre & d'Attalante, où ils tuent le Sanglier de Calydonie.

Sur toile. Large de 13 pieds ; haut de 10 pieds 4 pouces.
Figures entières, forte nature.

* DE RUBENS.

8. St. Ambroise refusant à l'Empereur Théodose l'entrée de l'Église de Milan.

Sur toile. Haut de 11 pieds 5 pouces ; large de 7 pieds 9 pouces.
Figures entières, grandeur naturelle.

* DE RUBENS.

9. Un Sujet allégorique représentant la Rencontre des deux Ferdinand, savoir, de Ferdinand Roi d'Hongrie & de Charles Ferdinand Infant d'Espagne, ainsi que la jonction de

leurs

leurs armées à Noerdlingue, en 1634. Les deux Princes font accompagnés de leurs Officiers Généraux, parmi lesquels il y en a de haute naissance.

Sur toile. Large de 12 pieds 2 pouces; haut de 11 pieds 5 pouces.
Figures entières, au-dessus de nature.

DE L'ÉCOLE DE RUBENS.

10. Trois Nymphes endormies sous un arbre dans un jardin, & guettées par un berger appuyé sur son bâton. A la droite est un jet-d'eau près duquel un jeune garçon se repose. On voit sur le devant des vases d'or & des fruits étalés à terre, avec lesquels un singe se joue.

Sur toile. Large de 9 pieds, haut de 6 pieds 7 pouces.
Figures entières, grandeur naturelle.

DE RUBENS, D'APRÈS LE TITIEN.

11. Une copie du portrait de femme connu sous le nom de la maîtresse du Titien. Elle est vêtue d'une étoffe de satin blanc à fleurs brodées en or, & tient dans sa main droite un éventail, ayant, selon la mode de ces tems là, la forme d'un petit étendard.

Sur toile. Haut de 3 pieds ; large de 2 pieds 3 pouces.
Figure jusqu'aux genoux, grandeur naturelle.

DE RUBENS.

12. *St. Pepin*, Duc de Brabant avec *Ste. Bègue* sa fille. Le Saint porte un bonnet fourré d'une forme très-singulière. L'habillement de Ste. Bègue est d'étoffe rouge, doublé de fourrures ; elle est coiffée à la manière des Religieuses Béguines dont elle est la fondatrice.

Sur bois. Haut de 3 pieds ; large de 2 pieds 5 pouces.
Demi-figure, grandeur naturelle.

De Rubens.

13. & 14. Les Esquisses des deux grands tableaux d'Autel ci-dessus N°. 1. & 2. savoir, de St. Ignace exorcisant, & de St. François Xavier prêchant aux Indiens.

Sur bois. Hauts de 3 pieds 4 pouces; larges de 2 pieds 3 pouces.
Petites figures.

* De Rubens.

15. Le Portrait de *Rubens* lui-même, où il s'est peint dans un âge plus avancé que dans ses autres portraits connus. Il est habillé de noir, à l'Espagnole, avec une fraise au cou, & un large chapeau sur la tête. De la main droite il tient un de ses gands, & appuie la gauche sur la garde de son épée.

Sur toile. Haut de 3 pieds 5 pouces; large de 2 pieds 7 pouces.
Demi-figure, grandeur naturelle.

De Rubens.

16. Le Portrait de l'Archiduchesse *Anne d'Autriche*, femme de Louis XIII. Roi de France. Cette Princesse est vêtue d'un habit brodé de perles, & porte une fraise de dentelles au cou.

Sur toile. Haut de 1 pieds 6 pouces; large de 1 pied 3 pouces.
Buste. grandeur naturelle.

De Rubens.

17. Le Portrait de la Princesse *Elisabeth de France*, femme de Philippe IV. Roi d'Espagne. Elle est représentée jeune, en habits noirs, avec une fraise godronnée & un colier de perles autour du cou.

Sur bois. Haut de 1 pied 6 pouces; large de 1 pied 3 pouces.
Buste, grandeur naturelle.

De Rubens.

18. Un Paysage où l'on voit un vieux château entouré d'un fossé plein d'eau, & sur le devant une compagnie de jeunes gens qui s'amusent, les uns à folâtrer, les autres à faire de la musique.

Sur bois. Large de 3 pieds ; haut de 1 pied 9 pouces.
Petites figures.

De l'École de Rubens.

19. Un Sujet galant connu sous le nom du *Jardin d'Amour*. Il représente Rubens lui-même avec ses deux femmes & une compagnie nombreuse des deux sexe qui s'est rassemblée dans le jardin de sa maison, auprès d'une belle fontaine jaillissante ornée de statues allégoriques. Les uns font de la musique, tandis que d'autres se livrent à toutes sortes de jeux folâtres auxquels plusieurs petits amours se sont mêlés.

Sur bois. Large de 3 pieds 4 pouces ; haut de 2 pieds 3 pouces.
Petites figures.

*De Rubens.

20. Le Corps mort de notre Seigneur au Tombeau. La Ste. Vierge, aidée par St. Jean à soulever le Corps du Sauveur, est tendrement occupée à lui tirer de la tête les pointes que la couronne d'épines y a laissées.

Sur bois. Large de 3 pieds 7 pouces ; haut de 3 pieds 4 pouces.
Demi-figures, grandeur naturelle.

* De Rubens.

21. Les quatre Parties du Monde représentées par autant de Dieux Fleuves dont chacun est accompagné d'une Naïade. Ils sont assis sous une voile tendue & s'appuient sur des

Urnes ornées de bas-reliefs. Sur le devant, à droite, est l'Afrique avec sa compagne, qui est une Nègresse, & près d'eux un crocodile dans l'eau avec lequel trois enfants badinent. A la gauche est l'Asie, ayant à ses pieds une grosse tigresse qui allaite ses petits. Derrière l'Asie est l'Amérique tenant un fruit du cocotier, & vis-à-vis de celle-ci, l'Europe embrassant d'une main sa compagne & tenant de l'autre un gouvernail. Au fond on voit des roseaux & la pleine mer.

Sur toile. Large de 9 pieds ; haut de 6 pieds 7 pouces.
Figures entières, forte nature.

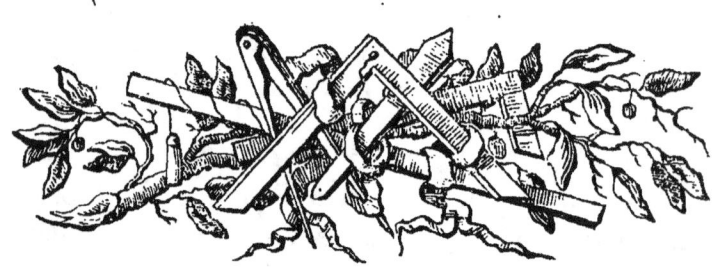

CINQUIÈME CHAMBRE.
TABLEAUX
DE P. P. RUBENS.

Ire Façade où est la Porte d'entrée.

* De Rubens.

1. Un grand Tableau d'Autel en trois compartimens, dont celui du milieu, qui est du double plus large que les deux autres, représente la Ste. Vierge assise sur un trône magnifique, & donnant une riche chasuble à St. Ildefonse, Archevêque de Tolède, agenouillé devant elle. Quatre Saintes environnent le trône au-dessus duquel on voit une belle gloire d'Anges. Les deux autres compartimens, qui étoient la partie intérieure des volets du Rétable, représentent, savoir, celui de la droite, l'Archiduc Albert, Gouverneur général des Pays-bas, à genoux sur un prié-Dieu & accompagné de St. Albert son Patron; & celui de la gauche, l'Infante Claire Isabelle Eugenie, également agenouillée, & à laquelle Ste. Claire présente, sur un livre, une couronne d'or entourée d'une guirlande de roses.

Ces trois pièces, actuellement réunies dans une même bordure, sont d'égale hauteur, savoir, de 11 pieds. Celle du milieu ou la principale, a 7 pieds 6 pouces de large; & chacune des deux autres 3 pieds 6 pouces. Sur bois. Figures entières, forte nature.

CINQUIÈME CHAMBRE.

II.ᶜ Façade opposée aux Fenêtres.

De Rubens.

2. La Salutation Angélique.

Sur bois. Haut de 7 pieds 1 pouce ; large de 6 pieds 3 pouces.
Figures entières, grandeur naturelle.

De Rubens.

3. Le Portrait de *Philippe le Bon*, Duc de Bourgogne. Ce Prince est représenté la tête nue, le bâton de commandement à la main, & revêtu d'une cuirasse luisante recouverte par son manteau ducal.

Sur bois. Haut de 3 pieds 8 pouces ; large de 3 pieds 2 pouces.
Demi-figure grandeur naturelle.

De Rubens.

4. & 5. Deux Portraits d'hommes âgés. Ils portent un petit toupet au menton & une fraise empesée au cou. Le premier est vêtu d'une robe brune fourrée ; & le second est en habit noir.

Sur bois. Hauts de 1 pied 7 pouces ; larges de 1 pied 3 pouces.
Bustes, grandeur naturelle.

* De Rubens.

6. Une femme presque nue. Elle est debout ; un manteau brun fourré est jetté négligemment autour de son corps. Sa tête est le Portrait connu d'Hélène Formann, seconde femme de Rubens.

Sur bois. Haut de 5 pieds 6 pouces ; large de 3 pieds.
Figure entière, grandeur naturelle.

ÉCOLE FLAMANDE.

* DE RUBENS.

7. Un Payfage montueux repréfentant l'Innondation fabuleufe de le Phrygie. On voit fur le devant Jupiter & Mercure qui prennent Philémon & Baucis fous leur protection en récompenfe de leur hofpitalité.

Sur bois. Large de 6 pieds 6 pouces; haut de 4 pieds 7 pouces.
Petites figures.

DE RUBENS.

8. Un Enfant nu, couronné de lierre, une flûte à la main, & devant lequel on voit différens jouets pofés fur une table.

Sur toile. Haut de 1 pied 9 pouces; large de 1 pied 3 pouces.
Bufte, grandeur naturelle.

DE RUBENS.

9. Deux têtes d'hommes barbus dans le même tableau. Ils ont tous deux les yeux tournés vers le ciel, & doivent repréfenter les Apôtres St. Pierre & St. Paul; l'un eft vu de profil & l'autre de trois quarts de face.

Sur bois. Large de 1 pied 10 pouces; haut de 1 pied 6 pouces.
Grandeur naturelle.

DE RUBENS.

10. Un vieux Prêtre à barbe & à cheveux gris, vêtu d'une chafuble très-riche.

Sur bois. Large de 1 pied 10 pouces; haut de 1 pied 6 pouces.
Bufte de grandeur naturelle. Pendant du N°. précédent.

DE RUBENS.

11. Un refpectacle Vieillard vu de profil, ayant la tête prefque chauve, & portant une barbe blanche & crépue; fon habillement eft de couleur pourpre.

Sur bois. Haut de 2 pieds 1 pouce; large de 1 pied 9 pouces.
Bufte, grandeur naturelle.

De Rubens.

12. St. Jérôme, en habit de Cardinal, le chapeau rouge sur la tête, & portant une longue barbe blanche.

<small>Sur bois. Haut de 2 pieds 1 pouce; large de 1 pied 9 pouces.
Buste de grandeur naturelle. Pendant du N°. précédent.</small>

III.ᵉ Façade où est la Porte de sortie.

De Rubens.

13. Une Ste. Famille se reposant sous un arbre. L'Enfant Jésus est dans les bras de sa Mère, & tend la main en souriant au petit St. Jean, que lui amènent Ste. Elisabeth & Zaccharie. Celui-ci présente au Sauveur une petite branche chargée de pommes, qu'il vient de détacher de l'arbre.

Ce tableau est formé de deux pièces jointes ensemble, lesquelles étoient la partie extérieure des deux volets dont il est question dans la description du N°. 1 de cette Chambre.

<small>Sur bois. Haut de 11 pieds; large de 7 pieds 4 pouces.
Figures entières, forte nature.</small>

De Rubens.

14. Le Portrait de l'Infant *Charles Ferdinand*, Gouverneur général des Pays-bas. Ce Prince est représenté debout dans l'attitude d'un héros, armé de toutes pièces, un grand chapeau garni de plumes sur la tête, & le bâton de commandement à la main.

<small>Sur toile. Haut de 8 pieds 2 pouces; large de 3 pieds 6 pouces.
Figure entière, au-dessus de nature.</small>

De Rubens.

15. Le Portrait de *Ferdinand* Roi d'Hongrie, qui fut depuis Empereur sous le nom de Ferdinand III. Ce Monarque est représenté debout, habillé à la Hongroise & tenant le Sceptre à la main.

<small>Sur toile. Haut de 8 pieds 2 pouces ; large de 3 pieds 6 pouces.
Figure entière, au-dessus de nature. Pendant du N°. précédent.</small>

* De Rubens.

16. Trois Enfans assis à terre dans une grotte, sous une treille, & auxquels le Génie de l'Innocence amène un agneau. On voit à terre, sur le devant, une petite corbeille de fruits, & par une ouverture sur la gauche, un bout de paysage.

<small>Sur bois. Large de 3 pieds 10 pouces ; haut de 2 pieds 5 pouces.
Figures entières, grandeur naturelle.</small>

De Rubens.

17. & 18. Deux Portraits d'hommes âgés, à petits toupets de barbe & en habits noirs. Le premier, qui se présente de face, porte un rabat & une chaîne d'or au cou. Le second, vu de trois quarts de face & presque chauve, est vêtu de noir, & porte au cou une fraise godronnée.

<small>Sur bois. Hauts de 1 pied 7 pouces ; larges de 1 pied 3 pouces.
Bustes, grandeur naturelle.</small>

De Rubens.

19. Une Femme nue endormie sur un lit. Un Vieillard qui s'en est approché furtivement lui enlève sa couverture, tandis qu'un petit Démon fait mine de lui ôter son chevet de dessous la tête. Le fond est paysage.

<small>Sur bois. Large de 2 pieds 2 pouces ; haut de 1 pied 4 pouces.
Petites figures.</small>

* De Rubens.

20. Un Sujet allégorique à l'honneur de quelque Héros. Il repréfente une guerrier cuiraffé affis dans une attitude fière fur un tas de morts & d'armes brifées, tenant un poignard dans la main droite & dans la gauche un bouclier. Il eft foutenu par Bellone & couronné de Lauriers par la victoire.

Sur bois. Large de 2 pieds 1 pouce ; haut de 1 pied 7 pouces.
Petites figures.

De Rubens.

21. Un Chrift mort dans la Grotte fépulcrale, auquel la Ste. Vierge ferme tendrement les yeux. Elle eft environnée de plufieurs Saints & Saintes qui pleurent le Sauveur.

Sur bois. Large de 1 pied 8 pouces ; haut de 1 pied 3 pouces.
Petites figures.

* De Rubens.

22. Une Sainte Famille. La Ste. Vierge tient l'Enfant Jéfus, qui eft nu, debout fur un piédeftal fur lequel eft affife Ste. Elifabeth tenant dans fon bras le petit St. Jean: celui-ci a les mains jointes & femble addreffer de ferventes prières au Sauveur. St. Jofeph, derrière la Ste. Vierge, regarde avec complaifance cette fcène enfantine.

Sur bois. Haut de 4 pieds 3 pouces ; large de 3 pieds 2 pouces.
Figures jufqu'aux genoux, grandeur naturelle.

SIXIÈME CHAMBRE.
TABLEAUX
POUR LA PLUPART
DE D: TENIERS.

Ire Façade où est la Porte d'entrée.

* De Jaques van Artois.

1. Un grand Payſage montueux avec une forêt & une rivière ſur la droite. L'Artiſte a repréſenté ſur le devant St. Staniſlas Koſtka allant à Rome & nourri miraculeuſement dans un déſert par deux anges.

Sur toile. Large de 14 pieds 8 pouces ; haut de 10 pieds 9 pouces.
Petites figures.

* De David Teniers le Jeune.

2. Le Sacrifice d'Abraham. Le Patriarche & ſon fils ſont agenouillés devant l'Autel ſur lequel on voit le Belier qui fut ſubſtitué à la place du jeune Iſaac. On apperçoit ſur la gauche, dans l'éloignement, deux ſerviteurs avec un ane, attendant le Patriarche. Sur le tableau eſt écrit : *D. Teniers f. 1653.*

Sur toile. Haut de 4 pieds 1 pouce ; large de 3 pieds 3 pouces.
Figures entières, quart de nature.

De Rubens.

3. Le Portrait d'une jeune Dame, habillée à l'Espagnole, tenant de la main droite ses gands & de la gauche son manchon.

Sur bois. Haut de 2 pieds 7 pouces; large de 1 pied 10 pouces.
Demi-figure, grandeur naturelle.

De David Teniers le Jeune.

4. Le Portrait d'un jeune homme à petite moustache, portant un manteau noir, un large col de chemise garni de dentelles & replié sur les épaules, la tête couverte d'un grand chapeau détroussé, & tenant ses gands de la main gauche.

Sur toile. Haut de 2 pieds 8 pouces; large de 2 pieds.
Demi-figure, grandeur naturelle.

* De David Teniers le Jeune.

5. & 6. Une Nôce champêtre, & un Village pillé par des Soldats. Dans le premier tableau on voit sur le devant, à droite, les deux Epoux s'entretenir confidemment, & derrière eux un vieillard tenant une cornemuse, qui les épie. Sur la gauche, dans l'éloignement, sont les gens de la nôce, qui s'amusent à danser & à boire devant un cabaret.

Le second Tableau offre un spectacle bien différent. Des Soldats qui se sont jettés sur un village, massacrent une partie de ses habitans & en font d'autres prisonniers. Tout-à-fait sur le devant, un soldat, le pistolet à la main, menace un vieillard & sa femme qui lui demandent quartier à genoux.

Les figures du premier plan sont d'un quart de nature & vues jusqu'aux genoux.

Sur toile. Larges de 3 pieds 6 pouces; hauts de 2 pieds 4 pouces.

DE DAVID TENIERS LE JEUNE.

7. & 8. Deux Payſages Flamands ornés de figures. Dans le premier, des payſans raſſemblés ſur la place d'un village, s'amuſent à tirer de l'Arc.

Le ſecond préſente une contrée couverte de neige, avec un village & une ville dans le lointain. On voit ſur le devant un payſan qui conduit deux porcs devant lui, & plus loin quatre autres payſans patinant ſur la glace.

<small>Sur toile. Large de 2 pieds 8 pouces ; haut de 1 pied 9 pouces.
Petites figures.</small>

* DE DAVID TENIERS LE JEUNE.

9. Une Faiſeuſe de ſauciſſes Flamande. L'on voit dans un cabaret, où quatre payſans s'amuſent à boire auprès d'une cheminée, une jeune femme occupée à faire des ſauciſſes, & devant elle un banc chargé de viande hachée, de ſauciſſes déjà faites, & de différens uſtenſiles de cuiſine. A ſa gauche, un jeune garçon, le chapeau à la main, prend congé d'elle en riant. Un porc éventré, dont on voit les entrailles ſuſpendues à un croc au-deſſus d'elle, eſt accroché contre le mur, à la droite.

<small>Sur toile. Large de 2 pieds ; haut de 1 pied 8 pouces.
Petites figures.</small>

DE DAVID TENIERS LE JEUNE.

10. Une Fête Flamande où quantité de villageois s'amuſent à boire & à danſer. L'on voit ſur la droite les principaux d'entr'eux aſſis autour d'une table devant un cabaret ; & ſur la gauche, une compagnie de gens de la ville qui arrivent pour voir la fête, & parmi leſquels Teniers s'eſt peint lui-même avec ſa famille.

<small>Sur toile. Large de 3 pieds 6 pouces ; haut de 2 pieds 4 pouces.
Petites figures.</small>

De David Teniers le Jeune.

11. & 12. Deux Eſtaminets Flamands. Dans le premier deux payſans fument & liſent la gazette devant une cheminée, tandis que deux autres ſont en converſation avec une vieille qui apprète à manger dans la cuiſine.

Le ſecond préſente une compagnie de cinq payſans qui s'amuſent à boire, à fumer & à cauſer enſemble. Une femme aſſiſe à table au milieu d'eux, leur coupe du tabac; on en voit entrer une autre dans la chambre.

Sur bois. Larges de 1 pied 1 pouce; hauts de 10 pouces.
Petites figures.

De David Teniers le Jeune.

13. Une Danſe Flamande. Un grand nombre de payſans & de payſannes rangés en file, danſent un branle en plein champ devant une chaumière. On voit ſur le devant, à gauche, différentes volailles près d'un puits.

Sur toile. Large de 3 pieds; haut de 1 pied 8 pouces.
Petites figures.

De David Teniers le Vieux.

14. & 15. Deux petits Payſages montueux ornés de figures. Le premier offre un rocher percé & une cascade; ſur le devant ſont deux cavaliers à qui un payſan indique le chemin.

Le ſecond préſente un pont de pierre entre des rochers escarpés, & ſur le devant deux mulets avec leur conducteur & deux voyageurs à cheval. On apperçoit dans l'éloignement quelques châteaux ſur le haut des montagnes.

Sur cuivre. Larges de 1 pied 4 pouces; hauts de 1 pied.

De David Teniers le Vieux.

16. & 17. Deux petits Payſages de plaines garnies de bois & traverſées par une rivière. On voit ſur le devant du premier deux payſans faiſant la converſation avec un troiſième aſſis ſur une pierre. Dans le ſecond Teniers a repréſenté le jeune Tobie accompagné de l'Ange.

Sur cuivre. Larges de 1 pied 4 pouces ; hauts de 1 pied.

II.ᵉ Façade opposée aux Fenêtres.

* De Rubens.

18. La Fête de Vénus dans l'Isle de Cythère. Elle eſt repréſentée par quantité de Nymphes, de Faunes & de petits Amours qui danſent & folâtrent autour de la Statue de la Déeſſe placée ſous de grands arbres, aux branches desquels d'autres Amours attachent des guirlandes de fruits & de fleurs, tandis qu'une Prêtreſſe fait bruler de l'encens ſur un petit Autel dreſſé devant la Statue. Sur le devant, à droite, un Amour embraſſe ardemment une petite fille ſur le gazon, près de deux jeunes femmes qui apportent un couple de Statues en offrande. On apperçoit au travers des arbres le coucher du ſoleil, & dans l'éloignement, à gauche, le Temple de la Déeſſe ſur une colline.

Sur toile. Large de 11 pieds ; haut de 7 pieds.

Figures entières, tiers de nature.

* De David Teniers le Jeune.

19. Le Portrait d'un vieillard vu de profil. Ses cheveux & sa barbe sont blancs & courts. Il a la tête couverte d'une calotte & porte une robe d'étoffe gris-clair.

Sur bois. Haut de 1 pied 11 pouces ; large de 1 pied 5 pouces.
Buste, grandeur naturelle.

De David Ryckaert.

20. Une Magicienne dans une grotte & près d'un feu, chassant avec sa baguette une troupe de spectres hideux qu'on voit à sa gauche prendre la fuite.

Sur bois. Large de 2 pieds ; haut de 1 pied 6 pouces. Petites figures.

* De David Ryckaert.

21. & 22. Deux Tableaux dont l'un représente une Fête Flamande, & l'autre le Saccagement d'un village. Le premier offre devant un cabaret de village tous les divertissemens de la danse & de la table. La Dame du lieu, assise au milieu de la scène & tenant un petit chien dans ses bras, paroît prendre plaisir à voir la fête. Une autre Dame, debout à sa droite, parle à un Cavalier revenant de la chasse, & à côté duquel un paysan qui porte un fusil & un lièvre mort, tient quatre chiens en lesse.

Le second Tableau forme un parfait contraste avec le premier. Des Soldats effrénés mettent tout à feu & à sang dans un village. On voit sur le devant, à droite, un amas de butin consistant en effets & en bestiaux ; & sur la gauche un paysan étendu mort par terre & deux autres attachés à la queue d'un cheval. Quelques soldats à table, au milieu de la scène, font la débauche. On apperçoit dans l'éloignement l'église du village en feu.

Sur toile. Larges de 5 pieds 6 pouces ; hauts de 3 pieds 10 pouces. Petites figures.

* De

* De David Teniers le Jeune.

23. Un Ménage rustique au milieu duquel une femme est occupée à récurer un petit chaudron de cuivre. On voit à sa droite quatre chèvres & quelques volailles; & dans le fond un vieillard & un jeune garçon qui se chauffent au coin de la cheminée.

Sur bois. Large de 1 pied 9 pouces; haut de 1 pied 3 pouces.
Petites figures.

* De David Teniers le Jeune.

24. Trois petits garçons s'amusant, auprès d'un village, avec un chien auquel l'un d'eux fait rapporter une boule.

Sur bois. Large de 1 pied 6 pouces; haut de 1 pied 1 pouce.

* De David Teniers le Jeune.

25. & 26. Deux Étables. On voit dans la première, sur le devant, à droite, un petit troupeau de chèvres, & à gauche quelques volailles. Un jeune garçon tenant une flûte à la main, s'avance du milieu de l'étable; & plus loin, une paysanne portant une cruche est sur le point d'en sortir.

Le second Tableau représente une Étable à vaches. Sur le devant, une jeune fille tenant sur ses genoux un vaisseau de cuivre plein de lait, est assise près d'une vache tachetée qu'elle vient de traire; elle s'entretient avec un berger debout devant elle & appuyé sur son bâton. Sur la droite est un troupeau de moutons devant une petite baraque de bois. Par une porte dans le fond de l'étable, il entre un vieillard apportant à manger au bétail. On voit à terre & contre la muraille toutes sortes d'ustensiles.

Sur bois. Larges de 3 pieds 1 pouce; hauts de 2 pieds 2 pouces.
Petites figures.

I

De David Teniers le Vieux.

27. & 28. Deux Sujets de la Fable d'Jo. Le premier repréfente le moment où Junon prie Jupiter, affis fur une pierre, de lui donner Jo qu'il avoit changée en geniffe blanche. On voit fur la gauche l'Aigle & le Paon qui fe donnent des coups de bec.

Dans le fecond Tableau, Mercure fous la figure d'un jeune berger, tâche par le fon de fa flûte d'endormir Argus dépofitaire d'Jo transformée en vache. On lit fur ces tableaux: *David Teniers f.* 1638.

Sur cuivre. Larges de 2 pieds; hauts de 1 pied 6 pouces.

De Robert van Hoeck.

29. L'Intérieur d'une chambre fervant de garde-meuble. Sur un ais recouvert d'une nappe & pofé fur une cuve, on voit une gamelle de terre, une bouteille empaillée & un petit panier; & à terre, un chaudron, une vieille lanterne & d'autres meubles.

Sur bois. Haut de 11 pouces; large de 8 pouces.

D'Antoine François Boudewyns et de Pierre Bout.

30. & 31. Deux petits Payfages garnis de figures & d'animaux. Dans le premier deux Cavaliers, dont l'un porte une trompette, s'entretiennent avec une payfanne qui conduit un ane chargé de légumes. Sur le devant eft un troupeau de moutons avec un berger. On apperçoit dans le lointain quelques arbres & un bout de montagne.

Le fecond offre fur le devant un troupeau de moutons qui repofent près des ruines d'un ancien temple, & dont le berger eft en converfation avec deux payfannes.

On voit fur la droite un couple de mulets qui s'avancent avec leur conducteur, & un peu plus loin, quelques voyageurs.

Sur bois. Large de 1 pied 3 pouces; haut de 11 pouces.

De Robert van Hoeck.

32. Un Clair de lune. Quelques voyageurs qui ont fait halte avec leur voiture près d'une grosse tente dressée contre une maison, se chauffent devant un feu en plein air, tandis que leurs chevaux paissent autour d'eux.

Sur bois. Haut de 11 pouces; large de 8 pouces. Pendant du N°. 27.

III.e Façade où est la Porte de sortie.

* De Jaques van Artois.

33. Un grand Paysage où l'on voit des deux côtés de hauts arbres, & au milieu un étang dans une plaine terminée dans le lointain par des montagnes. L'Artiste a représenté dans ce tableau, comme dans son pendant N°. 1. un sujet de la Vie des Saints, savoir, St. François de Borgias s'approchant humblement, avec un autre religieux, d'une chapelle placée sous les arbres, d'où il part un rayon de lumière qui s'étend jusqu'à lui.

Sur toile. Large de 14 pieds 8 pouces; haute de 10 pieds 9 pouces.
Petites figures. Pendant du N°. 1.

* De David Teniers le Jeune,

34. La Fête du tirage à l'oiseau, qui se célébroit autrefois annuellement à Bruxelles sur la place des Sablons, près de l'Église de Ste. Gudule. L'Artiste l'a représentée

ici lorsque l'Archiduc Léopold Guillaume, Gouverneur général des Pays-bas, y affifta en l'année 1652. Le moment du tableau eft celui où ce Prince, placé fur une eftrade, reçoit une arbalète des Députés de la Compagnie des Tireurs. Il eft accompagné d'un manifique cortège rendu avec la plus grande vérité, ainfi que la foule de peuple, dont la place eft remplie, & parmi laquelle on remarque quantité de portraits. Teniers lui-même ne s'eft pas oublié dans ce tableau, s'y étant peint fur le devant avec fa famille. On lit au bas de ce riche morceau: *David Teniers fect*. 1652.

Sur toile. Large de 7 pieds 9 pouces; haut de 5 pieds.
Petites figures.

* De David Teniers le Jeune.

35. La Repréfentation du Cabinet de Peintures du même Archiduc Léopold Guillaume, tel qu'il exiftoit à Bruxelles en 1656. Teniers qui avoit formé cette collection pour ce Prince, au fervice duquel il étoit, l'a repréfenté ici, accompagné de quelques Seigneurs, & s'y eft auffi peint lui-même montrant à fon maître plufieurs tableaux pofés partie fur des chaifes & partie à terre. Dans le coin, à droite, deux Seigneurs examinent des deffeins fur une table, fur laquelle on voit encore une petite ftatue de bronze de l'Archiduc. Un peu plus en avant, près d'une fenêtre, font deux autres Seigneurs qui s'entretiennent avec un petit Abbé. Outre les tableaux dont ce Cabinet eft orné, on remarque encore par-ci par-là quelques petites ftatues.

Sur toile. Large de 5 pieds 1 pouce; haut de 3 pieds 10 pouces.
Petites figures.

Nota. Ce Tableau offre une particularité bien remarquable, en ce qu'on y diftingue une 50ne de Tableaux de grands Maîtres Italiens,

Ecole Flamande.

dont 40. fe trouvent actuellement dans cette Galerie, comme, par exemple, la Reine Efther de Paul Véronéfe N°. 26. de la première Chambre Italienne, &c.

* De David Teniers le Jeune et de Daniel Seghers.

36. Un Tableau de Fleurs. Au milieu de ce tableau eft une Grisaille qui repréfente un Couronnement d'épines, & au bas de laquelle eft écrit: *David Teniers ft.* 1657.

Autour de cette Grisaille, qui imite le bas-relief, eft une large Bordure de rocaille, ornée de feftons & de guirlandes de fleurs, peinte par *Daniel Seghers*.

Sur toile. Haut de 3 pieds 10 pouces; large de 3 pieds 1 pouce.
Petites figures.

* D'Egbert van der Poel.

37. La Vue d'un Village Flamand fitué au bord d'un canal fur lequel on voit plufieurs barques. Sur le premier plan eft une chaumière devant laquelle font quantité d'uftenfiles étalés à terre, & une payfanne occupée à laver du linge. On voit près d'elle une petite fille qui court vers fon père, & plus loin des payfans qui pêchent à la ligne. Sur le tableau eft écrit: *Egbert van der Poel fec.* 1647.

Sur bois. Large de 2 pieds 7 pouces; haut de 1 pied 10 pouces.

De David Teniers le Vieux.

38. & 39. Deux Sujets de la Fable. Le premier repréfente un beau Jardin avec un jet-d'eau. L'on y voit, fur le devant, Vertumne & Pomone affis fous un berceau de verdure, & s'entretenant familièrement enfemble.

134 SIXIÈME CHAMBRE.

Le second offre une Danse du Dieu Pan avec une Nymphe. Le Dieu joue de la flûte en dansant, & la Nymphe du tambourin. Sur la droite, deux Satyres sont assis avec des Dryades à l'ombre d'un rocher couvert d'arbres. Sur la gauche, on en voit un couple sortir du bois, & s'avancer vers le lieu de la danse. Sur le devant, à terre, est une plat de fraises & à côté une corne d'abondance d'où il sort quantité de fruits. On lit sur ces tableaux, *David Teniers* 1638.

Sur Cuivre. Large de 2 pieds ; haut de 1 pied 6 pouces.

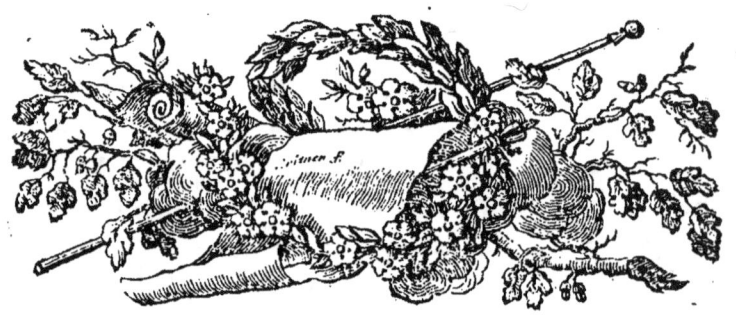

SEPTIÈME CHAMBRE.

TABLEAUX
POUR LA PLUPART
DE MAÎTRES MODERNES.

I.re Façade où est la Porte d'entrée.

De Pierre Tyssens.

1. La Mort d'Adonis. Vénus tenant le corps de son Amant sur ses genoux, le considère tendrement & l'arrose de ses larmes. Plusieurs Amours l'environnent en pleurant, & un autre retient son chien qui veut s'en approcher. A la droite, le char de la Déesse, tiré par deux colombes, repose sur des nuages. Il y a au fond du tableau des arbres élevés & touffus.

Sur toile. Large de 10 pieds 6 pouces ; haut de 7 pieds.
Figures entières, grandeur naturelle.

D'Octave van Veen *dit* Otto-Vénius.

2. & 3. Les Portraits des deux Archiducs d'Autriche *Ernest* & *Albert* son frère, tous les deux successivement Gouverneur des Pays-bas. Ils sont habillés à l'Espagnole

& portent de riches cuiraffes. L'un tient le bâton de Commandement à la main, l'autre fon casque orné de panaches, fur une table.

Sur toile. Hauts de 3 pieds 9 pouces; larges de 3 pieds.
Figures jufqu'aux genoux, grandeur naturelle.

De François Wouters.

4. & 5. Les Buftes de St. Joachim & de St. Jofeph. Le premier lit dans un livre où il eft écrit: *Joachim Præparatio Domini interpretatur. St. Epipha. Epif. Or. de laudibus B. V.*; l'autre tient un lys à la main.

Sur toile. Haut de 2 pieds 3 pouces; large de 2 pieds.
Grandeur naturelle.

De Jean van Hugtenburg.

6. Le Siége de Namur en 1695, commandé par *Guillaume III. Roi d'Angleterre*, & par *Maximilien Émanuel Électeur de Bavière*. Ces deux Princes font repréfentés à cheval, ainfi que leur nombreufe fuite, fur le devant du tableau. On y lit: *J. v. Hugtenburg.*

Sur toile Large de 7 pieps 10 pouces; haut de 6 pieds 1 pouce.
Petites figures.

D'André Lens.

7. & 8. Deux Sujets tirés de l'Iliade d'Homère. Le premier repréfente les Adieux d'Hector & d'Andromaque.

Dans le fecond, on voit Mars renverfé fur la pouffière du coup d'une énorme pierre que vient de lui lancer Minerve, qui dans le même inftant, excitée par la jaloufe Junon, porte à Vénus, qui étoit accourue au fecours du Dieu, un fi rude coup de fa main, qu'elle la fait tomber fur lui.

Sur toile. Haut de 4 pieds 5 pouces; large de 3 pieds 8 pouces.
Figures entières, deux tiers de nature.

D'Henri de Cort.

9. La Vue de l'ancien château de Temfch fitué fur l'Efcaut, près d'Anvers. On voit une quantité de navires fur la rivière, & dans le lointain un gros bourg. Sur le tableau eft écrit : *Henri de Cort à Anvers A⁰. 1774.*

Sur cuivre. Large de 2 pieds; haut de 1 pied 5 pouces.

De Hiacinthe de la Pegnia.

10. & 11. Deux différentes Vues du Pont-neuf de Paris, où l'on diftingue le bâtiment appellé la Samaritaine. On voit fur la droite le Louvre, fur la gauche l'Églife & le Quay des Théatins, & dans le lointain le Pont royal. Ces deux tableaux font enrichis de quantité de figures. On y lit: *Hiac: de la Pegnia fec.t 1743.*

Sur toile. Large de 2 pieds ; haut de 1 pied 6 pouces.

II.ᵉ Façade opposée aux Fenêtres.

De Théodore van Thulden.

12. Une Allégorie repréfentant le Retour de la Paix. Elle reçoit près d'un Autel les hommages que lui préfentent avec de grandes démonftrations de joie des perfonnes de tous les états, en lui offrant des couronnes de fleurs & des branches de palmier. On voit dans le lointain un champ de bataille jonché de morts. Le nom du Peintre eft écrit ainfi fur le tableau: *T. v. Thulden fec.t A⁰. 1655.*

Sur toile. Haut de 13 pieds ; même largeur.
Figures entières, forte nature.

III.ᵉ Façade où est la Porte de sortie.

De Pierre Joseph Verhaghen.

13. St. Étienne Roi d'Hongrie recevant d'Anaftafe Archevêque de Colocza, en préfence des Grands de fon Royaume, la Couronne & les autres attributs de la royauté, qui lui font envoyés par le Pape Sylveftre II. en 1003. On lit fur le tableau : *P. J. Verhaghen Ærfchotanus f.* 1700.

Sur toile. Large de 10 pieds 10 pouces ; haut de 9 pieds.
Figures entières, grandeur naturelle.

De Martin Joseph Geeraerts.

14. Une imitation d'un Bas-relief allégorique, dont la partie fupérieure offre une tête de femme en médaillon de marbre blanc foutenu par quatre Génies ; & la partie inférieure un Bas-relief de bronze qui repréfente Pfyché, une lampe à la main, examinant Cupidon endormi.

Sur toile. Haut de 3 pieds 2 pouces ; large de 2 pieds 3 pouces.

D'André Lens.

15. La Métamorphofe du Berger d'Apulie en olivier fauvage, autour duquel danfent en chœur les Nymphes qu'il avoit infultées.

Sur toile. Large de 3 pieds 9 pouces ; haut de 3 pieds 1 pouce.
Figures entières, quart de nature.

D'André Lens.

16. Jupiter fur le mont Ida endormi dans les bras de l'artificieufe Junon, qui profite de ce moment pour fecourir les Grecs. L'Aigle fe repofe à côté de fon maître, tenant

la foudre dans ses serres. On voit sur la droite deux Génies dont l'un fait un signe de silence.

<small>Sur toile. Large de 4 pieds 3 pouces ; haut de 3 pieds 5 pouces.
Figures entières, trois quarts de nature.</small>

D'ABRAM DIEPENBECK.

17. L'Emblême de la Vanité des choses humaines, représentée par un Sage assis contre une table sur laquelle il tient de la main gauche une tête de mort, en même tems qu'il épend à terre des cendres de la droite. Sur le devant sont deux Génies qui s'amusent à faire des bulles de savon; trois autres élevés sur des nuages tiennent une banderole sur laquelle est écrit: *Nosce te ipsum*.

<small>Sur toile. Haut de 9 pieds 5 pouces ; large de 6 pieds 10 pouces.
Figures entières, grandeur naturelle.</small>

DE THOMAS WILLEBORT *dit* BOSSAERT.

18. Élie nourri dans le désert par l'Ange du Seigneur, qui lui apporte du pain & de l'eau.

<small>Sur toile. Large de 5 pieds 7 pouces ; haut de 4 pieds 10 pouces.
Figures entières, grandeur naturelle.</small>

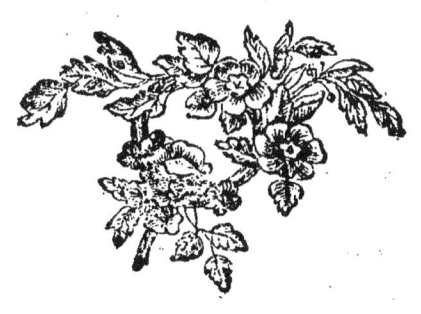

LA PIÈCE
DITE
LE CABINET VERT

DANS LA TOUR CONTIGUË A LA SALLE DE RUBENS,
DU CÔTÉ DE LA COUR,

renferme plusieurs Tableaux Flamands dont les suivans sont les plus rémarquables.

DE JEAN ÉRASME QUELLINUS.

1. St. François Xavier prêchant l'Évangile aux Indiens, & operant plusieurs miracles. Le nom de l'Artiste se trouve ainsi sur ce tableau : *Quellinus* f. A°. 1661.

Sur toile. Haut de 13 pieds 6 pouces ; large de 9 pieds 3 pouces.
Figures entières, grandeur naturelle.

D'ABRAM JANSENS.

2. & 3. Les Emblêmes du Jour & de la Nuit. Le Jour est figuré par Apollon tenant une lyre & un arc ; & la Nuit par la Déesse Lucine, qui porte sur ses bras deux enfans dont l'un est un nègre. Ces deux figures sont debout sous un grand portail orné de colonnes cannellées d'ordre dorique. Autour d'eux dansent en cercles douze Génies ailés dont celui qui commence la danse tient un horloge de sable. Ces Génies, qui pour la plupart voltigent en l'air, figurent les Heures.

Sur toile. Hauts de 12 pieds ; larges de 8 pieds 3 pouces.
Figures entières, au-dessus de nature.

DE FRANÇOIS LEUX.

4. à 8. Les cinq Sens représentés allégoriquement par une quantité de figures & d'attributs.

Sur bois. Large de 3 pieds 6 pouces ; haut de 2 pieds 2 pouces. Petites figures.

ÉCOLE FLAMANDE.

DE J. C. DROOCH-SLOOT.

9. Un Payſage d'hiver dans lequel eſt repréſenté le fameux Duel qui eut lieu le 5. Février 1600 près de Bois-le-duc, entre l'Officier Hollandois *Briautés* & l'Officier Eſpagnol *Abram Gérards* dit *Lekerbetjen*, chacun accompagné de vingt Cavaliers. On voit des deux côtés ſur des collines, les Hérauts qui donnent le ſignal du combat, & dans l'éloignement la ville de Bois-le-duc. Sur ce tableau eſt écrit: *J. C. Drooch-Sloot f.* 1630.

Sur toile. Large de 3 pieds 8 pouces; haut de 2 pieds 5 pouces.
Petites figures.

DE PHILIPPE FRUITIERS.

10. Un Sujet allégorique peint en griſaille, qui repréſente en même tems la Conception immaculée, & la Vierge de douleur avec un glaive dans la poitrine; elle eſt élevée ſur des nuages, & tient dans ſes bras l'Enfant Jéſus qui foule à ſes pieds la tête de Satan ſous la figure d'un dragon.

Le fond du tableau préſente un rideau orné de feſtons par le haut, & ſur lequel ce ſujet paroît être peint.

Sur toile. Haut de 2 pieds 4 pouces; large de 1 pied 9 pouces.
Petites figures.

D'ANTOINE FRANÇOIS VAN DER MEULEN.

11. Une Rencontre de Cavalerie près d'un village.

Sur toile. Large de 2 pieds 2 pouces; haut de 1 pied 9 pouces.
Petites figures.

DE GÉRARD HONTHORST.

12. Un petit garçon, une lumière à la main, & agaçant un chien en lui montrant un gâteau.

Sur bois. Haut de 1 pied 9 pouces; large de 1 pied 3 pouces.
Demi-figure, grandeur naturelle.

LA PIÈCE
DITE
LE CABINET BLANC
DANS LA TOUR CONTIGUË A LA SALLE DE RUBENS, DU CÔTÉ DU JARDIN,

renferme une quantité de Pièces, comme Pastels, Miniatures, Desseins &c. toutes dans des bordures la plupart précieuses : les suivantes en sont les plus intéressantes.

---

1. Une Miniature peinte par feu l'*Empereur François I.* Elle représente neuf différens Tableaux de cette Galerie, dont le beau Teniers *le Sacrifice d'Abraham*, un couple de vieux portraits, & quelques morceaux de fruits & de volailles. On y lit : *Franciscus I. Romanorum Imperator pinx.^{t} 1755.*
  Sur velin. Large de 9 pouces ; haut de 7 pouces.

2. Une Vierge en prières, peinte en pastel par feu l'*Archiduchesse Elisabeth, Infante de Parme*. On lit sur l'écusson du cadre l'inscription suivante : *Elisabetha Principis Parmensis Josephi Archiducis Austriæ Conjugis optima Opus. 1763.*
  Haut de 2 pieds ; large de 1 pied 6 pouces. Buste de grandeur naturelle.

DE JEAN ÉTIENNE LIOTARD.

3. Le Portrait en pastel de feu l'*Impératrice Elisabeth de Brunswyck*, femme de l'Empereur Charles VI. de glorieuse mémoire, représentée en habit de deuil.
  Haut de 2 pieds 3 pouces ; large de 1 pied 9 pouces. Buste de grandeur naturelle.

D'Antoine Raphael Mengs.

4. Le Portrait en pastel de l'*Infante Marie Louise d'Espagne, Grande Duchesse régnante de Toscane*; peinte en habit couleur de rose.

<small>Haut de 2 pieds; large de 1 pied 6 pouces. Buste de grandeur naturelle.</small>

Du même

5. Le Portrait en profil de la même Princesse, dessiné à la mine de plomb.

<small>Sur papier. Haut de 3½ pouces; large de 2 pouces.</small>

De Mme Marie Maron née Mengs.

6. Une Sybille copiée en miniature d'après le tableau du Guerchin qu'on voit à Rome dans la Galerie du Capitole.

<small>Sur velin. Haut de 5 pouces; large de 4 pouces.</small>

D'un ancien Maître.

7. Un Tableau peint en détrempe au haut duquel on lit: *Veterum Burgundiæ Ducum Conjugumque, Filiorum, Filiarumque Habitus ac Vestitus.* Ce morceau curieux représente les anciens Ducs & Duchesses de Bourgogne avec leurs enfans, dans un paysage, sur les bords d'une rivière, les femmes d'un côté, les hommes de l'autre. Sur la rive droite sont huit Princesses, dont celle en avant pêche à la ligne; sur la gauche sont neuf Princes dont les deux premiers pêchent également à la ligne. L'Aîné de ces Princes, décoré de l'habit & du colier de l'Ordre de la Toison d'or, tient une fleur & un oiseau. On apperçoit dans le lointain, une forêt sur la droite, & sur la gauche un grand château avec plusieurs tours.

<small>Sur papier. Large de 1 pied 3 pouces; haut de 10 pouces.</small>

De Martin de Meytens.

8. Une Miniature repréſentant l'Empereur *Charles VI.* l'Impératrice ſa femme & les trois Princeſſes leurs filles; peinte en 1730.

Sur velin. Haut de 8 pouces; large de 6 pouces.

D'Henri Frédéric Füger.

9. Un Tableau de Famille en miniature, qui repréſente feu l'Impératrice Reine *Marie Théréſe*, l'Empereur *Joſeph II.* actuellement règnant, l'Archiduc *Maximilien*, le Duc *Albert de Saxe-Teſchen*, & les Archiducheſſes *Marianne, Chriſtine & Eliſabeth*; peint en 1776.

Sur velin. Large de 1 pied 3 pouces; haut de 1 pied 1 pouce

De François Walter.

10. & 11. Deux Pièces en miniature, peintes en 1779, dont l'une repréſente la Famille Royale de Naples & l'autre celle de Parme.

Sur velin. Large de 1 pied 4 pouces; haut de 11 pouces.

De Dailly.

12. Le Portrait du feu Prince *Charles de Lorraine*, dans l'uniforme de Feldt-Maréchal.

Émail de forme ovale. Haut de 1 pied 10 pouces; large de 1 pied 5 pouces. Buſte, grandeur naturelle.

De Jean Alphen.

13. Le Portrait en paſtel du feu Prince *Joſeph Wenceslas de Lichtenſtein* dans l'uniforme de Feldt-Maréchal; peint en 1769.

Haut de 1 pied 9 pouces; large de 1 pied 5 pouces. Buſte de grandeur naturelle.

De Mme Gabrielle Beyer.

14. & 15. Deux Tableaux en pastel représentant, l'un un jeune paysan, l'autre une jeune paysanne du Tyrol, dans leur costume.

Ces deux morceaux peints d'après nature, se distinguent sur-tout parmi plusieurs autres de cette habile main, qui se trouvent dans ce Cabinet.

Hauts de 1 pied 6 pouces ; larges de 1 pied 3 pouces.
Buste de grandeur naturelle.

De Jean Etienne Liotard.

16. Un Émail représentant une vieille femme assise à une table servie, devant une cheminée, & ayant sur ses genoux un livre ouvert sur lequel elle s'est endormie.

Haut de 1 pied 4 pouces ; large de 11 pouces.

Du Prince Sansevero *de Naples*.

17. Une Ste. Famille peinte à l'encaustique, dans la manière particulière de l'invention de ce Seigneur. On lit au dos de cette pièce une dédicace en Italien de ce Prince à feu l'Impératrice Reine, & au-dessous le nom du peintre qui l'a exécutée, savoir : *Giuseppe Pesce Romano dipinse in Napoli nell' Anno* 1758.

Sur toile. Haut de 3 pieds 3 pouces ; large de 2 pieds 4 pouces.
Figures jusqu'aux genoux, grandeur naturelle.

De Lambert Chrétien Gori.

18. Un Crucifix sur un fond noir au bas duquel on lit : *Lambertus Christian Gori Florentiæ f. Ao.* 1767.

Nota. Ce morceau est exécuté dans la manière connue à Florence sous le nom de Scagliola ou plâtre coloré.

Sur ardoise. Haut de 3 pieds ; large de 1 pied 7 pouces.

De Gilles Sadeler, d'après le Deſſein de B. Sprangers.

19. Une pièce gravée avec grand ſoin ſur yvoire, & dont les tailles ſont remplies de couleur noire. Elle conſiſte en une grande pièce qui repréſente le Parnaſſe, & en huit petites qui l'entourent & dont chacune repréſente une Divinité payenne.

Nota. Ces neuf morceaux ſe trouvent réunis dans une bordure d'ébène, dont les dimenſions priſes à jour ſont de 1 pied 6 pouces de large ſur 1 pied de haut.

20. & 21. Deux Peintures chinoiſes ſur glace, repréſentant des Palais & des Jardins Chinois ſur le bord de l'eau, avec beaucoup de figures.

Hauts de 2 pieds 9 pouces; larges de 1 pied 8 pouces

Il ſe trouve de plus dans ce Cabinet les quatre Portraits ſuivans, à l'huile, ſavoir :

Du Titien.

22. Une petite esquiſſe du Portrait de l'Empereur *Charles Quint*, aſſis dans un fauteuil près d'une fenêtre ouverte.

Sur bois. Haut de 8 pouces; large de 6 pouces.

D'Ange Bronzino.

23. Le Buſte de *Côme I, Grand Duc de Florence*, à tête découverte, & dans un âge avancé.

Sur Etain. Haut de 7 pouces; large de 6 pouces.

De Sophonisbe Anguisciola.

24. Le Portrait de l'Artiſte dans ſa jeuneſſe, tenant un livre ouvert ou on lit : *Sophonisba Anguisciola ſe ipſam pinxit.*

Sur bois. Haut de $6\frac{1}{2}$ pouces; large de $4\frac{1}{2}$ pouces.

De l'École du Corrège.

25. Le Buſte d'un jeune homme.

Nota. Ce Buſte eſt peint ſur un morceau de bois de forme ronde & convexe, pour être vu dans un miroir cylindrique; Il a 9 pouces de Diamètre.

ANCIENNE ÉCOLE FLAMANDE,

OCCUPANT

L'APPARTEMENT A GAUCHE

DU

SECOND ÉTAGE.

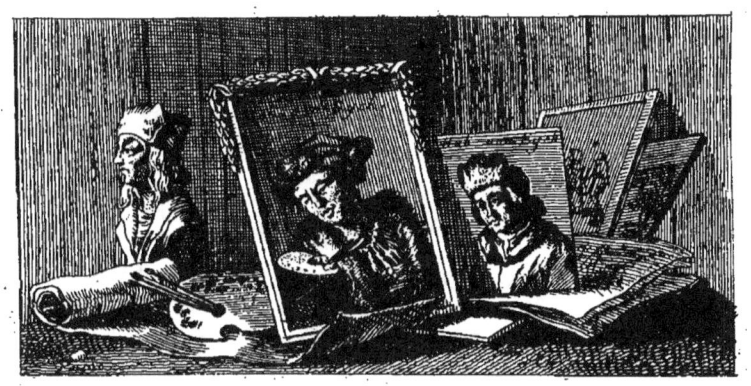

PREMIÈRE CHAMBRE.

TABLEAUX
DES PLUS ANCIENS MAITRES
DE
L'ÉCOLE FLAMANDE.

Au-dessus de la Porte d'entrée.

* De Lambert Suterman *dit* Lombart.

1. Une Adoration des Bergers. La Vierge, les mains croisées contre son sein, considère avec une sainte tendresse son divin Enfant couché sur un coussin blanc placé sur les fragmens d'une corniche antique de marbre. Les bergers sont à genoux aux deux côtés de l'Enfant; St. Joseph, la tête couverte d'un grand chapeau plat, se tient debout sur la gauche. Le fond représente des ruines d'architecture.

Sur bois. Large de 4 pieds 10 pouces; haut de 3 pieds 6 pouces.
Figures jusqu'aux genoux, grandeur naturelle.

Sur le trumeau de la fenêtre à côté de la porte.

De Jean van Hemessen.

2. St. Jérôme à genoux devant un crucifix, dans une grotte, tenant de la main gauche une tête de mort. On voit à côté du crucifix une chandelle éteinte, un horloge de fable, un écritoire & un livre ouvert.

Sur bois. Haut de 2 pieds 6 pouces; large de 2 pieds.
Bufte, grandeur naturelle.

De Gilles Mostaert.

3. Le Portrait d'un jeune homme couronné de lauriers, tenant dans fa main droite un rouleau de papier. On voit dans le fond les débris de quelques édifices antiques, & un payfage montagneux avec une rivière.

Sur bois. Haut de 2 pieds 2 pouces, large de 1 pied 10 pouces.
Bufte, trois quarts de nature.

De Roger de Bruges.

4. Une Adoration des Rois. Le premier, presque chauve, baife la main à l'Enfant Jéfus; le fecond, dont l'habillement eft garni de groffes perles, porte une vafe d'or cifelé; & le troifième, qui eft un nègre, tient un fceptre & une coupe d'or. Le fond eft une muraille de l'étable avec une fenêtre au milieu, par laquelle deux bergers regardent dans l'étable. Cette fenêtre laiffe voir dans l'éloignement un bout de payfage & un troupeau de moutons fur une montagne.

Sur bois. Haut de 2 pieds 2 pouces; large de 1 pied 8 pouces.
Figures jufqu'aux genoux, grandeur naturelle.

De Jean Mandyn.

5. Une autre Adoration des Rois, représentée d'une manière fingulière & avec beaucoup d'acceſſoires. La Vierge, tenant l'Enfant Jéſus ſur ſes genoux, eſt aſſiſe au milieu d'un vaſte payſage. Un des Mages, agenouillé devant l'Enfant, lui préſente une taſſe remplie de monnoies d'or dont il prend avidément pleines ſes petites mains. A la droite eſt St. Joſeph aſſis contre une table & liſant un papier qu'il tient des deux mains. Le lointain offre une grande ville & une rivière navigable.

Sur bois. Large de 2 pieds; haut de 1 pied 7 pouces.
Petites figures.

De Quintin Messis.

6. Le Portrait d'un homme ſans barbe, la tête couverte d'un bonnet noir fourré, tenant dans ſa main droite une bague qu'il paroît montrer à quelqu'un, & dans ſa gauche un rouleau de papier auquel ſont attachées quatre autres bagues garnies de pierreries.

Sur bois. Haut de 11 pouces; large de 8 pouces.
Buſtes, quart de nature

De Lucas de Leyden.

7. Le Portrait de l'Empereur *Maximilien I.* Ce Monarque, repréſenté dans un âge très-avancé, avec les cheveux blancs, eſt revêtu du collier de la Toiſon d'or, & tient un œillet rouge dans ſa main droite.

Sur bois. Haut de 11 pouces; large de 8 pouces.
Buſte, quart de nature.

Première Chambre.

I.re Façade où est lx Porte d'entrée.

* De Jean van Eyck.

8. Le Corps mort de Jésus-Christ, posé sur un linceul blanc au pied du calvaire, & entouré de la Ste. Vierge & de sept saintes personnes, dont les unes pleurent, tandis que les autres font des préparatifs pour la sépulture du Sauveur. On apperçoit la croix sur le sommet de la montagne.

Sur bois. Haut de 1 pied 1 pouce ; large de 8 pouces.
Petites figures.

De Hubert van Eyck.

9. & 10. Deux petits Tableaux de Dévotion, dont le premier représente la Ste. Vierge assise sur un trône avec l'Enfant Jésus qu'elle presse contre son sein ;

Et le second Ste. Catherine, tenant un glaive & ayant à ses pieds la roue brisée & une couronne. On apperçoit sur la gauche un paysage d'une grande étendue avec une rivière qui coule entre des montagnes & dont les bords sont garnis de plusieurs villes.

Sur bois. Hauts de 7 pouces ; larges de 4½ pouces.
Petites figures,

* D'Henri van Bles, *appellé par les Italiens* la Civetta.

11. & 12. Deux Paysages d'un grand travail, dans lesquels l'Artiste a placé deux sujets sacrés, savoir, dans l'un la Prédication de St. Jean ; & dans l'autre, Jésus-Christ sur le chemin d'Émaüs avec les deux Disciples.

Sur bois. Larges de 1 pied 2 pouces ; hauts de 11 pouces,

De Joachim Patinier.

13. Un Payſage très-riche entrecoupé de montagnes & de rochers. L'on y voit pluſieurs villes & dans le lointain un port de mer. Le peintre y a repréſenté le martyre de Ste. Catherine avec quantité de figures.

<small>Sur bois. Large de 1 pied 5 pouces; haut de 11 pouces.</small>

De Lucas de Leyden.

14. Jéſus-Chriſt préſenté au peuple Juif. Ce ſujet eſt traité d'une manière ſingulière & avec pluſieurs acceſſoires à la moderne.

<small>Sur bois. Large de 1 pieds 5 pouces.; haut de 11 pouces.</small>

*De Gérard d'Harlem, *dit* Tot St. Jan.

15. & 16. Deux Sujets hiſtoriques dont le premier repréſente le Corps mort de Jéſus-Chriſt ſur les genoux de la Ste. Vierge qui le conſidère les larmes aux yeux. Elle eſt entourée de ſept Saints & Saintes, dont les uns pleurent & les autres préparent les choſes néceſſaires pour la ſépulture du Sauveur.

Le ſecond Tableau préſente l'hiſtoire de l'inhumation & des réliques de St. Jean Baptiſte, en trois époques très-éloignées les unes des autres, ſavoir, ſa ſépulture par ſes Diſciples en préſence du Sauveur; enſuite la recherche & le brûlement de ſes os par ordre & ſous les yeux de l'Empereur Julien l'Apoſtat; & enfin la translation qui ſe fit en 1252 à St. Jean d'Acre, alors le principal Siège de l'Ordre de St. Jean, d'une partie de ſes os échappés à la deſtruction.

<small>Sur bois. Hauts de 5 pieds 7 pouces; larges de 4 pieds 5 pouces.
Figures entières, quart de nature.</small>

De Quintin Messis.

17. La Parabole de l'Économe infidèle, dont le maître se fait rendre compte de son administration. On voit à la gauche, par l'ouverture d'une fenêtre, l'Économe qui compose avec les débiteurs de son maître. Au-dessous de la fenêtre, il pend une petite table sur laquelle est écrit en latin le passage de l'Écriture qui fait le sujet de ce Tableau, & qui est tiré du XVI. Chap. de l'Évangile selon St. Luc.

Sur bois. Large de 3 pieds ; haut de 2 pieds 5 pouces.
Demi-figures, demi-nature.

De Jean Messis.

18. Un Joueur de cornemuse avec une femme jouant du flageolet & une petite fille jouant du tambourin. Ils demandent à un vieillard qui tient une cruche de bière & qui est assis avec une grosse femme & un autre homme à une table sur laquelle on voit un harang sur une assiette de bois, & un oignon. Il y a derrière eux une cheminée & une muraille au haut de laquelle est écrit : *Joannes Massiis faciebat* 1564.

Sur bois. Large de 3 pieds 1 pouce ; haut de 2 pieds 3 pouces.
Demi-figure, grandeur naturelle.

De Quintin Messis.

19. Le Portrait d'un Ecclésiastique de distinction habillé d'écarlate, la tête couverte d'une barette de même couleur. Il est assis contre une table sur laquelle il appuie ses bras, & a les mains jointes. On voit sur cette table, à sa gauche, une sonnette d'argent ciselée.

Sur bois. Haut de 2 pieds 1 pouce ; large de 1 pied 6 pouces.
Buste, trois-quarts de nature.

* De Quintin Messis.

20. & 21. Deux Tableaux de dévotion qui représentent l'un & l'autre St. Jérôme revêtu des habits de Cardinal dans son cabinet d'étude. Dans le premier le Saint lit dans un livre posé devant lui sur un pupître, & tient de la main gauche une tête de mort sur une table sur laquelle on voit un encrier & une plume.

Le second tableau éclairé par la lueur d'une chandelle, représente le Saint tenant de la main gauche un livre ouvert où se trouve une représentation du jugement dernier, sujet sur lequel il paroît méditer profondément. On voit dans le fond des deux tableaux, des tablettes chargées de livres & au-dessus le chapeau de Cardinal. On remarque sur ce dernier tableau l'année 1537.

<small>Sur bois. Large de 3 pieds ; haut de 2 pieds 1 pouce. Buste, grandeur naturelle.</small>

* D'Albrecht Ouwater.

22. L'Ancien & le Nouveau Testament représenté allégoriquement. On voit sur le devant, à la droite, Jésus-Christ attaché à la croix, au-dessus de laquelle Dieu le Père paroît sur des nuages ; & à la gauche le serpent d'airain. La croix est environnée, ainsi que le serpent, d'une foule de peuple. Le lieu de la scène est une grande place à l'extrémité de laquelle on apperçoit la ville de Jérusalem. Le lointain présente du côté de la croix, un lever du soleil au-dessus d'un lac tranquille bordé de montagnes ; & du côté du serpent un ciel couvert de ténèbres. On lit en latin sur une table posée au pied de la croix, les versets 10. 11. & 12. du IV. Chap. des Actes des Apôtres, qui quadrent très-bien avec cette riche composition.

<small>Sur bois. Haut de 5 pieds ; large de 4 pieds 1 pouce. Petites figures.</small>

De Joachim Patinier.

23. & 24. Deux Tableaux cintrés par le haut, lesquels décoroient autrefois un petit Autel portatif. Le fecond eft formé des deux pièces qui fervoient de volets au premier. Ils repréfentent enfemble l'hiftoire du Syrien Naaman qui guérit de fa lèpre en fe lavant fept fois dans le Jourdain par le confeil du Prophète Elifée.

Sur bois. Hauts de 1 pied 10 pouces ; larges de 1 pied 1 pouce.

De Roger van der Wyde.

25. La Ste. Vierge & Ste. Anne affifes contre un treillage garni de rofiers dans un jardin. La Ste. Vierge préfente l'Enfant Jéfus, debout fur fes genoux, à Ste. Anne qui le prend affectueufement par un de fes petits bras, en lui montrant une poire. On apperçoit dans le lointain un payfage montueux avec beaucoup de fabriques. Un nuage ouvert laiffe voir au haut du tableau le Père éternel, & le St. Efprit fous la figure d'une colombe.

Sur bois, cintré par le haut. Haut de 1 pied ; large de 8 pouces.

* De Jean Gossart *dit* de Mabuse.

26. La Ste. Vierge affife dans une niche & tenant l'Enfant Jéfus, repréfenté en action comme s'il vouloit s'élancer de fes bras. On lit autour du cintre de la niche ce paffage latin, tiré du III. Chap. de la Genèfe : *Mulieris Semen Jefus Serpentis Caput contrivit* ; c'eft-à-dire : *La Semence de la femme écrafera la tête du ferpent.*

Sur bois, cintré par le haut. Haut de 1 pied ; large de 9 pouces.

De Quintin Messis.

27. Le Portrait d'un Abbé vêtu d'une robe rouge à manches ouvertes fur les bras, & doublée de fourrures blanches.

Sur bois. Haut de 1 pied 1 pouce ; large de 11 pouces. Bufte, tiers de nature.

De Jean van Eyck.

28. Le Portrait d'un jeune homme fans barbe, vêtu d'une fimarre brune fourrée & la tête couverte d'un bonnet d'une forme fingulière, d'où il pend de chaque côté une bande de même étoffe. Il tient de la main droite une bague d'or qu'il paroît montrer à quelqu'un.

Sur bois. Haut de 1 pied ; large de 10 pouces. Bufte, quart de nature.

De Gérard van der Meire.

29. Un Jugement dernier.

Sur étain. Haut de 2 pieds 8 pouces ; large de 1 pied 11 pouces. Petites figures.

*De Hugues van der Goes.

30. & 31. Deux Sujets de dévotion qui décoroient autrefois un petit Autel. Le premier, ou principal tableau, repréfente dans une falle ouverte, la Ste. Vierge affife fous un dais magnifique, & tenant l'Enfant Jéfus fur fon giron. Un ange, agenouillé à la droite de la Vierge & tenant un violon d'une main, préfente de l'autre une pomme à l'Enfant. A la gauche eft également agenouillé un homme de qualité vêtu d'une fimarre noire, & dont la tête eft portrait : c'eft vraifemblablement la perfonne qui a offert ce tableau pour s'acquitter d'un vœu. Une ouverture de chaque côté du trône, laiffe voir une prairie & dans le lointain deux châteaux fur des rochers.

Le fecond Tableau eft formé de deux pièces réunies dans la même bordure, & qui fervoient de volets au premier. L'une de ces pièces repréfente l'Apôtre St. Jean & l'autre St. Jean Baptifte, tous deux debout fous un portail d'architecture gothique. Il y a dans le fond une échappée de vue fur la campagne.

Sur bois. Hauts de 2 pieds 2 pouces ; larges de 1 pied 6 pouces. Petites figures.

De Jérôme Bos.

32. La Chûte des Anges rebelles. St. Michel revêtu d'une armure brillante & tenant une épée dans sa main droite, foule Satan à ses pieds. On voit au haut du tableau sur des nuages un trône vacant, & des anges armés qui fondent sur les rebelles & les précipitent les uns sur les autres. Le fond est un paysage montueux avec une rivière.

Sur bois. Haut de 1 pied 4 pouces; large de 11 pouces.

D'Henri van Bles.

33. Un Paysage montueux avec des châteaux forts sur des rochers escarpés, une rivière & une échappée de vue dans le lointain. Le peintre a représenté sur le devant du tableau la Parabole du Samaritain charitable.

Sur bois. Large de 1 pied 4 pouces; haut de 1 pied 1 pouce.

De François Mostaert.

34. Un Paysage montagneux & très-étendu, avec quantité de fabriques & une rivière. Sur le devant est représenté l'Ange du Seigneur montrant à Agar une fontaine qui jaillit d'un rocher.

Sur bois. Large de 1 pied 4 pouces; haut de 1 pied 1 pouce.

De Joachim Patinier.

35. Un petit paysage montueux d'une riche composition, & sur le devant duquel est représentée la prédication de St. Jean.

Sur bois. Large de 9 pouces.; haut de 7 pouces.

De Jérôme Bos.

36. & 37. Deux petits Tableaux d'une exécution très-singulière. Le premier représente une tentation de St. Antoine, & le second Orphée dans les Enfers, priant Pluton de lui rendre Eurydice.

Sur bois. Larges de 1 pied 1 pouce; hauts de 10 pouces.

ANCIENNE ÉCOLE FLAMANDE.

II.ᵉ Façade opposée aux Fenêtres.

* De Jean Messis.

38. Loth & ses filles dans une grotte par l'ouverture de laquelle on voit la Statue de Sel, & dans le lointain l'embrasement des villes de Sodome & de Gomorrhe. On lit sur le tableau : *Joannes Massiis pingebat.* 1563.

Sur bois. Large de 5 pieds 4 pouces ; haute de 4 pieds 9 pouces.
Figures entières, grandeur naturelle.

* De François Floris le Vieux.

39. & 40. Deux Sujets de la Genèse, représentant l'un Adam & Eve dans le Paradis terrestre, l'autre leur expulsion du Paradis par l'Ange du Seigneur.

Sur bois. Hauts de 7 pieds 7 pouces ; larges de 2 pieds 8 pouces.
Figures entières, petite nature.

* De François Porbus le Vieux.

41. & 42. Deux Portraits, l'un celui d'un homme, l'autre celui d'une femme. Le premier représente un Chevalier de l'Ordre de Calatrave en manteau noir, tenant de la main droite ses gands & de la gauche son épée à son côté.

Le second offre une jeune Dame de qualité debout à côté d'un fauteuil sur l'un des bras duquel elle appuie sa main gauche, tandis qu'elle relève de la droite un fil de perles qui pend à son cou.

Sur bois. Hauts de 3 pieds 2 pouces ; larges de 2 pieds 3 pouces.
Demi-figures, grandeur naturelle.

*De François Floris le Vieux.

43. Le Portrait d'une groffe Bourgeoife affife dans un fauteuil, & ferrant contre elle de la main droite la tête d'un gros chien qui fe tient à fon côté. Outre le monogramme de l'Artifte, il y a écrit fur le tableau: *Ætate fua* XLVIII. 1558.

Sur bois. Haut de 3 pieds 5 pouces; large de 2 pieds 6 pouces.
Bufte, grandeur naturelle.

De Pierre Porbus le Vieux.

44. & 45. Deux Portraits. Le premier eft celui d'un homme replet, ayant peu de cheveux & de barbe, habillé de noir & portant un collet blanc.

Le fecond eft celui d'une femme de moyen âge, portant fur la tête une coiffe blanche garnie de dentelles, & au cou une large collerette pliffée..

Sur bois. Hauts de 1 pied 4 pouces; larges de 1 pied 1 pouce.
Buftes, grandeur naturelle.

* De Dirk van Harlem.

46. L'Hiftoire de la chafte Sufanne, repréfentée dans ce même tableau en fix différentes actions qui fe fuccèdent les unes aux autres.

Sur bois. Large de 4 pieds 1 pouce; haut de 3 pieds 1 pouce. Petites figures.

De Lucas de Leyden.

47. Un Tableau d'Autel avec fes deux volets joints à fes côtés. Le morceau principal ou celui du milieu, repréfente l'Adoration des Mages;

Le volet de la droite l'Adoration des Bergers;

Et celui de la gauche une Sainte Famille repofant fous un arbre; La Vierge préfente fon fein à l'Enfant Jéfus couché fur fes genoux.

Sur bois. Ces trois pièces font d'égale hauteur, favoir, de 3 pieds. Celle du milieu à 2 p. 2 p. de large; & chacune des deux autres 1 pied. Petites figures.

* De Joachim Patinier.

48. & 49. Deux Paysages ornés de figures. Dans le premier, on voit la Ste. Vierge assise dans un parterre de fleurs, & tenant l'Enfant Jésus sur ses genoux. Le lointain présente une forêt au bord d'une rivière, & une montagne avec un château fortifié.

Le second représente sur le devant, à droite, un Repos d'Égypte qui a lieu sous un palmier dont St. Joseph détache des fruits. La Ste. Vierge tient l'Enfant Jésus à la mammelle & lui présente une poire. On voit devant eux un petit jet-d'eau de métal, & à leur gauche, sur le chemin, une colonne avec une idole brisée. On apperçoit dans le lointain une grande ville & un port de mer au pied de montagnes escarpées.

Sur bois. Larges de 1 pied 7 pouces; hauts de 1 pied 4 pouces.

* De Martin Hemskerken.

50. Une Bacchanale. Bacchus marche en triomphe avec sa suite vers un temple bâti en rotonde sur un rocher où l'on arrive par un grand pont de pierre. On lit au bas du tableau: *Martinus Hemskerhius pingebat.*

Sur bois. Large de 3 pieds 4 pouces; haut de 1 pied 9 pouces.
Petites figures.

* De Théodore Barent.

51. Le Portrait d'un respectable Vieillard à cheveux bruns & barbe grise, vêtu d'une robe noire doublée d'une fourrure blanche, & s'appuyant de la main droite sur un bâton.

Sur bois cintré par le haut. Haut de 1 pied 6 pouces; large de 1 pied 1 pouce.
Buste, deux tiers de nature.

De Marc Gérard de Bruges.

52. & 53. Deux Portraits dont le premier eſt celui d'un Adoleſcent en ſurtout noir qu'il croiſe par devant. Il a la tête couverte d'un chapeau plat, & tient ſes gands de la main gauche.

Le ſecond repréſente une jeune femme, la tête couverte d'un voile blanc, tenant ſes gands de la main gauche, & un roſaire de la droite. On voit devant elle, ſur une table, un livre de prières ouvert.

Sur bois. Hauts de 1 pieds 8 pouces; larges de 1 pied 4 pouces.
Buſte, demi-nature.

* De Corneille Engelbrecht.

54. Un Tableau d'Autel avec ſes deux volets qui ſont joints à ſes côtés. Il repréſente la Ste. Vierge aſſiſe ſur un trône magnifique, & tenant ſur ſes genoux l'Enfant Jéſus à qui un ange préſente des ceriſes ſur une aſſiette. A la droite de la Vierge eſt aſſis un vénérable Vieillard qui feuillette dans un gros livre. On découvre de chaque côté du trône un riche payſage dans l'éloignement.

Les volets ou pièces de côté préſentent les figures de l'homme & de la femme par qui ce tableau a été offert. Ils ſont tous deux à genoux devant un prié-Dieu & accompagnés de leurs Patrons. A côté de l'homme eſt St. George debout, armé de toutes pièces, & auprès de la femme Ste. Catherine, dont le martyre eſt repréſenté dans le lointain.

Sur bois. Ces trois pièces ſont d'égale hauteur, ſavoir de 3 pieds. Celle du milieu a 2 pieds 2 pouces de large, & chacune des deux autres 11 pouces.
Petites figures.

De Martin Hemskerken.

55. St. Jean prêchant dans le défert.
Sur bois. Large de 4 pieds 1 pouce ; haut de 3 pieds 1 pouce.
Figures entières ; quart de nature.

D'Antoine Moor.

56. & 57. Deux Portraits. Le premier eft celui d'un jeune homme à barbe courte & crépue, à cheveux noirs, & à petit collet. Il a le front marqué d'une cicatrice qui defcend perpendiculairement jufqu'au nez. On lit fur ce tableau l'année 1564.

Le fecond préfente une jeune femme bourgeoife habillée de noir, une coiffe blanche garnie de dentelles fur la tête, & une fraife à larges plis au cou.
Sur bois. Hauts de 1 pied 4 pouces ; larges de 1 pied 2 pouces.
Buftes, grandeur naturelle.

* De François Floris le Vieux.

58. Le Portrait d'un homme fort & robufte, à barbe brune, portant de la main droite une gibecière & fur la gauche un faucon. On lit au haut du tableau : *Ætatis fua XLVII.* & plus bas le monogramme de l'Artifte avec l'année 1558.
Sur bois. Haut de 3 pieds 5 pouces ; large de 2 pieds 6 pouces.
Demi-figure, grandeur naturelle. Pendant du N°. 43.

D'Antoine Moor.

59. & 60. Deux Portraits. Le premier repréfente un homme dans la vigueur de l'âge, debout auprès d'une table, fur laquelle il appuie fa main gauche ; il tient fes gands de la droite.

Le second présente une jeune femme de bonne mine, également debout à côté d'une table, sur laquelle elle appuie sa main droite, tandis qu'elle relève de la gauche une chaîne d'or qui pend à sa ceinture.

Sur bois. Hauts de 3 pieds 1 pouce ; larges de 2 pieds 2 pouces.
Demi-figures, grandeur naturelle.

IIIe Façade où est la Porte de sortie.

De Pierre Porbus le Jeune.

61. Le Portrait d'un homme de distinction, à barbe rousse, debout auprès d'une table, & écrivant une addresse sur une lettre en même tems qu'il tient de la main gauche un livre dressé sur la table. On lit sur le tableau : *Ætatis suæ XXX*. Anno Domini 1559.

Sur bois. Haut de 3 pieds ; large de 2 pieds 5 pouces.
Demi-figure, grandeur naturelle.

De Jean van Hemessen.

62. Le Sauveur appellant Matthieu le Péager à l'Apostolat. Le fond du tableau présente une maison dans laquelle on voit préparer un grand repas.

Sur bois. Large de 3 pieds 8 pouces ; haut de 2 pieds 11 pouces.
Demi-figures, deux tiers de nature.

De Dirk Jacobs.

63. Le Portrait d'un homme de moyen âge, à cheveux courts & plats, sans barbe, occupé à chiffrer avec de la craie sur une table, sur laquelle on voit une pomme & un verre de vin ; il tient de la main gauche la garde de son épée. On remarque sur ce tableau l'année 1529.

Sur bois. Haut de 2 pieds 11 pouces ; large de 2 pieds 3 pouces.
Demi-figure, grandeur naturelle.

De Jean van Hemessen.

64. St. Guillaume la tête nue, le corps revêtu d'une cuirasse luisante, & le bras droit appuyé sur une table de marbre sur laquelle il tient son casque de la main gauche.

Sur bois. Haut de 2 pieds 11 pouces; large de 2 pieds 3 pouces.
Demi-figure, grandeur naturelle.

* De Pierre Aertsens dit Langen-Peer.

65. Un Paysan & une Paysanne qui vendent de la volaille, du beurre & des œufs sur un marché. La femme tient un couple de poulets qu'elle élève en l'air pour les offrir aux passans. Le fond présente les maisons qui bordent la place du marché dans laquelle on voit entrer une jeune Bourgeoise suivie par sa servante.

Sur bois. Large de 3 pieds 8 pouces; haut de 2 pieds 11 pouces.
Figures jusqu'aux genoux, grandeur naturelle.

De Pierre Porbus le Vieux.

66. Le Portrait d'un homme de bonne mine, à barbe rougeâtre, habillé de noir, & tenant des deux mains une aiguière d'argent enrichie d'ornemens en relief & dorés.

Sur bois. Haut de 3 pieds; large de 2 pieds 5 pouces.
Demi-figure, grandeur naturelle.

* De Guillaume Kay.

67. Le Portrait d'un homme de distinction sur le déclin de l'âge, à barbe & cheveux blonds, vêtu d'une pelisse brun-foncée, tenant un papier plié dans sa main droite & ses gands dans la gauche.

Sur bois. Haut de 3 pieds 4 pouces; large de 2 pieds 7 pouces.
Demi-figure, grandeur naturelle.

*De Jean van Hemessen.

68. & 69. Deux tableaux repréſentant l'un & l'autre le Sauveur qui appelle Matthieu à l'Apoſtolat. Ils ſont exactement ſemblables & ne différent qu'en ce qu'ils ont été peints en tems différens. Le premier eſt marqué de l'année 1537, & le ſecond de l'année 1548. Le fond préſente des ruines & la vue d'une ville en perſpective.

Sur bois. Larges de 4 pieds 6 pouces; hauts de 3 pieds 7 pouces.
Demi-figures, grandeur naturelle.

De Crispin van den Broeck.

70. Une Adoration des Mages. On voit de droite & de gauche des ruines d'architecture, & dans l'éloignement un payſage montueux. Ce tableau eſt marqué du monogramme de l'Artiſte.

Sur bois. Haut de 3 pieds 6 pouces; large de 2 pieds 8 pouces.
Demi-figures, deux tiers de nature.

*D'Antoine Moor.

71. Le Portrait d'un homme de qualité portant ſa barbe, & enveloppé dans un manteau de taffetas noir. Il tient ſes gands de la main gauche & s'appuie de la droite ſur une table, ſur laquelle on voit un livre & un écritoire de métal d'un riche travail. On lit au haut du tableau: *Antonius Mor faciebat* 1549.

Sur bois. Haut de 3 pieds 4 pouces; large de 2 pieds 7 pouces.
Demi-figure, grandeur naturelle.

* De François Porbus le Vieux.

72. Le Portrait d'un homme à barbe noire, d'un air très-vif. Il eſt vêtu d'un habit boutonné qui lui ſerre le

corps, avec un manteau par-dessus. De la main droite il tient sa barrette & de la gauche la garde de son épée.

<small>Sur bois. Haut de 3 pieds 3 pouces ; large de 2 pieds 5 pouces.
Demi-figure, grandeur naturelle.</small>

De Martin Hemskerken.

73. Une Marche de Silène dans un paysage montueux. Silène chancellant d'yvresse sur son âne est soutenu par deux de ses compagnons. La Marche est au pied d'une colline sur laquelle on voit un berceau de vigne.

<small>Sur bois. Haut de 2 pieds 4 pouces ; large de 2 pieds 1 pouce. Petites figures.</small>

De François Mostaert.

74. & 75. Deux petits Paysages avec figures. Le premier offre la vue d'une ville dans un site montueux traversé par une rivière.

L'autre représente un port de mer au clair de la lune & des pêcheurs, qui retirent leurs filets sur le rivage.

<small>Sur bois. Rond de 8 pouces de diamètre.</small>

De Hugues van der Goes.

76. Deux petits tableaux dans le même cadre, dont l'un représente St. Jean Baptiste avec l'agneau sur le bras ; & l'autre St. Jérôme en habit de Cardinal, tous deux debout dans un pré.

<small>Sur bois. Hauts de 10 pouces ; larges de 4 pouces chacun.</small>

D'Henri van Bles.

77. Une Fuite en Égypte dans un paysage très-étendu où l'on voit des rochers escarpés, des villes, des châteaux, & la mer dans le lointain.

<small>Sur bois. Haut de 9 pouces ; large de 5 pouces.</small>

De Michel Coxis.

78. La Ste. Vierge ayant fur fes genoux l'Enfant Jéfus qui tient une petite croix & un rofaire. Elle eft affife au milieu d'une gloire, les pieds pofés fur un croiffant.

Sur étain. Haut de 10 pouces; large de 8 pouces.

* De Joachim Patinier.

79. St. Jérôme à genoux devant un crucifix pofé fur une groffe pierre. La fcène eft un payfage où l'on voit un rocher percé & une grande ville avec un port de mer dans le lointain.

Sur bois. Large de 2 pieds 5 pouces; haut de 2 pieds 1 pouce.
Petites figures.

* De Jean Schoorel.

80. & 81. Le Portrait du Peintre lui-même, & celui de fa femme, tous deux en âge avancé. L'Artifte eft en peliffe à larges rebords, un grand chapeau plat fur la tête, & tenant un lettre dans fa main droite.

La Femme, les mains croifées l'une fur l'autre, eft en habit brun fourré & bordé de velours noir.

Sur bois. Hauts de 1 pied 8 pouces; larges de 1 pied 6 pouces.
Buftes, grandeur naturelle.

De Pierre Porbus le Jeune.

82. & 83. Deux Portraits dont le premier repréfente un homme à barbe rouffe, habillé de noir, une toque fur la tête. On lit fur le tableau: 1550. Æta. 34.

ANCIENNE ÉCOLE FLAMANDE.

Le second présente une jeune fille, portant une double chaîne d'or au cou, & sur la tête un bonnet fourré qui se termine en pointe.

Sur bois. Hauts de 1 pied 2 pouces ; larges de 10 pouces.
Bustes, deux tiers de nature.

✶ De François Porbus le Jeune.

84. Le Portrait d'une jeune Dame richement habillée, portant une coiffe garnie de pierreries, une chaîne d'or au cou & une autre à la ceinture, & tenant ses mains croisées l'une sur l'autre.

Sur bois. Haut de 1 pied 4 pouces ; large de 1 pied.
Buste, demi-nature.

De Jean Stradanus.

85. La Flagellation de Notre-Seigneur.

Sur cuivre. Haut de 1 pied ; large de 9 pouces.

De Martin de Vos.

86. Jésus en Croix. La Mère de Dieu & St. Jean se tiennent debout au pied de la croix, que Ste. Madeleine à genoux embrasse avec ferveur.

Sur cuivre. Haut de 1 pied ; large de 9 pouces.

✶ De Joachim Patinier.

87. Le Baptême de Jésus-Christ dans un paysage montagneux, où l'on voit dans un certain éloignement St. Jean qui prêche le peuple. On lit sur le devant sur une pierre : OPUS JOACHIM D. PATINIER.

Sur bois. Large de 2 pieds 5 pouces ; haut de 2 pieds 1 pouce.
Petites figures. Pendant du N°. 79.

* De Bernard van Orley.

88. Un Repos d'Égypte. Marie tenant l'Enfant Jéſus à la mammelle, eſt aſſiſe ſous un arbre élevé; St. Joſeph un genoux en terre, ſe tient devant elle. Le fond eſt un payſage très-riche & d'une grande étendue; il eſt orné de petites figures, & paroît repréſenter une contrée d'après nature.

Sur bois. Haut de 3 pieds 6 pouces; large de 2 pieds 2 pouces.
Petites figures.

* De François Porbus le Vieux.

89. Le Portrait d'un bel homme à barbe brune, appuyant la main droite ſur une table ſur laquelle on voit une aiguière d'argent; il tient de la gauche un verre de vin rouge. On lit au haut du tableau: 1575. *Æta.* 30.

Sur bois. Haut de 3 pieds 3 pouces; large de 2 pieds 5 pouces.
Demi-figure, grandeur naturelle.

D'Antoine Montfort, *dit* Blockland.

90. Un Bain de Diane. On voit ſur le devant Actéon qui commence à être métamorphoſé en cerf, & dans le lointain on le revoit entièrement ſous la forme de cet animal, & entouré de ſes chiens qui le déchirent. Ce tableau eſt marqué ainſi: B. 1573.

Sur bois. Large de 5 pieds 3 pouces; haut de 3 pieds 11 pouces.
Figures entières, demi-nature.

Nota. Ce tableau eſt placé au-deſſus de la porte de ſortie.

ANCIENNE ÉCOLE FLAMANDE.

Sur le trumeau de la fenêtre a côté de la porte de sortie.

D'Arnold Aertsens.

91. Le Portrait d'une jeune Dame richement habillée. Elle porte au cou un collier à double rang de perles & tient de la main droite un mouchoir.

Sur bois. Haut de 1 pied 11 pouces; large de 1 pied 5 pouces.
Buste de grandeur naturelle.

De Jean van Hemessen.

92. Le Portrait du célèbre Peintre *Jean de Mabuse*, représenté dans la force de l'âge, portant une barbe brune, une barrette sur la tête & un habit noir agraffé sur la poitrine.

Sur bois. Haut de 1 pied 6 pouces; large de 1 pied 4 pouces.
Buste de grandeur naturelle.

De Martin de Vos.

93. Le Portrait du Peintre lui-même, déjà sur l'âge, portant des cheveux crépus, la barbe courte, un habit noir & une fraise empesée.

Sur bois. Haut de 1 pied 6 pouces; large de 1 pied 3 pouces.
Buste de grandeur naturelle.

D'Antoine Moor.

94. Le Portrait du Peintre *Gilles Moftaert* sur le déclin de l'âge, avec des cheveux courts & une barbe rougeâtre;

il porte un habit brun-foncé, & au cou une fraise garnie de dentelles.

Sur bois. Haut de 1 pied 4 pouces; large de 1 pied 1 pouce..
Buste de grandeur naturelle.

D'Antoine Moor.

95. Le Portrait de l'Archiduchesse *Marguerite d'Autriche, Duchesse de Parme*, fille de l'Empereur Charles Quint. Elle est représentée déjà âgée, dans un habillement très-riche & chargé de pierreries, & portant au cou un collier à double rang de perles.

Sur bois. Haut de 1 pied 4 pouces; large de 1 pied 1 pouce.
Buste de grandeur naturelle.

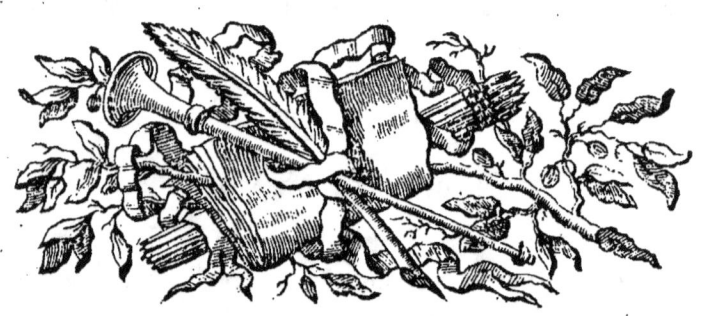

DEUXIÈME CHAMBRE.

TABLEAUX D'ANCIENS MAITRES DE L'ÉCOLE FLAMANDE.

I.ʳᵉ Façade où est la Porte d'entrée.

* De Martin van Cleef.

1. Un Ménage Flamand dans lequel on voit des gens à table, d'autres occupés à des travaux domestiques, & des femmes qui soignent des enfans. Sur la gauche pend un bœuf éventré contre le mur. Sur la droite est une porte ouverte qui donne sur la campagne.

Sur bois. Large de 4 pieds 6 pouces; haut de 3 pieds 9 pouces.
Petites figures.

Nota. Ce tableau est placé au-dessus de la porte.

* D'Henri van Cleef.

2. La Parabole de l'Enfant prodigue, représentée d'une manière tout-à-fait singulière, & dans le costume Flamand.

Sur bois. Large de 6 pieds 9 pouces; haut de 4 pieds.
Petites figures.

*De Gilles Conixloé.

3. Un grand Payſage avec figures. Il offre une contrée ruſtique & couverte de bois. Sur le devant eſt un vieux moulin au bord d'un torrent qui ſort des montagnes.

Sur toile. Large de 5 pieds 6 pouces; haut de 4 pieds 2 pouces.
Petites figures.

De Jaques Guillaume Delphius.

4. Un Payſage dans lequel eſt repréſentée la Rencontre de Jacob & d'Eſaü. Les deux frères, qui s'embraſſent tendrement, ſont accompagnés d'une nombreuſe ſuite dans laquelle l'Artiſte a peint une famille Flamande. On lit au bas: Geneſ.is XXXIII. *Jacob Willhelm Delphius f.t Ao.* 1584.

Sur bois. Large de 7 pieds 3 pouces; haut de 4 pieds.
Figures entières, quart de nature.

De Matthieu Brill.

5. Un Payſage ruſtique dont le ſite préſente un lac entre des montagnes. On voit ſur le devant un rocher eſcarpé & iſolé auprès duquel des bergers font paître leurs troupeaux, & ſur la gauche un torrent qui ſe précipite du haut des montagnes.

Sur bois. Large de 3 pieds 3 pouces; haut de 2 pieds 5 pouces.

De Lucas Gassel.

6. Un Payſage étendu & d'une compoſition très-riche. Le Peintre y a placé ſur le devant, un petit ſujet de l'Ancien Teſtament, qui repréſente Juda donnant une bague à Thamar. On voit un peu plus loin une tonte de moutons près d'un château. Ce tableau eſt marqué du monogramme de l'Artiſte & de l'année 1548.

Sur bois. Large de 3 pieds 7 pouces; haut de 2 pieds 6 pouces.

* De Daniel van Alsloot et d'Henri de Clerkc.

7. Une Forêt épaisse au milieu de laquelle on decouvre au bout d'un grande avenue, un vieux monastère avec un étang, où se rendent deux moines & quelques campagnards. L'Artiste a ainsi marqué son nom sur un gros tronc d'arbre : D: ab Alsloot S: A: Pict: 1608

Sur le devant de ce tableau *Henri de Clerck* a représenté le Samaritain charitable tenant dans ses bras le voyageur blessé par les voleurs, & a écrit son nom au pied de ce grouppe.

Sur bois. Large de 3 pieds 4 pouces; haut de 2 pieds 4 pouces.

* De Corneille de Wael.

8. Le Passage des Israëlites par la mer rouge.

Sur bois. Large de 3 pieds 9 pouces; haut de 2 pieds 3 pouces.

De Paul Brill.

9. Un Campement d'armée dans une vaste plaine où serpente une rivière. On voit sur le devant le quartier général & les tentes des vivandiers.

Sur cuivre. Large de 3 pieds 10 pouces; haut de 2 pieds 3 pouces.

* De Roland Savery.

10. & 11. Deux Paysages dont l'un représente le Paradis terrestre avec une quantité d'oiseaux & de quadrupèdes. On apperçoit dans le lointain Adam & Eve sous l'arbre de la science du bien & du mal.

Le second Paysage offre une contrée montueuse avec une tour sur un rocher, & une ville dans le lointain. On voit sur le devant une quantité de volailles, & toutes sortes de poissons dans l'eau. Sur ces tableaux est écrit: ROELAND SAVERY 1628. FF.

Sur cuivre. Larges de 1 pied 10 pouces; hauts de 1 pied 4 pouces.

* De Mathieu Cock.

12. La Conſtruction de la Tour de Babel.
Sur cuivre. Large de 1 pied 9 pouces; haut de 1 pied 4 pouces

* De Pierre Balten.

13. La Prédication de St. Jean dans le déſert.
Peint en detrempe ſur velin. Large de 1 pied 8 pouces; haut de 1 pied 3 pouces.

* De Roland Savery.

14. & 15. Deux Payſages d'une riche compoſition. On voit dans le premier une quantité d'animaux volatiles & quadrupèdes, & dans le lointain Orphée, ſa lyre en main, aſſailli par les femmes de Thrace.

Le ſecond offre la vue d'une contrée ſauvage du Tyrol, couverte de bois, avec un torrent qui tombe du haut d'un rocher, & dont une partie, conduite par un canal de bois, ſe précipite dans une vallée très-étendue. On voit ſur le devant quelques gens de la campagne & des voyageurs à cheval. Sur le tableau eſt écrit: R. SAVERY. FF. 1608.
Sur bois. Larges de 1 pied 6 pouces; hauts de 1 pied 1 pouce.

* De David Vinckenboons.

16. Un petit Payſage dans lequel eſt repréſenté l'Ermite St. Fulgentius aſſis & en prière à l'entrée d'une grotte dans laquelle on voit une chapelle taillée dans le roc, & un moine qui allume les cierges ſur l'autel. On apperçoit ſur la droite, dans le lointain, un port de mer & quelques châteaux.
Sur cuivre. Large de 1 pied 1 pouce; haut de 10 pouces.

* De

* De Roland Savery.

17. Une Contrée sauvage offrant des rochers escarpés entre lesquels des torrents se précipent. L'Artiste y a représenté sur le devant la Tentation de Notre-Seigneur par le Diable.
Sur bois. Haut de 1 pied 11 pouces; large de 1 pied 4 pouces.

* De David Vinckenboons.

18. Un Crucifiement avec beaucoup de figures.
Sur cuivre. Large de 1 pied 1 pouce; haut de 10 pouces.

* De Roland Savery.

19. & 20. Deux Paysages avec figures. Le premier offre une contrée agreste du Tyrol où l'on voit le long de rochers escarpés des ponts rustiques sous lesquels coulent des torrents.

Dans l'autre Paysage, on voit Orphée entouré de quantité d'animaux attirés de toute part par les sons de sa lyre. On lit sur ces tableaux: R. SAVERY. 1610.
Sur cuivre. Larges de 1 pied 1 pouce; hauts de 10 pouces.

* De Paul Brill.

21. Un Paysage avec des ruines & des montagnes dont le pied est baigné par une rivière navigable. On voit sur le devant des troupeaux, des bergers & d'autres figures.
Sur cuivre. Large de 10 pouces; haut de 7 pouces.

* De David Vinckenboons.

22. Un autre Paysage montueux où l'on voit des cavernes, des cascades, & les vestiges d'un ancien temple en rotonde sur le sommet d'un rocher escarpé. La vue s'étend à gauche dans une vallée profonde. On voit sur le devant des campagnards & quelques troupeaux.
Sur cuivre. Large de 10 pouces; haut de 7 pouces.

De David Vinckenboons.

23. & 24. Deux Forêts sur le devant desquelles le peintre a représenté un Repos d'Égypte. Dans l'un, de petits Anges élevés en l'air répandent des fleurs sur la sainte Famille.

Sur bois. Hauts de 9 pouces ; larges de 7 pouces.

* De Pierre Gyzen.

25. & 26. Deux Paysages ornés de figures & d'animaux. Le premier offre une plaine très-étendue ; & le second une moisson.

Sur cuivre. Larges de 7 pouces ; hauts de 5 pouces.

De Corneille Cornelissen.

27. Un Sujet de la Fable représentant le Dragon de Béotie qui dévore les compagnons de Cadmus, qu'on voit de loin accourrir à leur secours ; il est à cheval & tient une lance à la main.

Sur cuivre. Large de 8 pouces ; haut de 6 pouces.

* De Jean Breughel, *dit* de Velours.

28. L'Intérieur d'une chambre de paysan Flamand. On y voit au milieu un grand chaudron sur le feu auprès duquel une paysanne chauffe un petit enfant nu ; & à la droite quelques gens à table, tandis que d'autres s'occupent à différens travaux domestiques. On voit sur la gauche un bourgeois de la ville & sa femme qui distribuent des présens au paysan & à ses enfans.

Sur cuivre. Large de 1 pied 1 pouce ; haut de 10 pouces.

D'Antoine Mirou.

29. Un petit Paysage dans lequel la Conversion de St. Paul se trouve représentée.

Sur cuivre. Large de 1 pied 1 pouce ; haut de 10 pouces.

De Jérôme Cock.

30. Une Vue de Rome offrant le Campo Vaccino avec quantité de ruines, & quelques figures fur le devant.

<small>Sur bois. Large de 2 pieds 1 pouce; haut de 1 pied 6 pouces.</small>

* De Pierre Breughel *dit* le Vieux.

31. Un Payfan robufte, une pique à la main, debout fous un arbre fur lequel un jeune garçon prend un nid d'oifeau. On voit dans le fond du tableau, une prairie avec deux cabanes près d'un étang.

<small>Sur bois. Large de 2 pieds 1 pouce; haut de 1 pied 10 pouces.</small>

* De Roland Savery.

32. & 33. Deux Vues du Tyrol ornées de figures champêtres. On y voit fur le devant, des bois épais traverfés par des ruiffeaux rapides qui coulent de là dans des vallons d'une grande étendue enrichis de villes & de châteaux. Sur ces tableaux eft écrit: R. SAVERY. F. 1609.

<small>Sur cuivre. Hauts de 1 pied 3 pouces; larges de 1 pied.</small>

* De Joachim Wte-Wael.

34. Un Bain de Diane dans une grotte, par l'ouverture de laquelle on voit la métamorphofe d'Actéon. Au bas du tableau eft écrit: *Joachim Wte-Wael fecit*.

<small>Sur bois. Large de 2 pieds 6 pouces; haut de 1 pied 9 pouces.</small>

* De Jean Tilens.

35. Un Payfage qui offre une chaîne de montagnes garnies de bois, avec quelques châteaux & des torrents qui fe précipitent dans le vallon & y forment une rivière. Sur le devant à droite eft une troupe de Bohémiens qui repofent à l'ombre au pied d'un rocher.

<small>Sur bois. Large de 2 pieds 11 pouces; haut de 1 pied 10 pouces.</small>

De Moyse Veit van den Broeck.

36. & 37. Deux Payſages entrecoupés de bois & de marais. On voit dans le premier, ſur le devant, quelques Faunes avec des Nymphes, & dans le lointain un temple bâti en rotonde.

Dans le ſecond Payſage, on voit des bergers qui danſent autour d'un arbre, & dans le lointain une rivière avec pluſieurs batteaux. On lit ſur les deux tableaux : *Moſis Veit van den Broech f.t*

Sur bois. Larges de 2 pieds 8 pouces ; hauts de 1 pied 3 pouces.

II.e Façade où est la Porte de Sortie.

D'Henri de Clerck.

38. Le Jugement de Pâris.

Sur toile. Large de 3 pieds 7 pouces ; haut de 2 pieds 6 pouces.
Figures entières, quart de nature.

De Lucas van Valkemburg.

39. Une Querelle de payſans qui ſe battent devant un village. Des cartes éparpillées à terre déſignent le ſujet de leur querelle.

Sur toile. Large de 2 pieds 11 pouces ; haut de 2 pieds 3 pouces.
Petites figures.

* De Lucas van Valkemburg.

40. Un Payſage dont le ſite préſente une haute montagne avec des rochers percés, des mines & des forges où quantité d'ouvriers ſont occupés.

Sur bois. Large de 3 pieds 5 pouces. ; haut de 2 pieds 5 pouces.

* De Lucas van Valkemburg.

41. à 44. Les quatre Saisons représentées dans quatre grands paysages d'une riche composition, tant pour la variété des objets que pour la quantité de figures qu'on y voit. Le premier offre près d'une ville un magnifique Festin & un grand Tournois auxquels assiste une Cour ; le second représente une Moisson ; le troisième des Vendanges ; & le quatrième une forte Neige. On remarque sur ces quatre tableaux le monogramme du peintre & les années 1585, 1586 & 1587. dans lesquelles ils ont été peints.
Sur toile. Larges de 6 pieds 2 pouces ; hauts de 3 pieds 7 pouces.
Petites figures.

D'Ésaïe van der Velde.

45. Une Bataille où l'on voit sur le devant une troupe de cavaliers armés de toutes pièces. On apperçoit dans le lointain une grande ville au pied d'une montagne.
Sur bois. Large de 2 pieds 6 pouces ; haut de 1 pied 4 pouces.

De Palamèdes Stevens *dit* Palamedessen.

46. Une Rencontre de cavalerie dans une plaine. Sur le tableau est écrit : *P. Palamedes Ao. 1636.*
Sur bois. Large de 2 pieds 6 pouces ; haut de 1 pied 4 pouces.

De Joachim Wte-Wael.

47. Un Sujet de nuit représentant l'Adoration des Bergers. Ce tableau est marqué du monogramme de l'Artiste & de l'année 1607.
Sur bois. Large de 1 pied 6 pouces ; haut de 1 pied 1 pouce.

De Corneille Bega.

48. Un Sujet de conversation où l'on voit une paysanne qui tient un enfant à sa mamelle, un paysan qui

tient une pipe, & quatre autres figures Flamandes. Sur le tableau est écrit: *Bega fec.t*

Sur bois. Haut de 1 pied; large de 11 pouces.

De Jean van Hoogstraten.

49. Deux Femmes assises dans une chambre à côté d'un lit; l'une d'elle tient un pot d'étain & un verre, & l'autre une pipe. On lit sur le tableau: *J: v: Hoogstraten f.*

Sur toile. Haut de 1 pied; large de 11 pouces.

De Frédéric van Valkemburg.

50. Une Foire dans un gros Bourg. Ce tableau est marqué de l'année 1564.

Sur bois. Large de 1 pied 4 pouces; haut de 1 pied 1 pouce.

* De Samuel van Hoogstraten.

51. Une Vue de l'intérieur de la principale Cour du Château Impérial & Royal de Vienne, ornée de plusieurs figures. On lit au haut du tableau sur un papier: *Samuel van Hoogstraten f.t*

Sur bois. Large de 2 pieds 8 pouces; haut de 2 pieds 6 pouces.

De Frédéric van Valkemburg.

52. Une Nôce de paysans au milieu de la place d'un village. Ce tableau est marqué de l'année 1595.

Sur bois. Large de 2 pieds 8 pouces, haut de 1 pied 6 pouces.

* De Martin van Valkemburg.

53. Un Foire de village. On apperçoit dans le lointain une grande ville & une rivière dans un vallon.

Sur bois. Large de 2 pied 8 pouces; haut de 1 pied 6 pouces.

De Pierre Breughel, *dit* d'Enfer.

54. La Tentation de St. Antoine.
   Sur bois. Large de 1 pied 4 pouces; haut de 10 pouces.

De Jean Bol.

55. St. Jean prêchant dans le désert. On lit en lettres d'or sur le tronc d'un arbre: *Hans Bol f.t 1589.*
   Peint en détrempe sur velin & monté sous verre.
   Large de 1 pied; haut de 9 pouces.

De Pierre Stephani.

56. Une Forêt dans laquelle deux chasseurs avec leurs chiens courrent le cerf.
   Sur cuivre. Large de 1 pied 2 pouces; haut de 10 pouces.

* De Pierre Schubruck.

57. L'Embrasement de Troye. On voit sur le devant Énée qui emporte son père Anchyse sur ses épaules. On lit au bas du tableau: *Pet: Schubruck f.t*
   Sur cuivre. Large de 1 pied 4 pouces; haut de 10 pouces.

De Martin van Valkemburg.

58. La Vue d'une contrée montagneuse près de Schwanstadt dans la haute Autriche. On y voit la chute de la rivière nommée la Draun avec des forges d'un côté, & de l'autre un grand château fortifié sur une montagne. On apperçoit dans l'éloignement la ville de Schwanstadt. Sur le devant un voyageur poursuivi par des voleurs prend la fuite.
   Sur toile. Large de 6 pieds 5 pouces; haut de 3 pieds 6 pouces.

   Nota. Ce tableau est placé au-dessus de la Porte de sortie.

II.e FAÇADE VIS-A-VIS LA PORTE D'ENTRÉE.

* De Pierre Breughel *dit* le Vieux.

59. & 60. Deux Réjouiſſances Flamandes. La première eſt une Fête de village; la ſeconde un Carême-prenant repréſenté par pluſieurs figures plaiſantes qui déſignent, les unes les jours gras, les autres les jours maigres, & qui ſe livrent un combat ſur la place d'un marché remplie de monde. Sur ces deux tableaux eſt écrit: BRVEGEL. MDLIX.

Sur bois. Larges de 5 pieds 1 pouce; hauts de 3 pieds 8 pouces.

* De Pierre Breughel *dit* le Vieux.

61. à 64. Les quatre Saiſons repréſentées d'une manière ſingulière & par quantité de figures.

Le Printems eſt déſigné par un grand nombre d'enfans qui s'amuſent à toutes ſortes de jeux dans une place publique près d'une Égliſe. Sur le tableau eſt écrit: BRVEGEL. MDLX.

L'Été, par des moiſſonneurs dans une plaine très-étendue;

L'Automne, par un payſage montueux dont les arbres ſont dépouillés de leurs feuilles, & dans lequel on voit, ſur le devant, des payſans qui ramènent un nombreux troupeau au village;

L'Hiver, par un village Flamand couvert de neige, & dans lequel *Breughel* a repréſenté le Maſſacre des Innocens d'une manière tout-à-fait particulière & dans le coſtume flamand.

Sur bois. Larges de 5 pieds; hauts de 3 pieds 10 pouces.

Ancienne École Flamande.

* De Pierre Breughel *dit* le Vieux.

65. & 66. Deux Fêtes champêtres. La première eft une Nôce, la feconde une Kermeffe; l'une & l'autre repréfentées par une quantité de figures baroques.

<small>Sur bois. Larges de 5 pieds 1 pouce; hauts de 3 pieds 7 pouces.
Figures entières, quart de nature.</small>

* De Pierre Breughel *dit* le Vieux.

67. La Conftruction de la Tour de Babel; pièce d'une richeffe étonnante pour le nombre des figures & les détails infinis qu'on y voit. Sur le tableau eft écrit: BRVEGEL FE: MCCCCCLXIII.

<small>Sur bois. Large de 4 pied 11 pouces; haut de 3 pieds 7 pouces.</small>

* De Pierre Breughel *dit* le Vieux.

68. Un Portement de Croix. Ce fujet eft repréfenté ici avec des acceffoires très-finguliers & une quantité prodigieufe de figures, dans une payfage d'une grande étendue. On lit fur le tableau: BRVEGEL MDLXIII.

<small>Sur bois. Large de 5 pieds 4 pouces; haut de 3 pieds 11 pouces.
Petites figures.</small>

De Pierre Breughel *dit* d'Enfer.

69. Un Sujet de la Fable repréfentant Énée dans les Enfers, accompagné de la Sibylle de Cumes, & combattant contre les Furies.

<small>Sur cuivre. Large de 1 pied 7 pouces; haut de 1 pied 2 pouces.</small>

* De Jean Breughel *dit* de Velours.

70. La Tentation de St. Antoine; sujet de nuit.
Sur cuivre. Large de 11 pouces; haut de 8 pouces.

* D'Henri van Steinwyck, le Vieux.

71. L'Intérieur d'une Église d'architecture gothique dans laquelle des chanoines chantent au chœur; sujet de nuit.
Sur cuivre. Large de 10 pouces; haut de 8 pouces.

* De Pierre Breughel *dit* le Vieux.

72. Une Bataille des Israëlites contre les Philistins. On voit sur une hauteur le Roi Saül & son Porte-d'armes s'enfoncer leurs épées dans le corps, & les trois fils du Roi périr à la tête de l'armée. On lit sur le tableau: 1 *Buch der Chronick Cap.* X. BRVEGEL MCCCCCLXIII.
Sur bois. Large de 1 pied 9 pouces; haut de 1 pied.

* De Pierre Gyzen.

73. & 74. Deux petits Paysages avec figures. Ils offrent l'un & l'autre une contrée montueuse & traversée par des rivières navigables. Sur ces tableaux est écrit: *Peter Gyzen fec.*t
Sur cuivre. Larges de 7 pouces; hauts de 5 pouces.

* De Jean Breughel *dit* de Velours.

75. Un Paysage où l'on voit des voyageurs à pied & à cheval, des coches & des voitures qui traversent une montagne par un chemin rude & très-étendu.
Sur bois. Large de 1 pied 6 pouces; haut de 1 pied 1 pouce.

* De Jean Breughel *dit* de Velours, et de Jean Rottenhammer.

76. Un Payſage enrichi d'une quantité d'animaux, d'arbres, de plantes, & de diverſes autres productions tant de la terre que de la mer, qui déſignent les richeſſes de la nature; *Rottenhammer* y a repréſenté les quatre élémens par quelques figures allégoriques. Sur le tableau eſt écrit: BRVEGHEL 1604.

Sur cuivre. Large de 2 pieds 2 pouces; haut de 1 pied 4 pouces.

* De Jean Breughel *dit* de Velours, et d'Henri van Baalen.

77. à 80. Quatre Payſages très-riches, dans lesquels les quatre élémens ſont repréſentés d'une manière ingénieuſe par des figures, des animaux & quantité d'autres attributs. La terre y eſt déſignée par Cérès, l'Eau par Thétis, l'Air par Uranie & le Feu par Vulcain. Van Baalen a peint les figures; les Payſages ſont de Breughel dont le nom s'y lit ainſi: BRVEGHEL f.t 1610.

Sur bois. Larges de 2 pieds 7 pouces; hauts de 1 pied 5 pouces.

* De Pierre van Avont, et de Jean Breughel *dit* de Velours.

81. La Déeſſe Flore dans un manigfique Jardin; elle eſt entourée de Génies qui s'amuſent à cueillir des fleurs & à faire des guirlandes. On voit au bout du jardin un vieux château. Les figures ſont de *Pierre van Avont* qui a écrit ſon nom au bas du tableau.

Sur cuivre. Large de 2 pieds 2 pouces; haut de 1 pied 6 pouces.

* De David Vinckenboons.

82. Une Forêt épaisse au travers de laquelle coule un torrent. On voit sur le devant quelques bucherons, & un peu plus loin des voyageurs qui font route par la forêt. On apperçoit sur la gauche entre les arbres une grande vallée, & quelques châteaux fortifiés sur les montagnes.

<small>Sur bois. Large de 2 pieds 3 pouces; haut de 1 pied 7 pouces.</small>

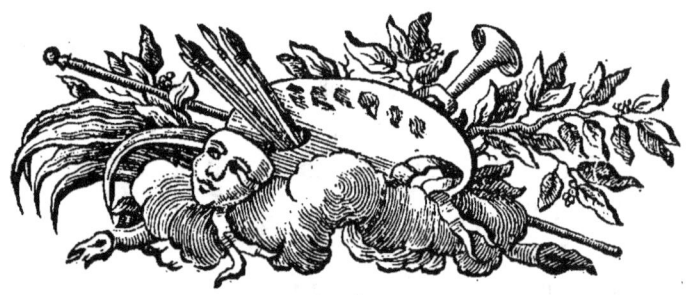

TROISIÈME CHAMBRE.
TABLEAUX
DE
L'ÉCOLE FLAMANDE.

I.re FAÇADE OÙ EST LA PORTE D'ENTRÉE.

* DE MELCHIOR HONDEKOETER.

1. Un Tableau de Volaille. L'on voit dans un payfage un coq & deux poules dont l'une à plumes blanches défend fes pouffins contre les attaques d'un gros coq d'Inde. Sur le tableau eft écrit : *M. D. Hondekoeter f.t*

Sur toile. Large de 5 pieds 9 pouces ; haut de 3 pieds 5 pouces.
Grandeur naturelle.

Nota. Ce tableau eft placé au-deffus de la Porte.

* DE FRANÇOIS SNYDERS.

2. Un Sujet de Chaffe qui repréfente deux renards pourfuivis par cinq chiens dans une plaine.

Sur toile. Large de 7 pieds 7 pouces ; haut de 6 pieds 5 pouces.
Grandeur naturelle.

D'IGNACE PARROCEL.

3. & 4. Deux Sujets de Bataille. Le premier repréfente un Camp fort étendu ; & le fecond une Bataille contre les Turcs.

Sur toile. Larges de 4 pieds ; hauts de 3 pieds. Petites figures.

De Pierre Snayers.

5. & 6. Deux autres Sujets de Bataille. L'un repréſente une Marche d'armée dans un pays plat & marécageux; & l'autre un Champ de bataille.

<small>Sur toile. Larges de 3 pieds 10 pouces; hauts de 2 pieds 4 pouces.
Petites figures.</small>

*De Jacques Courtois *dit* le Bourguignon.

7. & 8. Deux Batailles dans lesquelles la cavalerie à le plus de part.

<small>Sur toile. Larges de 3 pieds 10 pouces; hauts de 2 pieds 3 pouces.
Petites figures.</small>

* De François Franck *dit* le Jeune.

9. Jéſus en Croix entre les deux Larrons, au moment de l'éclipſe. La Ste. Vierge, St. Jean & les ſaintes femmes ſont debout au pied de la croix. On lit au bas du tableau: DEN. ION. FF. IN. 1606.

<small>Sur bois. Haut de 1 pied 10 pouces; large de 1 pied 3 pouces.</small>

* De François Franck *dit* le Jeune.

10. Le Triomphe de Neptune. Le Dieu ſe promène en pleine mer avec Amphitrite ſur un char en forme de coquille, environné de quantité de Tritons, de Néréides & de Génies qui portent toutes ſortes de productions marines. On lit ſur le tableau: *Do. ffranck inv. & f. Ao.* 1635.

<small>Sur bois. Large de 2 pieds 1 pouce; haut de 1 pied 8 pouces.
Petites figures.</small>

De Daniel Seghers.

11. Un Tableau de Fleurs, au milieu duquel on voit une grisaille repréſentant une petite ſtatue de la Ste. Vierge

tenant l'Enfant Jésus, dans une niche entourée d'une bordure de rocaille ornée de festons & de bouquets de fleurs peintes dans leur coloris naturel.

    Sur toile. Haut de 3 pieds 1 pouce; large de 2 pieds 5 pouces.

DE DANIEL SEGHERS.

12. Un autre Tableau de Fleurs, au milieu duquel on voit dans une niche, un grouppe de trois petits anges qui soutiennent un ciboire entouré de pampres & ayant la forme d'un petit autel. Les trois petits anges sont d'or ainsi que le ciboire sur lequel on voit un cœur d'où il sort deux langues de feu qui portent une hostie. La guirlande qui entoure la niche, est attachée par le haut avec un ruban bleu. On lit au bas : *O Amor qui semper ardes.*

    Sur toile. Haut de 3 pieds ; large de 2 pieds 1 pouce.

DE JEAN BREUGHEL *dit* DE VELOURS.

13. Un gros bouquet de Fleurs dans un seau de bois posé sur une table. Ce bouquet est garni d'une quantité d'insectes. On lit au bas du tableau : I: BRVEGEL f.t 1625.

    Sur bois. Haut de 3 pieds ; large de 2 pieds 1 pouce.

DE FERDINAND VAN KESSEL.

14. à 19. Six petits Sujets d'animaux, dont l'un représente une Chasse au sanglier, un autre la Fable du renard qui traite la cigogne, & les autres des Animaux étrangers.

    Sur cuivre. Larges de 9 pouces ; hauts de 6 pouces.

DE JEAN FYT.

20. Un Tableau de Fruits & de Volaille. On y voit une table chargée d'une grande corbeille de raisins, à laquelle

sont attachés deux perdrix & d'autres oiseaux morts, que vient flairer un chien qui sort de derrière un rideau. On remarque encore sur la table un plat de figues & quelques artichauts. Au bas est écrit: *Joannes Fyt f.t 1652.*

Sur toile. Large de 3 pieds 3 pouces; haut de 1 pied 1 pouces.

II.e Façade où est la Porte de sortie.

*De François Snyders.

21. & 22. **Deux Sujets de Chasse.** Dans le premier on voit un cerf & une biche poursuivis par dix chiens à l'issue d'un bois, dans une plaine.

Le second offre un gros sanglier attaqué dans son repaire au milieu des broussailles par neuf chiens, dont l'animal furieux a déjà blessé dangereusement deux, qui sont renversés par terre.

Sur toile. Larges de 10 pieds 5 pouces; hauts de 6 pieds 7 pouces.
Grandeur naturelle.

* De Jean de Heem.

23. Un grand **Tableau de Fruits & de Fleurs**, au milieu duquel on voit dans une niche, un calice d'argent enrichi de feuillages dorés, & au dessus de ce calice une hostie rayonnante en l'air. A chaque côté de la niche est dressée une gerbe de blé en forme de corne d'abondance, d'où sortent par le haut des fruits de différentes espèces; chacune de ces gerbes est liée avec un ruban bleu entrelassé de fleurs. Le piédestal de la niche est orné de gros festons de fruits & de fleurs naturels. On lit sur le tableau: *J: De Heem fecit Anno 1648.*

Sur toile. Haut de 4 pieds 4 pouces; large de 3 pieds 11 pouces.

* De

ÉCOLE FLAMANDE.

* DE DANIEL SEGHERS.

24. & 25. Deux Tableaux de Fleurs. Ils offrent l'un & l'autre, dans une large bordure de rocaille ornée de festons & de guirlandes de fleurs coloriées, une grisaille imitant le bas-relief; savoir; le premier, le buste de l'*Archiduc Guillaume Léopold d'Autriche*, Gouverneur général des Pays-bas Espagnols.

Le second repréfente St. Léopold agenouillé devant la Ste. Vierge, qui lui apparoit fur des nuages au milieu d'une gloire d'anges, tenant l'Enfant Jéfus dans fes bras. Sur ces tableaux est écrit: *D: Seghers Soc.^{tis} Jefu* 1647.

<small>Sur cuivre. Hauts de 3 pieds 9 pouces; larges de 3 pieds.</small>

DE PHILIPPE VAN DER BAAREN.

26. & 27. Deux Tableaux, l'un de Fruits, l'autre de Fleurs. On voit au milieu de chacun, un bufte de femme peint en grisaille dans une niche.

<small>Sur toile. Hauts de 1 pied 10 pouces; larges de 1 pied 4 pouces.</small>

DE RACHEL RUYSCH.

28. Un gros Bouquet compofé de rofes blanches, d'œillets, de tulipes & d'autres fleurs fur lesquelles on remarque différens infectes. Ce bouquet est dans un vafe de cristal pofé fur une table chargée de trois pêches & d'une grappe de raifin. On lit fur le tableau: *Rachel Ruyfch f.t* 1706.

<small>Sur toile. Haut de 3 pieds 1 pouce; large de 1 pied 6 pouces.</small>

D'AMBROISE BREUGHEL.

29. & 30. Deux Bouquets de Fleurs garnies de beaucoup d'infectes. Ils font placés fur des tables, l'un dans un vafe bleu, l'autre dans un vafe rouge. On voit dans

le dernier tableau, fur la table, une bague & quelques médailles d'or & d'argent. Ces tableaux font marqués du monogramme de l'Artiste & de l'année 1609.

Sur bois. Hauts de 1 pied 7 pouces ; larges de 1 pied 3 pouces.

* DE MELCHIOR HONDEKOETER.

31. Un Tableau de Volaille repréfentant au pied d'un grand arbre, une poule blanche avec fes pouffins, fur lesquels defcend un pigeon. On lit fur le tableau : *M. D. Hondekoeter f.*

Sur toile. Haut de 2 pieds 4 pouces ; même largeur. Grandeur naturelle.

DE PALAMÈDES STEVENS *dit* PALAMEDESSEN.

32. Un Corps de garde dans lequel deux foldats affis autour d'un gabion, caufent avec deux autres ; un cinquième couché à terre dans un coin, dort profondément, & deux autres font fur le point de fortir.

Sur bois. Large de 1 pied 3 pouces ; haut de 1 pied.

D'ISAAC VAN OSTADE.

33. Un Chirurgien de village arrachant, dans fa boutique, une dent à un payfan ; un petit garçon un plat à la main, fe tient à côté de l'opérateur, que la femme du patient prie à genoux d'ufer de précaution. A côté de celle-ci font trois enfans qui pleurent, & un vieillard appuyé fur fon bâton, mais regardant de fang froid faire l'opération. Les murs de la boutique font garnis de mauvais inftrumens.

Sur bois. Large de 1 pied 3 pouces ; haut de 1 pied.

DE JEAN FYT.

34. Un Tableau de Volaille. Deux coqs fe difpofent à défendre deux poules & leurs pouffins contre les attaques d'un faucon qui fond fur eux du haut d'un arbre.

Sur toile. Large de 4 pieds 3 pouces ; haut de 3 pieds 5 pouces.
Grandeur naturelle.

Nota. Ce tableau eft placé au-deffus de la porte de fortie.

ÉCOLE FLAMANDE.

SUR LE TRUMEAU DE LA FENÊTRE.

DE N. VAN GELDER.

35. Un Tableau de Volaille où l'on voit un coq & d'autres oiseaux morts dont quelques-uns sont sur une table, & les autres pendus contre le mur. Le nom du peintre se trouve ainsi sur le tableau :
Sur toile. Haut de 2 pieds 9 pouces ; large de 2 pieds 6 pouces.

DE H. VAN HAHN.

36. Un autre Tableau de Volaille représentant un canard & quelques autres oiseaux morts pendus à un cloud contre un mur.
Sur toile. Haut de 2 pieds 9 pouces ; large de 2 pieds 6 pouces.

DE DAVID KONING.

37. Deux Canards morts posés au pied d'un arbre.
Sur toile. Large de 2 pieds 5 pouces ; haut de 1 pied 9 pouces.

DE A: COOSEMANS.

38. Une Corbeille de Fruits sur une table sur laquelle on voit encore un pot d'étain, un citron à demi-pelé, & d'autres fruits. Sur le tableau est écrit : *A: Coosemans f.*
Sur toile. Large de 2 pieds 5 pouces ; haut de 1 pied 9 pouces.

DE JEAN FYT.

39. & 40. Deux Tableaux de Volaille. On voit dans le premier deux perdrix morts posées au pied d'un tronc d'arbre à côté duquel se tient un chien qui lève la tête. Le fond est un paysage ouvert.

Le second offre également une perdrix & d'autres oiseaux morts, près d'une grande corbeille à côté de laquelle sont posés différens instrumens de chasse. Sur ces tableaux est écrit : *Joannes Fyt f.t 1647.*

Sur toile. Larges de 2 pieds 1 pouce ; hauts de 1 pied 6 pouces.
Grandeur naturelle.

De Roland Savery.

41. Un riche Bouquet de Fleurs dans un vase bleu de porcelaine.

Sur bois. Haut de 2 pieds 1 pouce, large de 1 pied 7 pouces.

De A: van Becke.

42. Un Tableau représentant sur une table recouverte d'un tapis de velours cramoisi, des huitres ouvertes & des citrons sur un plat, un flacon d'argent, une montre de poche & un grand verre plein de vin blanc. Ce tableau est marqué du monogramme du Peintre.

Sur bois. Haut de 2 pieds 3 pouces ; large de 1 pied 10 pouces.

De Charles Ruthart.

43. Un Sujet de Chasse. Deux chasseurs à cheval poursuivent un cerf sur une hauteur escarpée d'où il se précipite. On y voit un ruisseau qui tombe en cascade. Ce tableau est marqué du monogramme de l'Artiste.

Sur bois. Haut de 2 pieds ; large de 1 pied 5 pouces.

De Pierre van Bloemen *dit* Standart.

44. & 45. Deux Sujets de Chevaux. Les deux tableaux sont marqués du monogramme de l'Artiste.

Sur toile. Larges de 1 pied 2 pouces ; hauts de 10 pouces.

De Jean van Kessel.

46. & 47. Deux Sujets plaisans. Le premier représente une compagnie de singes qui s'amusent à jouer & à fumer dans une chambre ; & le second une boutique de barbier où des chats se font raser par des singes.

Sur cuivre, Larges de 11 pouces ; hauts de 9 pouces.

IIIe Façade vis-a-vis la Porte de sortie.

* De Jean Fyt.

48. Un grand Tableau de fruits & d'animaux. L'on voit dans un vestibule sur une table recouverte d'un tapis bleu, un lièvre mort, deux perdrix & une bécasse ; & à terre un plat d'or rempli de fruits, un arrosoir d'argent, des oiseaux morts, & deux grosses bouteilles de vin dans un bassin de cuivre rempli d'eau fraîche. Derrière la table se tient un superbe paon sur le piédestal de quelques colonnes, entre lesquelles on voit un globe. Au bas du piédestal est un beau levrier blanc qui se dresse contre le paon. Sur la droite est un jeune garçon qui ouvre un rideau, & prend une guitarre posée sur une chaise aux pieds de laquelle sont d'autres instrumens de musique & du papier noté. On apperçoit dans le lointain un jardin orné de statues. Sur le tableau est écrit : *Joannes Fyt f.^t*

Sur toile, Large de 8 pieds ; haut de 5 pieds 5 pouces.
Grandeur naturelle.

Troisième Chambre.

* De François Snyders.

49. & 50. Deux grands Payſages dont le premier repréſente le Paradis terreſtre avec quantité d'animaux dont un cheval tacheté, un levrier & un cerf qui font fur le devant du tableau, ſe font ſur-tout remarquer. On apperçoit dans le lointain la création de la femme.

Le ſecond offre une Chaſſe au ſanglier. Deux chaſſeurs armés de fourches attendent de pied ferme le ſanglier, qui, pourſuivi par ſix chiens, court ſur eux.

Sur toile. Larges de 9 pieds 9 pouces; hauts de 6 pieds 10 pouces.

* De Jean Jordaens.

51. Un Cabinet de Peintures & de Curioſités dans lequel on voit une dixaine de tableaux de différens Maîtres & quelques morceaux d'hiſtoire naturelle pendus contre le mur; & ſur une table quelques autres tableaux; un couple de petites ſtatues, deux taſſes, quantité de coquilles, des médailles antiques, & d'autres curioſités. Une porte ouverte, ſur la gauche, laiſſe voir dans une autre chambre trois perſonnes qui examinent près d'une fenêtre, un livre de deſſeins.

Sur bois. Large de 2 pieds 6 pouces; haut de 2 pieds 4 pouces.

* De Charles Ruthart.

52. Une Chaſſe à l'ours où l'on voit pluſieurs chiens qui attaquent trois ours dans un antre de rocher. Sur le tableau eſt écrit: *C: Ruthart f: 1665*.

Sur toile. Large de 3 pieds; haut de 2 pieds 4 pouces.

* De François Franck *dit* le Vieux.

53. L'Intérieur d'un beau Salon éclairé par pluſieurs fenêtres, dans lequel une compagnie de gens de qualité

ÉCOLE FLAMANDE.

se divertit à table, tandis qu'un cavalier danse avec une dame au son des instrumens dont jouent deux musiciens assis sur la gauche. Dans le fond, une porte ouverte laisse voir dans une chambre à coucher.

Sur bois. Large de 2 pieds 9 pouces; haut de 2 pieds 4 pouces.
Petites figures.

* De Jean Jordaens.

54. La Représentation d'un riche Cabinet de Peintures & de Curiosités, dans lequel on voit quelques amateurs qui examinent, les uns un tableau placé sur un chevalet, les autres des desseins auprès d'une table chargée d'un globe & d'autres objets curieux.

Sur bois. Large de 3 pieds 9 pouces; haut de 2 pieds 9 pouces.
Petites figures.

* De François Franck *dit* le Vieux.

55. Crésus étalant ses richesses aux yeux du sage Solon. On apperçoit dans le lointain Crésus sur le bucher où il devoit être brûlé par ordre de Cyrus qui contemple ce spectacle du haut d'une terrasse. On lit au bas du tableau: D: o FFranck inv̄.

Sur bois. Large de 3 pieds 9 pouces; haut de 2 pieds 9 pouces.
Petites figures.

De Daniel Seghers.

56. Un Tableau de Fleurs, au milieu duquel est une grisaille imitant le bas-relief, & représentant la Ste. Vierge avec l'Enfant Jésus & Ste. Anne. La bordure de cette grisaille est ornée de guirlandes de fleurs peintes dans leur coloris naturel.

Sur bois. Haut de 2 pieds 7 pouces; large de 1 pied 9 pouces.

* De Jean van Huysum.

57. & 58. Deux superbes Tableaux de Fleurs. Ils repréfentent chacun un gros bouquet compofé d'une quantité de fleurs variées fur lesquelles on remarque différens infectes. Ces bouquets font dans des vafes ornés de bas-reliefs & pofés fur des tables; à côté de chacun eft un nid d'oifeau avec des œufs. Dans le premier tableau, on voit un lézard qui vide les œufs d'un de ces nids.

Sur bois. Hauts de 2 pieds 6 pouces; larges de 1 pied 10 pouces.

De Daniel Seghers.

59. Une Pièce de Fleurs, au milieu de laquelle eft une grisaille en bas-relief repréfentant une Ste. Famille.

Sur bois. Haut de 2 pieds 7 pouces; large de 1 pied 9 pouces.
Pendant du N°. 56.

* De Corneille de Heem.

60. Un Tableau de Fruits. On y voit fur une table toutes fortes de fruits, des huitres ouvertes, deux citrons fur une affiette d'argent, une fucrière du même métal & une montre de poche. Sur le tableau eft écrit: C. DE HEEM. *fecit.*

Sur bois. Large de 1 pied 4 pouces; haut de 1 pied 1 pouce.

D'Adrien van der Velde.

61. Un petit Payfage, repréfentant une prairie où l'on voit fur le devant, à gauche, un berger endormi auprès de fon troupeau, & à droite une payfanne qui trait une vache.

Sur cuivre. Haut de 8 pouces; large de 6 pouces.

D'Horace Grevenbroeck.

62. Une Tempête fur mer avec la vue d'un Port d'Italie. On voit fur le devant les mats d'un vaiffeau fubmergé.

Sur bois. Large de 1 pied 1 pouce; haut de 8 pouces.

De Paul Potter.

63. Un Sujet d'Animaux. On voit dans un pré uni, une vache brune, deux chévres & un mouton, auprès desquels un berger s'amufe à jouer avec fon chien.

Sur toile. Large de 11 pouces; haut de 8 pouces.

D'Albert Kuyp.

64. Un autre Sujet d'Animaux. Il eft compofé de cinq vaches dont quatre font couchées fur l'herbe. Le fond offre un paturage avec quelques brouffailles.

Sur bois. Large de 11 pouces; haut de 8 pouces.

* D'Henri van Steinwyck le Jeune.

65. La Vue de l'intérieur d'une Églife d'architecture gothique avec quelques figures. Sur le tableau eft écrit: *H: v. Steinwyck f.* 1618.

Sur cuivre. Large de 1 pied 4 pouces; haut de 10 pouces.

* De François Franck dit le Jeune.

66. Un Sabbat repréfenté en plein champ par une quantité de figures bizarres faifant des conjurations & des enchantemens. On y remarque particulièrement, fur le devant, une vieille forcière un crapeau fur la tête & confidérant à genoux un cercle magique tracé fur la terre. Sur le tableau eft écrit: Den. Ion. *francis francken fecit et inv.* 1607.

Sur bois. Large de 2 pieds 7 pouces; haut de 1 pied 9 pouces.
Petites figures.

De François Franck *dit* le Jeune.

67. Un autre Sujet de ce genre, qui repréfente le Départ pour le Sabbat. L'on voit dans une chambre quantité de femmes de tout âge qui fe préparent pour fe rendre au lieu du rendez-vous. Sur la droite eft une vieille qui remue avec un balais des ingrédients dans un chaudron fur le feu; & fur la gauche font trois jeunes femmes dont deux fe déshabillent, tandis que la troifième, qui l'eft déjà, fe fait oindre le corps par une vieille. Celles qui font déjà préparées, partent par la cheminée. Une fenètre ouverte laiffe voir un embrafement dans le lointain.

Sur bois. Large de 2 pieds 1 pouce ; haut de 1 pied 8 pouces.

De Sebastien Franck *ou* Vrancx.

68. Un Payfage dans lequel le peintre a reprefenté une Scène des tems de la guerre des payfans en Allemagne. Un parti de cavaliers cuiraffés attaquent, fur un grand chemin au milieu d'une forêt, un train de chariots & d'équipages, & font main baffe fur les voyageurs & les conducteurs, dont plufieurs cherchent leur falut dans la fuite. On apperçoit dans le lointain, à l'iffue du bois, une grande ville.

Sur bois. Large de 2 pieds 8 pouces ; haut de 1 pied 9 pouces.

De François Franck *dit* le Vieux.

69. Un Ecce-Homo. Le Sauveur eft préfenté au peuple Juif par Ponce Pilate du haut d'une tribune ; il eft couvert d'un manteau blanc que deux licteurs, qui font à fes côtés, tiennent déployé. A la droite, un étendart avec l'aigle romaine brodé en or eft arboré contre le mur du Palais Prétorien. L'on voit porter au travers de la foule,

vers la tribune, deux croix élevées. Sur le tableau est écrit : *ffranch inv.*

Sur cuivre. Large de 1 pied 5 pouces ; haut de 1 pied 1 pouce.
Petites figures.

✶ De François Franck *dit* le Jeune.

70. Un Tableau offrant des deux côtés un Crucifix sur un fond brun. L'un est une imitation du fameux crucifix de *Michel-Ange* ; l'autre est de l'invention du peintre.

Sur cuivre. Haut de 1 pied 3 pouces ; large de 10 pouces.

De François Franck *dit* le Jeune.

71. Jésus-Christ s'entretenant de nuit avec Nicodème, à la lueur d'une lampe. Ils sont assis contre une table sur laquelle est posé un livre ouvert.

Sur bois. Large de 1 pied 2 pouces ; haut de 11 pouces.

✶ De Jean Nieulant.

72. Une Table de marbre peinte des deux côtés. Sur l'un est représentée une Salutation angelique ; & sur l'autre une Nativité. Le peintre a eu l'art de ménager les veines & les couleurs naturelles du marbre pour les faire servir de nuages autour de la gloire qu'on voit dans ces deux sujets.

Sur pierre. Haut de 1 pied 2 pouces ; large de 9 pouces.

De François Franck *dit* le Jeune.

73. St. Jérôme à demi-nu & à genoux devant un crucifix dans un désert. Il tient de la main droite une pierre dont il se frappe la poitrine.

Sur cuivre. Haut de 1 pied 1 pouce ; large de 10 pouces.

De François Franck *dit* le Vieux.

74. Un Salon ouvert, d'architecture gothique, dans lequel deux hommes se battent a l'épée, & dont l'un, outre l'épée, est encore armé d'un poignard. On apperçoit sur la droite, dans le lointain, une grande place au milieu d'une ville, sur laquelle on voit quantité de monde rassemblé devant une maison publique.

Sur bois. Large de 1 pied 4 pouces; haut de 1 pied 1 pouce.

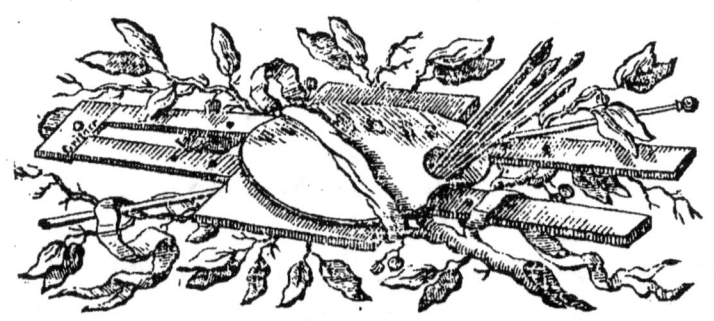

QUATRIÈME CHAMBRE.

TABLEAUX
DE
L'ÉCOLE FLAMANDE.

I.re Façade où est la Porte d'entrée.

De Melchior Hondekoeter.

1. Un Tableau de Volaille où l'on voit un gros coq dans un payſage découvert & un peu montueux.
Sur toile. Large de 4 pieds 4 pouces ; haut de 3 pieds 5 pouces.
Grandeur naturelle.

Nota. Ce tableau eſt placé au-deſſus de la porte.

* De Nicolas van Eyck.

2. Une Halte de Soldats dans un village où l'on voit ſur le devant auprès de l'auberge, des officiers donner les ordres pour la marche. Sur le tableau eſt écrit : *N. van Eyck f.*t
Sur toile. Large de 5 pieds 6 pouces ; haut de 4 pieds
Petites figures.

* De Ludolph Backhuysen.

3. Une Marine offrant la Vue d'Amſterdam & de ſa Rade où mouillent quantité de navires, parmi leſquels un

yacht, sur le devant, se fait remarquer par sa beauté. On lit sur le tableau : *Ludolph Backhuysen f.t*

Sur toile. Large de 6 pieds 6 pouces ; haut de 5 pieds 3 pouces.

De Corneille Safft-leüen.

4. Un Paysage orné de figures. Sur le devant, à droite, se reposent des voyageurs à l'ombre de grands arbres auprès desquels des paysans coupent du bois. On voit sur la gauche une mare, & au-delà, dans le lointain, des hautes montagnes.

Sur toile. Large de 5 pieds 8 pouces ; haut de 3 pieds 11 pouces.

*De Jean van Hugtenburg.

5. Une Escarmouche de Cavalerie dans un paysage garni de ruines. On lit sur le tableau : *J. van Hugtenburg. f:*

Sur toile. Large de 4 pieds 7 pouces ; haut de 3 pieds 5 pouces.

De Robert van Hoeck.

6. & 7. Deux Sujets de Bataille. Le premier est un Camp dont on ne voit que le quartier de la cavalerie. Le second représente une Marche d'armée dans un paysage aride & montueux.

Sur toile. Larges de 1 pied 7 pouces ; hauts de 1 pied 4 pouces.

De P. Megan.

8. Un Paysage dans lequel on voit une Chasse au cerf à l'issue d'une forêt.

Sur toile. Large de 3 pieds 3 pouces ; haut de 2 pieds 8 pouces.

* De Bonaventure Peeters.

9. Une Tempête sur les côtes d'Afrique. Une grosse galère ayant déjà perdu sa mâture & ses cables, est jetée

par la violence des vagues contre un rocher efcarpé au haut duquel on voit accourir trois fauvages armés d'arcs & de flèches. On remarque un peu plus loin les débris d'un vaiffeau fubmergé, & quelques autres bâtimens en grand danger de périr. Ce tableau eft marqué : B: P: f.t

Sur toile. Large de 3 pied 3 pouces; haut de 2 pieds 8 pouces.

DE PHILIPPE WOUWERMANS.

10. Un Payfage ruftique dans lequel des voyageurs à cheval font attaqués, ainfi qu'un coche, par des voleurs, dans un chemin creux.

Sur bois. Large de 1 pied 9 pouces ; haut de 1 pied 3 pouces.

D'ALBERT POEL.

11. L'Incendie d'un village.

Sur toile. Large de 1 pied 9 pouces ; haut de 1 pied 3 pouces.

* DE PIERRE DE LAAR *dit* BAMBOCHE.

12. Une Foire Italienne avec une danfe de payfans.

Sur toile. Large de 4 pieds 1 pouce ; haut de 2 pieds 9 pouces.
Petites figures.

* DE PHILIPPE WOUWERMANS.

13. Un Manége dans un payfage très-étendu & un peu montueux, avec quantité de figures. On remarque particulièrement fur le devant, au milieu, un cavalier monté fur un cheval blanc, & plus loin un autre qui dreffe fon cheval au manége découvert. Sur la gauche, des jeunes gens fe baignent dans un ruiffeau. L'Artifte a marqué ce tableau de fon monogramme.

Sur toile. Large de 4 pieds ; haut de 2 pieds 10 pouces.

* De Theobald Michau.

14. & 15. Deux Payſages avec figures; l'un, une Foire dans un petit village; l'autre, un Hiver. On lit au bas: *T: Michau.*

<small>Sur bois. Larges de 2 pieds; hauts de 1 pied 4 pouces.</small>

* De Robert van Hoeck.

16. & 17. Deux Vues de Flandres avec beaucoup de figures. La première offre dans le lointain une grande ville fortifiée, avec un port où mouillent beaucoup de vaiſſeaux.

La ſeconde eſt un Hiver où l'on voit quantité de gens qui ſe divertiſſent à patiner ſur la glace dans les foſſés d'une ville, des remparts de laquelle regardent pluſieurs ſpectateurs. Chacun de ces tableaux eſt marqué: R. v. H. 1649.

<small>Sur bois. Larges de 3 pieds; hauts de 1 pied 10 pouces.</small>

De Dirck van Berghen.

18. & 19. Deux Payſages montueux avec des troupeaux & des bergers. On y lit: *D. v. Berghen. f.t*

<small>Sur toile. Large de 1 pied 10 pouces; haut de 1 pied 2 pouces.</small>

* De Jean Thomas.

20. Le Triomphe de Silène dans un payſage couvert de bois, où l'on voit à gauche ſur une hauteur un temple en rotonde vers lequel ſe dirige la marche.

<small>Sur toile. Large de 4 pieds 1 pouce; haut de 2 pieds 8 pouces.
Petites figures.</small>

II.e Façade

II.e Façade où est la Porte de sortie.

* De P. Megan.

21. & 22. Deux Paysages garnis de bois avec des montagnes dans le lointain. L'on voit dans le premier, sur le devant, différentes figures champêtres; & dans le second, des voyageurs dépouillés & maltraités par des voleurs.

Sur toile. Larges de 4 pieds 11 pouces; hauts de 3 pieds 1 pouce. Petites figures.

* De Jean van Es et de Jacques Jordaens.

23. & 24. Deux grands Tableaux représentant l'un & l'autre un Marché au poisson sur le bord de la mer. Le premier offre dans le lointain la pleine mer & plusieurs barques de pêcheurs. Sur le devant à droite, sont étalés à terre & sur une grande table, quantité de poissons de mer, d'autres animaux marins, & des coquillages. Le marchand debout derrière la table tient un écrivisse de mer qu'il paroît offrir à quelqu'un hors du tableau; sur la gauche est un jeune garçon qui vide un chaudron de cuivre plein de petits poissons dans un baquet.

Le second tableau est un Sujet de nuit. On y voit de même quantité de gros poissons, d'autres animaux marins & des coquillages; partie accrochés contre le mur, partie étalés à terre & sur un banc près duquel se tiennent le marchand & sa femme. Le premier reçoit de l'argent d'un jeune homme pour un poisson qu'il vient de lui vendre, tandis que quatre autres jeunes gens s'entrepoussent pour avoir de la marée. Tout-à-fait sur le devant, un homme à demi-nu apporte sur sa tête une corbeille pleine de poissons.

Sur toile. Larges de 11 pieds 9 pouces; hauts de 7 pieds 11 pouces. Figures entières; forte nature.

* De Régnier Brakenburgh.

25. & 26. Deux Sujets de Société. L'un repréſente les divertiſſemens du carnaval dans une maiſon bourgeoiſe Flamande ; l'autre eſt un cabaret où beaucoup de gens ſe divertiſſent à boire & à danſer, & où un jeune homme joue du violon. Sur ces tableaux eſt écrit: *R. Brakenburgh f: 1690.*

Sur toile. Larges de 2 pieds 7 pouces ; hauts de 2 pieds 1 pouce. Petites figures.

De Jean Thomas.

27. Une Bacchanale dans un payſage montueux & couvert de bois. Bacchus, Vénus & Cérès ſont aſſis enſemble ſur un magnifique char traîné par des tigres & du haut duquel l'Amour décoche ſes traits ſur les aſſiſtans. Le vieux Silène monté ſur un âne & environné d'une quantité de Satyres, de Bacchantes & de Génies, ouvre la marche qui s'avance vers un temple en rotonde.

Sur toile. Large de 3 pieds 8 pouces ; haut de 2 pieds 5 pouces. Petites figures.

* De Hermann Saft-Leven.

28. Une Vue du Rhin avec beaucoup de figures. Le ſite préſente de hautes montagnes avec des châteaux & quelques villes & villages. On voit ſur le devant des batteaux amarrés à la rive droite du fleuve, ſur laquelle eſt un cabaret au pied d'un rocher escarpé. Sur le tableau eſt écrit : *Hermann Saft-Leven f: A: Utrecht. Anno 1665.*

Sur bois. Large de 1 pied 7 pouces ; haut de 1 pied 2 pouces.

De Guillaume van der Velde.

29. Une Marine avec pluſieurs Vaiſſeaux. On voit ſur le devant cinq hommes dans une barque, qui paſſent à côté

d'une digue. Le lointain préfente à droite, une ville au bord de la mer. Ce tableau eft marqué du monogramme de l'Artifte & de l'année 1643.

<small>Sur bois. Large de 1 pied 6 pouces. ; haut de 1 pied.</small>

* De Jean Griffier.

30. & 31. Deux Vues du Rhin avec de hautes montagnes qui s'étendent fort loin & qui font garnies de châteaux, de villes de villages auffi-bien que de quantité de figures. On voit fur le premier plan de chacun de ces tableaux un cabaret devant lequel beaucoup de gens fe divertiffent à boire & à danfer. Plufieurs barques & batteaux chargés defcendent le fleuve.

<small>Sur cuivre. Larges de 1 pied 10 pouces ; hauts de 1 pied 6 pouces.</small>

* De Hermann Saft-Leven.

32. & 33. Deux autres Vues du Rhin préfentant des contrées montagneufes enrichies de villes, de châteaux & de quantité de figures. Dans la première, on voit fur le devant décharger plufieurs batteaux ; & dans la feconde, quelques pélerins qui fe repofent au pied d'une colonne tronquée fur un grand chemin. On remarque fur ces tableaux le monogramme du peintre & l'année 1666.

<small>Sur bois. Larges de 2 pieds ; hauts de 1 pieds 6 pouces.</small>

* De Philippe Wouwermans.

34. Un Payfage où l'on voit plufieurs chariots & voitures attaqués par des cavaliers près d'une ferme au pied d'une colline. Quelques uns des voyageurs fe défendent vigoureufement & d'autres fe fauvent par la fuite.

<small>Sur bois. Large de 3 pieds 5 pouces ; haut de 2 pieds.
Petites figures.</small>

Quatrième Chambre.

* De Guillaume van Nieulant.

35. La Vue de la Place nommée Campo Vaccino à Rome, avec quantité de figures. Le Peintre a non-seulement représenté sur cette place les édifices & les ruines qui s'y trouvent effectivement, mais il y en a encore placé plusieurs autres repandus dans différents quartiers de cette célèbre Ville. On lit sur ce tableau : GVIL.^{mo} VAN NIEVLANT FEC. 1612.

Sur bois. Large de 3 pieds 8 pouces ; haut de 2 pieds.

D'Adam Willarts.

36. Une Marine où l'on voit quelques bâtimens en pleine mer, & sur le devant, à gauche, un vieux château devant lequel on remarque plusieurs figures. Sur le tableau est écrit : *A: Willarts f.t* 1631.

Sur toile. Large de 3 pieds 8 pouces ; haut de 2 pieds.

* De Dirk van Delen.

37. Un Sujet d'architecture représentant un superbe Portique à colonnes cannelées ; sans figures. On y lit : D. van DELEN f.t

Sur bois. Large de 3 pied 11 pouces ; haut de 2 pieds 9 pouces.
Nota. Ce tableau est placé au-dessus de la Porte.

III.e Façade vis-a-vis la Porte d'Entrée.

De Régnier Zeeman.

38. Une Marine avec quantité de Vaisseaux. On apperçoit dans le lointain, à gauche, une ville fortifiée avec un port.

Sur toile. Large de 6 pieds 8 pouces ; haut de 4 pieds.

De Jacques Ruisdael.

39. Une Chute d'eau dans une contrée sauvage presque toute couverte de sapins. Sur le devant est un mauvais pont de bois qui traverse une petite rivière formée des eaux de plusieurs torrents qui se précipitent des montagnes.

Sur toile. Haut de 2 pieds; large de 1 pied 5 pouces.

De Bonaventure Peeters.

40. & 41. Deux Marines avec différentes figures habillées à l'orientale sur le rivage. On remarque dans le premier tableau sur le devant, à gauche, une monument antique de pierre représentant un lion sur un piédestal isolé.

Sur toile. Larges de 2 pieds 5 pouces; hauts de 1 pied 10 pouces.

* De Josse Momper.

42. Un grand Paysage offrant la vue d'une riche vallée qui s'étend fort loin entre deux chaînes de montagnes, & au milieu de laquelle serpente une rivière. On voit sur les montagnes, ainsi que dans la vallée, plusieurs fabriques; & sur le devant un cavalier & quelques figures champêtres.

Sur toile. Large de 9 pieds; haut de 6 pieds 7 pouces.

De Jean Ossenbeck.

43. Un Paysage étendu & un peu montueux, dans lequel l'Artiste à représenté la Sortie du Patriarche Jacob de la Mésopotamie, avec ses chameaux, ses vaches, ses brebis & tout son bétail.

Sur toile. Large de 6 pieds 8 pouces; haut de 4 pieds. Petites figures.

* De Gérard Seghers.

44. Un Paysage où l'on voit sur le devant, à droite, une Ste. Famille qui repose sous des arbres, dont plusieurs anges détachent des fruits pour l'Enfant Jésus auquel St. Joseph les présente.

Sur toile. Large de 2 pieds 5 pouces; haut de 1 pied 10 pouces.

* De Jean de Heem.

45. Un Tableau de Fruits. Sur une table recouverte en partie d'un tapis verd, sont étalés un citron à demi-pelé & une huitre ouverte sur une assiette d'argent, un plat de fraises, du raisin avec d'autres fruits, & deux verres pleins de vin. On lit sur ce tableau : *J. de Heem f.t*

<small>Sur bois. Haut de 1 pied 10 pouces; large de 1 pied 4 pouces.</small>

De Lucas van Uden.

46. Une Vue d'Hollande présentant une grande allée d'arbres près d'un village. On voit sur le devant quelques figures champêtres, un troupeau de vaches, & sur la gauche un canal.

<small>Sur toile. Large de 2 pieds 5 pouces; haut de 1 pied 10 pouces.</small>

* De Nicolas Berchem.

47. Un Paysage montueux orné de figures & d'animaux. Sur le devant, des vaches & des moutons traversent un ruisseau à gué. Ces bestiaux sont suivis par deux femmes qui s'entretiennent ensemble, & dont l'une légérement vêtue est a pied, & l'autre montée sur un âne. Sur le tableau est écrit : *Berchem f.t* 1680.

<small>Sur toile. Large de 2 pieds; haut de 1 pied 6 pouces.</small>

De Nicolas Berchem.

48. Un Sujet d'Animaux composé de trois vaches, de deux moutons & de quelques chèvres, qui passent un ruisseau, dans lequel trois femmes & un homme sont occupés à laver du linge. On voit au-dessus d'eux, sur une hauteur, une femme qui file en parlant avec un berger debout devant elle & appuyé sur son bâton.

<small>Sur bois. Large de 1 pied 9 pouces; haut de 1 pied 3 pouces.</small>

* D'Adrien van der Velde.

49. Un Payſage où l'on voit un troupeau près d'une mare, dans laquelle un jeune berger ſe lave les pieds. On apperçoit dans le lointain les ruines d'un ancien temple en rotonde. Au bas eſt écrit : *A. v. Velde f:* 1664.

Sur toile. Large de 1 pied 9 pouces ; haut de 1 pied 4 pouces.

De Nicolas Berchem.

50. Un Payſage montueux dans lequel un berger ſe repoſe avec ſon troupeau près d'une ſource. Sur le tableau eſt écrit : *Berchem f.*

Sur bois. Large de 1 pied 6 pouces ; haut de 1 pied 2 pouces.

* D'Henri van Baalen.

51. L'Enlèvement de la belle Europe. Elle eſt environnée d'Amours & de Nymphes qui lui offrent des fleurs, & qui ornent le Taureau de guirlandes.

Sur bois. Large de 2 pieds ; haut de 1 pied 4 pouces.

De Gérard Dov.

51. Un Militaire bleſſé à la poitrine & couché à la renverſe ſur quelques chaiſes devant un lit. Sa femme affligée le ſoutient par derrière, tandis qu'un vieux chirurgien ſonde ſes plaies avec un inſtrument.

Sur bois. Haut de 1 pied 4 pouces ; large de 1 pied 1 pouce.

De Jean van Baalen.

53. La Ste. Vierge aſſiſe dans un payſage avec l'Enfant Jéſus qui dort ſur ſes genoux. Deux anges portés ſur des nuages épandent des fleurs ſur eux. A la gauche eſt le petit St. Jean tenant ſon agneau ſur lequel un autre enfant s'appuie, tandis qu'un troiſième à côté de lui, montre

le petit Jésus du doigt. St. George & deux Saintes Femmes se tiennent à la droite de la Vierge. On voit derrière eux l'entrée d'un Palais devant lequel est un berceau de verdure. On apperçoit dans le lointain St. Joseph dormant sous un arbre.

Sur cuivre. Large de 1 pied 10 pouces; haut de 1 pied 4 pouces.

* De Nicolas Berchem.

54. Une Prairie dans laquelle une vache brune & quelques moutons sont couchés sur l'herbe près d'une chaumière. On y voit encore d'autres vaches qui paissent & dont l'une se laisse traire par une paysanne qui parle à une autre femme tenant un pot de cuivre. Sur le devant à terre, est un petit chaudron plein de lait, dont boit un chat. Sur le tableau est écrit: *Berchem f.t*

Sur bois. Large de 1 pied 6 pouces; haut de 1 pied 2 pouces.

De Pierre van Avont.

55. & 56. Deux Paysages ombragés sur le devant par des arbres touffus sous lesquels repose une Ste. Famille environnée de petits anges, dont les uns cueillent des fleurs, & d'autres des fruits qu'ils apportent à l'Enfant Jésus. On y lit: *Peter van Avont f.t*

Le premier de ces Tableaux est sur cuivre & l'autre sur bois.
Larges de 2 pieds 5 pouces; hauts de 1 pied 8 pouces.

D'Henri van Steinwyck le Vieux.

57. Un petit Sujet d'architecture représentant une prison dans laquelle on voit la délivrance de St. Pierre par l'ange du Seigneur. Sur ce tableau est écrit: *Henr. v. Steinwyck 1604.*

Sur bois. Large de 1 pied 6 pouces; haut de 1 pied 2 pouces.

ÉCOLE FLAMANDE.

* D'Henri van Steinwick le Vieux.

58. L'Intérieur d'une Église Cathédrale d'architecture gothique, avec figures. On lit au bas : *Henricus van Steinwyck f.* 1605.

Sur cuivre. Larges de 1 pied 6 pouces; haut de 1 pied 2 pouces.

D'Henri van Steinwick le Jeune.

59. La Vue intérieure d'une Église d'architecture moderne dans le goût Italien, avec figures. On y remarque diverses épitaphes & autres monumens contre le mur.

Sur bois. Large de 1 pied 6 pouces; haut de 1 pied 2 pouces.

De Charles van Falens.

60. Une Chasse au Faucon. On voit dans une contrée riante une compagnie de Seigneurs & de Dames qui se divertissent à cette chasse.

Sur toile. Large de 2 pieds 1 pouce; haut de 1 pied 8 pouces.

* De Philippe Wouwermans.

61. Un Paysage montueux, dans lequel on voit deux cavaliers faire halte au bord d'un ruisseau qui coule au pied d'une colline. Des gens se baignent dans ce ruisseau, & d'autres y pêchent à la ligne. On remarque encore sur la gauche plusieurs figures, & sur la colline une grosse tour.

Sur toile. Large de 2 pieds 1 pouce; haut de 1 pied 8 pouces.

* De Louïs van Moni.

62. Une jeune Cuisinière occupée à ouvrir des huitres devant une fenêtre, sur l'appui de laquelle sont posés un coq mort, une botte d'oignons, une vieille lanterne & d'autres ustensiles de ménage. On lit sur ce tableau : *L: van Moni f:*

Sur bois. Haut de 1 pied 2 pouces; large 11 pouces.

* De Gérard Terburg.

63. Une jeune Dame en corfet de fatin bordé d'une fourrure blanche, affife auprès d'une table fur laquelle il y a un plat de fruits & un chandelier. Elle pèle une pomme pour un petit garçon debout à fa droite, & qui l'attend avec avidité.

Sur bois. Haut de 1 pied 2 pouces; large de 11 pouces.

* De François Clouet dit Janet.

64. Le Portrait en pied de *Charles IX. Roi de France* peint à l'âge de 20 ans. Il eft debout & tient fes gands dans fa main droite qu'il appuie fur le doffier d'un fauteuil de velours cramoifi; de la gauche, il tient la garde de fon épée. Des deux côtés du tableau, dans le fond, defcend un rideau de fatin verd.

Sur bois. Haut de 1 pied; large de 6 pouces.

De Jean van Baalen.

65. L'Affomption de la Vierge.

Sur cuivre. Haut de 11 pouces; large de 7 pouces.

De Guillaume van Mieris.

66. Le Bufte d'un gros homme tenant de la main droite une pipe & une boîte à tabac, & de la gauche un grand verre de vin blanc. Une groffe bourfe de peau eft pofée devant lui fur l'appui d'une fenêtre.

Sur bois. Haut de 9 pouces; large de 6 pouces.

De François van Mieris le Jeune.

67. Un Joueur de Mufette plaifamment accoutré & faifant des grimaces moqueufes. Il eft affis à une table, ayant devant lui une cruche de bierre, du tabac haché, une pipe & une taffe.

Sur bois. Haut de 9 pouces; large de 8 pouces.

DE A. DUCK.

68. Un grand Salon dans lequel une Dame de qualité prie à genoux un Officier de lui faire restituer ses bijoux & effets précieux qu'un soldat tire d'un coffre. Elle vient d'étaler à ses pieds une patente & de l'argent, à quoi il ne paroît pas faire grande attention. Derrière la Dame est un homme également à genoux devant un autre officier. On remarque encore dans le salon plusieurs personnes des deux sexes, pour la plûpart des Militaires. Sur le tableau est écrit: A: DUCK f:

Sur bois. Large de 2 pieds 2 pouces; haut de 1 pied 4 pouces.

DE CORNEILLE POELEMBURG.

69. Des Nymphes au bain à l'ombre d'un bosquet dans un paysage riant, au milieu duquel on apperçoit les ruines d'un ancien monument. Ce tableau est ainsi marqué: C:P: f.

Sur bois. Large de 10 pouces; haut de 8 pouces.

* DE GUILLAUME VAN MIERIS.

70. & 71. Deux petits Portraits, dont l'un est celui d'une Dame en habit de satin blanc, la tête ornée de grosses plumes, & tenant dans sa main droite une bourse qu'elle paroît présenter à quelqu'un.

L'autre Portrait représente un Espagnol tirant son épée d'un air emporté & menaçant. Le fond du tableau offre un souterrain vouté. On lit sur ces tableaux: *W: van Mieris f.* avec les années 1684 sur le premier & 1683 sur le second.

Sur bois cintré par le haut. Hauts de 8 pouces; larges de 6 pouces.

*DE PIERRE SNYERS.

72. & 73. Deux petits Tableaux représentant du gros & menu gibier posé auprès d'un piédestal orné de bas-reliefs, dans un jardin. L'on voit dans le premier quantité d'oiseaux

morts suspendus aux branches d'un gros arbre & d'autres étalés à terre aussi-bien qu'une cage & un cornet à poudre.

Le second offre un lièvre mort pendu contre un arbre, & beaucoup de petits oiseaux à terre au bas du piédestal. Le fond présente des bois & quelques montagnes. On lit sur ces tableaux: *P: Snyers* 1720.

Sur bois. Hauts de 1 pied 1 pouce; larges de 9 pouces.

De Daniel Vertanghen.

74. Un Désert dans lequel on voit St. François nu, qui se roule sur des épines; un peu plus loin, à sa droite, se tient un frère autour duquel voltigent deux corbeaux.

Sur cuivre. Haut de 1 pied; large de 8 pouces.

* De Guillaume van Mieris.

75. La Courtisanne Laïs avec le Philosophe Démosthène qui lui offre une somme d'argent qu'on voit comptée sur une table, & qu'elle refuse. Sur le tableau est écrit: *W: van Mieris f.ᵗ* 1683.

Sur bois. Haut de 1 pied; large de 9 pouces.

* De Pierre Leermans.

76. Le Portrait d'une vieille Dame de qualité assise contre une table sur laquelle sont étalés quantité de bijoux. Elle tient de la main droite une bourse pleine d'argent & de la gauche ses lunettes.

Sur bois. Haut de 11 pouces; large de 8 pouces.

* De François van Mieris le Vieux.

77. Une jeune Dame malade à laquelle un grave Médecin tâte le pouls. Elle est assise devant son lit ayant un livre ouvert sur ses genoux. On voit à côté d'elle sur une table, un bassin de laiton poli, une éponge & une fiole de médecine. Dans le fond, à droite, une porte ouverte laisse

voir dans une autre chambre. Sur le tableau eſt écrit : *Franz van Mieris f.t 1651*.

Sur cuivre. Haut de 1 pied; large de 10 pouces.

* De Gérard Dov.

78. Un Médecin examinant à une fenêtre l'urine d'un malade dans une fiole. Une vieille femme debout à ſa droite attend en pleurant ce qu'il va en prononcer. On voit à ſa gauche, ſur l'appui de la fenêtre, un livre d'anatomie ouvert, & un globe; & devant lui un beau flacon d'argent & un baſſin à barbe poſés ſur un riche tapis de turquie. Contre le mur d'appui de la fenêtre eſt peint en grisaille le fameux bas-relief de *François du Quesnoy dit le Flamand* repréſentant une bacchanale d'enfans. L'Artiſte a écrit ainſi ſon nom ſur ce tableau : GDOV 1653.

Sur bois cintré par le haut. Haut de 1 pied 6 pouces; large de 1 pied 2 pouces.

* De François van Mieris le Vieux.

79. Une jeune Marchande Hollandoiſe dans ſa boutique montrant de riches étoffes à un Militaire de diſtinction, qui la careſſe au menton & qui paroît plus occupé d'elle que de ſa marchandiſe. L'on voit au fond un vieillard jaloux au coin de la cheminée., & tout-à-fait ſur le devant, une table recouverte d'un tapis de turquie & chargée de pluſieurs pièces d'étoffes, dont quelques unes ſont déployées. Sur le tableau eſt écrit : *Franz van Mieris f.t 1660*.

Sur bois cintré par le haut. Haut de 1 pied 9 pouces; large de 1 pied 4 pouces.

* De Corneille Poelemburg.

80. Une Annonciation. On voit au-deſſus de la Vierge, dans une gloire, quantité de petits anges pleins d'allégreſſe, dont l'un répand des fleurs ſur elle. Ce tableau eſt marqué des lettres initiales. C. P. F.

Sur cuivre. Haut de 1 pied 6 pouces; large de 1 pied 2 pouces.

Quatrième Chambre.

Sur les Trumeaux des Fenêtres.

De Jean Philippe van Thielen *dit* Rigouldts.

81. Un Tableau de Fleurs, au milieu duquel est un petit sujet en grisaille représentant la St. Vierge avec l'Enfant Jésus, dans une niche entourée de guirlandes de fleurs. Sur le tableau est écrit: *J: P: v. Thielen Rigouldts f.t Ao. 1648.*

Sur toile. Haut de 4 pieds 7 pouces; large de 3 pieds 3 pouces.

De Marie van Oosterwyck.

82. Un gros Bouquet composé de différentes fleurs parmi lesquelles on distingue sur tout un tournesol. Ce bouquet est dans un vase de terre posé sur une table. On y lit: *Maria v. Oosterwyck f:*

Sur toile. Haut de 3 pieds 1 pouce; large de 2 pieds 6 pouces.

De Jean Frédeman de Vries.

83. L'Intérieur d'une Église gothique; sans figures.

Sur bois. Large de 2 pieds 1 pouce; haut de 1 pied 5 pouces.

De François Snyders.

84. Le Prophete Daniel dans la Fosse aux Lions.

Sur toile. Large de 2 pieds; haut de 1 pied 5 pouces.

De Jacques van der Does.

85. Un Paysage des environs de Rome où l'on voit sur le devant, à droite, quelques ruines, au pied desquelles une paysanne assise à terre s'est endormie. A côté d'elle est un jeune berger avec deux chiens, & devant elle un mouton & une chèvre qui allaite son petit.

Sur toile. Haut de 1 pied 10 pouces; large de 1 pied 4 pouces.

École Flamande.

De Pierre de Laar *dit* Bamboche.

86. Une Vue d'Italie. L'on y voit un cabaret au milieu d'une grande fabrique à demi-ruinée, devant laquelle repose un vieillard tenant son cheval & à qui un jeune garçon présente à boire.

Sur toile. Haut de 1 pied 10 pouces; large de 1 pied 4 pouces.

De Jean Horemans.

87. & 88. Deux Sujets Flamands représentant, l'un, une Boutique de cordonnier; l'autre, une École d'enfans. On lit sur ces tableaux: *J. Horemans* 1712.

Sur toile. Larges de 1 pied 10 pouces; hauts de 1 pied 6 pouces.

De François Snyders.

89. Un Cavalier monté sur un cheval tacheté, dans un paysage uni.

Sur toile. Haut de 1 pied 4 pouces; large de 1 pied.

De Gustave van Bentum.

90. Un Sujet de nuit représentant un Faiseur de gâteaux, qui en cuit en pleine rue. Un petit garçon assis à côté de lui à une table en mange avidément, tandis qu'un enfant, un vieillard & un jeune mendiant le regardent avec envie.

Sur cuivre. Haut de 9 pouces; large de 7 pouces.

De Robert van Hoeck.

91. & 92. Deux petits Paysages avec figures. L'on voit dans le premier des Soldats qui se divertissent à boire & à danser près de quelques vieilles masures. Le second offre la Vue d'un Camp.

Sur bois. Larges de 1 pied 1 pouce; hauts de 10 pouces.

De George Geldorp.

93. Le Portrait en pied d'un Magiſtrat Flamand habillé de noir, une barette ſur la tête, & tenant ſes gands dans la main gauche.

Sur bois. Haut de 1 pied 1 pouce; large de 8 pouces.

De Godefroy Schalken.

94. Un Sujet de nuit repréſentant une jeune fille tenant une lanterne dans laquelle elle met un chandelle allumée. On voit à ſa droite, par une porte ouverte, trois perſonnes qui s'amuſent à fumer & à jouer dans une autre chambre.

Sur bois. Haut de 9 pouces; large de 7 pouces.

De Bonaventure Peeters.

95. & 96. Deux Ports de mer du Levant. Le premier offre une foptereſſe appartenant aux Vénitiens ſur lesquels les Turcs l'emportent d'aſſaut à la faveur d'une mine qu'ils font ſauter. Dans le ſecond on voit embarquer les bleſſés. Ces deux tableaux ſont marqués : B : P : f : 1645.

Sur bois. Larges de 2 pieds; hauts de 1 pied 5 pouces.

De Pierre Verelst.

97. Un Eſtaminet Flamand dans lequel trois payſans ſont aſſis autour d'une table, & dont l'un lit la gazette ; un quatrième ſe chauffe devant la cheminée, près de laquelle un autre badine avec la maîtreſſe du logis. On voit ſur la gauche trois enfans & un amas de meubles & d'uſtenſiles. Sur ce tableau eſt écrit : *P: Verelſt f:*

Sur bois. Large de 2 pieds 3 pouces; haut de 1 pied 5 pouces.

DE PIERRE QUAST.

98. L'Intérieur d'un Cabaret de Village, où quatre paysans Flamands assis autour d'une table, s'amusent à fumer & à causer ensemble, tandis qu'un cinquième se chauffe devant la cheminée, & que deux autres dansent en rond avec deux femmes au son d'une musette dont joue un homme assis au haut d'un escalier. Sur le tableau est écrit: *Pietorquast Inv.* 1633.

Sur bois. Large de 2 pieds; hauts de 1 pied 6 pouces.

DE GASPARD DE WITTE.

99. Un Paysage orné de ruines, parmi lesquelles on distingue les restes d'un aqueduc, & sur le devant, à gauche, une colonne tronquée avec un piédestal orné de bas-reliefs, au pied duquel repose un paysan avec son âne & son chien. Sur le tableau est écrit: CASPAR DE WITTE. f.t

Sur toile. Large de 2 pieds 2 pouces; haut de 1 pied 9 pouces.

DE CHARLES FABRITIUS.

100. Un Paysage un peu montueux, avec un édifice antique sous de grands arbres, & auprès duquel passent deux mulets chargés avec leur conducteur.

Sur toile. Large de 2 pieds 2 pouces; haut de 1 pied 9 pouces.

DE CORNEILLE HUYSMANN.

101. Un autre Paysage où se voit, à droite, un bois épais à l'entrée duquel trois paysans assis font la conversation, & un peu plus loin un homme à cheval. Il y a sur la gauche une échappée de vue sur des montagnes.

Sur toile. Haut de 1 pieds 7 pouces; même largeur.

P

De Jean van der Winne.

102. Un Vielleur jouant à la porte d'une maison; il est accompagné d'un petit garçon coiffé d'une marotte & qui joue d'une cymbale en chantant à pleine gorge.

Sur bois. Haut de 1 pied 9 pouces, large de 1 pied 3 pouces.

D'Adrien van Drever.

103. Un Paysage représentant un hiver où il tombe beaucoup de neige dans un village d'hollande, au milieu duquel des gens se divertissent à patiner sur un canal glacé. Ce tableau est marqué du monogramme de l'Artiste.

Sur toile. Haut de 1 pied 7 pouces; même largeur.

De Jean Miel.

104. & 105. Deux Ports de mer avec de l'architecture, des ruines & quantité de figures.

Sur toile. Larges de 3 pieds; hauts de 2 pieds 2 pouces.

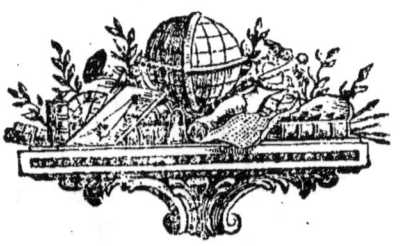

ÉCOLE ALLEMANDE

OCCUPANT

L'APPARTEMENT A DROITE

DU

SECOND ÉTAGE.

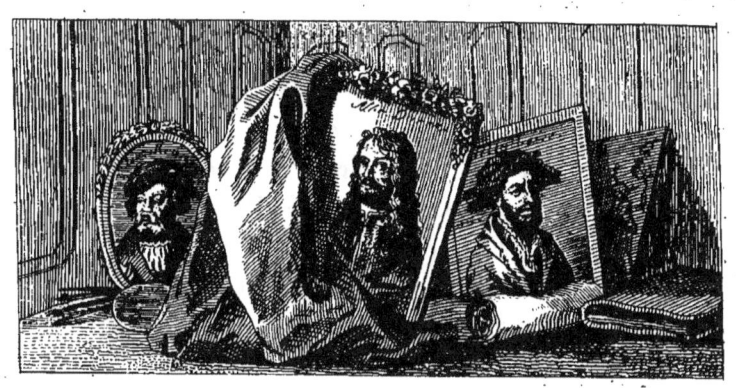

PREMIÈRE CHAMBRE.
TABLEAUX
DES PLUS ANCIENS MAITRES
DE
L'ÉCOLE ALLEMANDE.

Sur les Trumeaux des Fenêtres.

De Thomas de Mutina où de Muttersdorf en Bohème.

1. Un Tableau d'Autel en trois compartimens dont celui du milieu repréſente la Ste. Vierge vêtue d'une étoffe bleue à fleurs brodées en or, & portant ſur le bras l'Enfant Jéſus qui joue avec un petit chien qu'elle tient ſur ſa main.

Le compartiment de la droite préfente St. Wenceslas, Roi de Bohème, tenant de fa main droite une bannière, & de la gauche un bouclier orné d'un aigle.

On voit dans le troifième compartiment St. Palmatius tenant également une bannière triomphale de la main droite; il tient de la gauche la garde de fon épée.

Ces trois Sujets font peints fur un fond d'or avec des ornemens en relief.

On lit fur le compartiment du milieu ces vers latins écrits en caractères gothiques:

Quis Opus hoc finxit Thomas de Mutina pinxit:
Quale vides Lector Rarifini Filius Auctor.

C'eft-à-dire: L'Ouvrage que tu vois ici, Lecteur, a été inventé & peint par Thomas de Mutina, fils de Rarifinus.

Nota. Ce Tableau eft la plus ancienne peinture à l'huile qu'on connoiffe, & date de l'an 1297.

Sur bois. Les trois pièces font d'égale hauteur, favoir, de 2 pieds 5 pouces. Celle du milieu a 1 pied 8 pouces de large, & chacune des deux autres 1 pied 4 pouces.

Demi-figures, demi-nature.

De Nicolas Wurmser de Strasbourg.

2. Jéfus fur la Croix, au pied de laquelle la Ste. Vierge & St. Jean fe tiennent debout.

Nota. Ce Tableau eft de l'année 1357.

Sur bois. Haut de 6 pieds 7 pouces; large de 4 pieds 9 pouces.

Figures entières, grandeur naturelle.

De Théodoric de Prague,

3. & 4. Deux Pères de l'Églife, favoir, St. Ambroife & St. Auguftin en habits épifcopaux. Le premier tient une

ANCIENNE ÉCOLE ALLEMANDE. 231

plume de la main droite, & lit dans un livre qu'il tient de la gauche. A côté de lui est un pupitre qui porte une petite armoire à tablettes chargées de livres & de papiers. On remarque contre le côté gauche de l'armoire trois grosses plumes à écrire, dont l'une est de jonc.

St. Augustin est debout devant un pupitre & prêt à écrire dans un gros livre.

Nota. Ces deux Tableaux sont également de l'année 1357.
Sur bois. Hauts de 3 pieds 8 pouces ; larges de 3 pieds 3 pouces.
Demi-figure, au-dessus de nature.

DE JEAN AQUILA.

5. Un petit Tableau d'Autel en deux parties jointes ensemble dans le même cadre, & représentant l'une & l'autre une Ste. Famille.

Dans la première, cinq petits anges font un concert devant l'Enfant Jésus que sa mère tient sur ses genoux.

Dans la seconde, la Ste. Vierge enseigne à écrire à l'Enfant Jésus âgé d'environ cinq ans. Le petit St. Jean & son père Zaccharie, qui tient un livre, les regardent avec satisfaction. Au bas de la robe de l'Enfant Jésus est écrit sur une large bordure : *JOHANNES AQUILA.*

Sur bois. Hautes de 2 pieds ; larges de 1 pied chacune. Petites figures.

D'ALBERT DURER.

6. Deux Desseins faits avec soin sur papier gris, rehaussés de blanc & montés sous verre dans la même bordure. Le premier représente l'histoire de Samson, l'autre la Résurrection de Notre-Seigneur. Au bas de chacun est écrit sur une table : *Albertus Dürer Norenbergensis faciebat post Virginis partum* 1510, puis le monogramme de l'Artiste.

Hauts de 1 pied ; larges de 6 pouces chacun.

De Martin Schoen.

7. St. Sebaſtien lié à un tronc d'arbre & percé de flèches. Dans le lointain, à droite, on apperçoit une ville.
Sur bois. Haut de 1 pied 3 pouces; large de 9 pouces.

I.re Façade où est la Porte d'Entrée.

D'un Maître inconnu du XV.e Siècle.

8. La Ste. Vierge aſſiſe ſur un trône, un lis à la main droite, & ſoutenant de l'autre l'Enfant Jéſus debout ſur ſon genoux gauche. On voit à chaque côté du trône un ange debout & en prière.
Sur bois. Haut de 3 pieds; large de 2 pieds 2 pouces.
Figures entières, quart de nature.

D'un Maître inconnu du XIV.e Siècle.

9. Un Tableau d'Autel peint des deux côtés ſur un fond d'or, repréſentant de l'un l'Adoration des Mages, & de l'autre l'hiſtoire des douze verges que Moyſe avoit poſées par ordre de l'Éternel dans le tabernacle, & dont celle d'Aaron fut la ſeule qui eût fleuri & qui portât des fruits. Les Lévites agenouillés & en prières, entourent l'Autel. Sur la gauche eſt repréſenté le mariage de St. Joſeph avec la Vierge. Le Saint tient dans ſa main la verge fleurie d'Aaron au bout de laquelle repoſe une colombe blanche.
Sur bois. Haut de 4 pieds; large de 3 pieds 2 pouces.
Figures entières, demi-nature.

Nota. Ce tableau eſt placé au-deſſus de la porte d'entrée.

De Martin Schoen.

10. Un Tableau d'Autel avec ſes deux volets dans le même cadre. Il repréſente Jéſus ſur la Croix qu'embraſſe la Ste. Vierge ſoutenue par St. Jean. On voit ſur la gauche un homme & une femme agenouillés & en prières: ce ſont vraiſemblablement les perſonnes qui ont offert ce tableau.

Le Volet de la droite repréſente Ste. Madelaine tenant ſa boîte à parfums; & celui de la gauche Ste. Véronique tenant dans ſes mains le St. Suaire déployé. Le fond de ces trois tableaux offre une belle prairie avec une ville & un château dans le lointain. Dans les deux volets, ainſi qu'aux deux côtés de la croix dans le tableau principal, on voit en l'air un ange enveloppé d'un crêpe noir.

Sur bois. Les trois pièces ſont d'égale hauteur; ſavoir, de 3 pieds 2 pouces. Celle du milieu à 2 pieds 2 pouces de large, & chacune des deux autres 1 pied. Petites figures.

D'un Maître inconnu du XV.ͤ Siècle.

11. Une Ste. Famille dans une Salle. La Ste. Vierge aſſiſe ſur un Trône, la tête ceinte d'une couronne d'or, tient un livre ouvert de la main gauche, & de la droite l'Enfant Jéſus à qui St. Joſeph préſente une pomme. Une porte & une fenêtre ouvertes dans le fond laiſſent voir un jardin. Ce tableau eſt ainſi marqué: 1490.

Sur bois. Haut de 2 pieds 7 pouces; large de 1 pied 9 pouces.
Figures entières, quart de nature.

De Mair.

12. Une ſainte Famille. Marie tient l'Enfant Jéſus debout ſur une table, & lui préſente un œillet, tandis qu'il

lui prend le sein gauche des deux mains. On voit sur la table un citron ouvert & un couteau. St. Joseph lisant dans un livre se tient debout à la droite. Ce Sujet est peint sur un fond d'or tacheté de points bruns.

Sur bois. Haut de 1 pied 4 pouces; large de 1 pied.
Demi-figures, quart de nature.

D'Israel van Mecheln.

13. Un Tableau en deux compartimens dont chacun représente un Religieux Dominicain avec une Sainte à côté de lui. Le Religieux peint sur la droite touche d'une orgue posée sur une table & dont un ange fait aller les soufflets. L'autre Religieux joue de la harpe. On lit au bas du tableau ces paroles du psalmiste: *In cordis & organo laudate Deum; Psallam tibi in cythara laus Israel.*

Sur bois. Haut de 1 pied 4 pouces; large de 1 pied.

D'après Albert Durer.

14. Un Tableau d'Autel représentant la Ste. Vierge assise sous un gros arbre & tenant l'Enfant Jésus sur les genoux. Un petit ange assis devant elle joue de la guitarre, & d'autres petits anges élevés en l'air répandent des fleurs sur eux. Sur la droite est Ste. Catherine à genoux & en prière, ainsi que plusieurs autres Saintes, derrière lesquelles un ange avec un lis à la main se tient debout. Sur la gauche est l'Empereur *Maximilien I.* dévotement agenouillé devant la St. Vierge qui lui met une couronne de roses sur la tête. On voit derrière le Monarque sa seconde femme *Blanche Marie*, son Général d'armée & confident le Duc *Eric de Brunswych* & plusieurs autres Seigneurs & Dames, tous à genoux & en prière. On apperçoit au-

deſſus d'eux, ſur une hauteur, *Albert Durer* lui-même avec ſon ami *Bilibalde Pirckhaimer* debout ſous un arbre élevé ; & tout-à-fait dans le lointain une grande ville au pied de hautes montagnes. L'Artiſte tient à la main un papier marqué de ſon monogramme & ſur lequel on lit: *Exegit quinque Meſtri ſpatio Albertus Dürer Germanus* MDVI.

Sur bois. Haut de 5 pieds 2 pouces ; large de 4 pieds 3 pouces.
Figures entières, deux tiers de nature.

DE WENDEL DIETERLING.

15. Un Sujet d'architecture en perſpective, dans lequel la vocation de St. Matthieu eſt repréſentée en trois différentes actions & par quantité de figures. On apperçoit ſur la gauche un payſage montueux avec des châteaux au bord de la mer. Ce tableau eſt marqué du monogramme de l'Artiſte, & on lit en haut ſur une table: 3977. TIBERIO. CÆSAR. DIVI. AVG. F. AUGVS. IMP. VIII.

Sur bois. Large de 6 pieds 3 pouces ; haut de 4 pieds 3 pouces. Petites figures.

DE LUCAS KRANACH LE VIEUX.

16. Une Adoration des Rois repréſentée avec quantité de figures. La Ste. Vierge tenant l'Enfant Jéſus ſur ſon giron, eſt aſſiſe dans un payſage ouvert. On voit au-deſſus d'elle un chœur de petits anges en l'air, qui chantent d'après un papier de muſique que tiennent quelques uns d'entr'eux. On apperçoit ſur la droite, à l'horiſon de ce payſage qui eſt fort élevé, un château ſur un rocher escarpé, & à gauche quelques fabriques ruinées. L'on trouve ſur ce tableau, ainſi que ſur les ſuivans de ce maître, ſa marque ordinaire.

Sur bois. Haut de 2 pieds 7 pouces ; large de 1 pied 10 pouces. Petites figures.

D'Albert Durer.

17. & 18. Deux Tableaux repréfentant chacun la Ste. Vierge avec l'Enfant Jéfus qui tient un rofaire à la main. Dans le premier tableau, on voit à gauche, fur une table, une pomme, un couteau & un verre de vin rouge; & dans l'éloignement, par une fenêtre ouverte, un payfage montagneux.

Dans le fecond tableau, on remarque fur une table placée devant la Ste. Vierge, la moitié d'un citron & un couteau.

Les deux morceaux font marqués du monogramme ordinaire de l'Artifte, & des années 1518 le premier, & 1520 le fecond.

Sur bois. Hauts de 2 pieds 4 pouces; larges de 1 pied 9 pouces.
Figures jufqu'aux genoux, deux tiers de nature.

D'Albert Durer.

19. Le Portrait de l'Empereur *Maximilien I.* peint dans l'année de fa mort. Ce Monarque porte un manteau brun fourré, & un grand chapeau plat fur la tête, & tient dans la main gauche une grenade ouverte. On voit au haut du tableau, dans le coin à droite, les armes de l'Empire & au-deffus de la tête de l'Empereur une longue infcription latine avec l'année 1519, fous laquelle fe trouve le monogramme de l'Artifte.

Sur bois. Haut de 2 pied 3 pouces; large de 2 pieds.
Demi-figure, grandeur naturelle.

D'Albert Durer.

20. La Ste. Vierge portant fur le bras l'Enfant Jéfus, qui eft nu, & qui tient une poire entamée à la main.

Ce tableau porte, outre le monogramme de l'Artifte, l'année 1512.

<small>Sur bois. Haut de 1 pied 6 pouces; large de 1 pied 2 pouces.
Bufte, grandeur naturelle.</small>

De Matthieu Gruenewald.

21. Un Tableau repréfentant la Famille de l'Empereur *Maximilien I.* favoir, l'Empereur lui-même, fa première femme, *Marie de Bourgogne* avec fon fils *Philippe I. Roi d'Efpagne* furnommé le Bel, les deux fils de celui-ci encore en bas âge, favoir, *Charles Quint,* & *Ferdinand I.* fucceffivement Empereurs, & le Prince *Louïs* depuis Roi d'Hongrie; tous dans un Salle ouverte, qui laiffe voir dans le lointain un payfage montagneux avec un lac. A côté de chaque figure eft écrit en latin le nom de la perfonne qu'elle repréfente.

Au dos de ce tableau eft repréfentée la Parenté du Sauveur, favoir, la Ste. Famille & les parens de Jofeph & de Marie dont les noms font également écrits à côté de chaque figure.

<small>Sur bois. Haut de 2 pieds 3 pouces; large de 2 pieds.
Demi-figures, demi-nature.</small>

D'Albert Durer.

22. Un Sujet emblèmatique repréfentant la Ste. Trinité adorée par les anges & par les hommes portés fur des nuages. On apperçoit au-deffous un payfage étendu avec un grand lac. *Durer* lui-même s'eft repréfenté dans le payfage, fur la gauche, en petite figure debout, tenant une table fur laquelle eft écrit, outre fon monogramme: ALBERTUS. DURER. NORICUS. FACIEBAT. ANNO. A. VIRGINIS. PARTV. 1511.

<small>Sur bois. Haut de 4 pieds 3 pouces; large de 4 pieds 1 pouce. Petites figures.</small>

* D'Albert Durer.

23. Le Martyre d'un grand nombre de Chrétiens dans l'Orient. Ce tableau offre le Spectacle horrible de toutes fortes de fupplices qu'on fait fouffrir à ces Chrétiens, dont la plupart font précipités du haut d'un rocher dans un valon hériffé de pieux aigus. On voit fur le devant un Soudan à cheval, & un de fes Miniftres à pied, qui donne des ordres aux bourreaux. *Albert Durer* s'eft peint lui-même au milieu du tableau, accompagné de fon ami *Bilibalde Pirckhaimer*; il tient dans ces deux mains, qui font jointes, un petit étendart fur lequel eft écrit, outre fon monogramme : *Ifte faciebat Anno Domini 1508. Albertus Durer Alemanus.*

Sur bois. Haut de 2 pieds 3 pouces; large de 1 pied 9 pouces.
Petites figures.

D'un Maître inconnu du XVe Siècle.

24. Un Tableau à l'huile très curieux, & d'un ftyle gothique. Il repréfente une Adoration des Rois. Au bas eft peint un écu aux armes d'Autriche. On voit dans le fond à droite, une mauvaife barraque de bois, à gauche des fabriques ruinées, & dans le lointain une ville & un château fur une montagne.

Sur bois. Haut de 2 pied 3 pouces; large de 1 pied 9 pouces.
Petites figures.

De Jean Burgmaier.

25. Un petit Tableau d'Autel en deux parties dont celle de la droite repréfente le Crucifiement de Notre-Seigneur, & celle de la droite fa Réfurrection.

Sur bois. Hautes de 1 pied 10 pouces; larges de 10 pouces chacune.
Petites figures.

* De George Pens.

26. Un Tableau confiftant en trois pièces réunies dans la même bordure, & qui formoient autrefois un petit Autel portatif.

La pièce du milieu, ou le Tableau principal, repréfente Jéfus en Croix que Ste. Madelaine embraffe à genoux, & au pied de laquelle la Ste. Vierge, deux Saintes femmes & St. Jean, tous en pleurs, fe tiennent debout.

Sur les pièces de côté qui fervoient de volets à la précédente, font peints quatre anges qui portent en pleurant les inftrumens de la Paffion: les deux premiers font à genoux.

Sur bois. Ces trois pièces font d'égale hauteur, favoir, de 1 pied 7 pouces. Celle du milieu a 1 pied 4 pouces de large & chacune des deux autres 6 pouces.

De Jean Beham ou Boehm, d'après Albert Durer.

27. Trois Payfans en converfation dans une prairie. Celui de la droite tient une épée la pointe contre terre, & celui de la gauche un petit panier plein d'œufs.

Sur bois. Haut de 9 pouces; large de 7 pouces

De Jean Leyckmann.

28. Un petit Tableau de dévotion repréfentant le Sauveur fur la Croix qu'embraffe la Ste. Vierge foutenue par St. Jean. On voit fur la droite, dans un certain éloignement, Adam & Eve fous l'arbre de vie, & fur la gauche la Sépulture du Sauveur. Dieu le Père paroît au-deffus de la Croix dans une gloire, avec le St. Efprit fous la forme d'une colombe.

Sur bois cintré par le haut. Haut de 9 pouces; large de 6 pouces.

De Lucas Kranach le Vieux.

29. Deux petits Tableaux réunis dans la même bordure, & représentant, l'un, St. Jérôme, l'autre St. Léopold Margrave d'Autriche. Le premier tient la patte gauche d'un lion affis auprès de lui fur fes pieds de derrière.

Le fecond armé de toutes pièces, tient dans fa main droite une lance, & dans fa gauche un Bouclier aux armes d'Autriche, qui confiftent en cinq allouettes. Ces tableaux portent la marque ordinaire de l'Artifte & l'année 1515.

Sur bois. Hauts de 9 pouces; larges de 4 pouces chacun.

De Jean Leykmann.

30. Un Tableau formé de deux petites pièces réunies dans la même bordure & qui fervoient autrefois de volets au tableau N°. 28 ci-deffus. Celle de la droite repréfente la Salutation angelique; & celle de la gauche la Réfurrection du Sauveur.

Sur bois cintré par le haut. Hautes de 9 pouces; larges de 3 pouces chacune.

De Lucas Kranach le Vieux.

31. Un Vieillard mettant une bague au doigt d'une jeune fille.

Sur bois. Haut de 8 pouces; large de 7 pouces.

De Jean Holbein le Vieux.

32. Le Portrait d'un homme à la fleur de l'âge portant une barbe brune, & une calotte noire fur la tête. Il eft vêtu d'un habit cramoifi & par-deffus d'un furtout violet garni de bandes de velours noir.

Sur bois. Haut de 8 pouces; large de 5 pouces.

De

De Matthieu Gruenewald.

33. & 34. Deux petits Portraits. Le premier est celui de l'Empereur *Maximilien I.* en profil, tenant une lettre ouverte dans la main gauche. Il est vêtu d'une robe d'une riche étoffe à fleurs & doublée de fourrure. On voit à sa gauche, par une fenêtre ouverte, un paysage champêtre avec quelques fabriques.

Le second représente l'Empereur *Charles Quint* dans sa jeunesse, avec des cheveux plats taillés en rond, un habit de drap d'or avec un manteau fourré par-dessus, & le collier de la Toison d'or au cou.

Sur bois. Hauts de 1 pied; larges de 8 pouces.

D'Albert Durer.

35. Un Portrait d'homme en buste à l'antique, autour duquel on lit: E. IOANI. KLEBERGERS. NORICI. AN. AETA. SVAE. XXXX. Ce tableau est marqué en haut dans le coin à gauche, du monogramme de l'Artiste & de l'année 1526. Les trois autres coins sont remplis chacun d'un écusson avec des armoiries.

Sur bois. Haut de 1 pied 1 pouce; même largeur.
Petite nature.

De Matthieu Gruenewald.

36. & 37. Deux petits Portraits dont le premier est celui d'*Uladislas* Roi d'Hongrie, vêtu d'un habit d'étoffe rougeâtre à fleurs, la tête couverte d'un grand chapeau plat à quatre coins, & portant une chaîne d'or au cou.

Le second représente le Prince *Louis* d'Hongrie, fils & successeur du précédent. Il est peint dans l'enfance avec de longs cheveux partagés en plufieurs treffes qui lui defcendent fur les épaules, & porte fur la tête une guirlande d'œillets.

Sur bois. Hauts de 1 pied; larges de 8 pouces.

D'Albert Durer.

38. La Ste. Vierge allaitant l'Enfant Jéfus. Ce tableau eft marqué en haut du monogramme de l'Artifte & de l'année 1503.

Sur bois. Haut de 9 pouces; large de 7 pouces.

II.ᵉ Façade opposée aux Fenêtres.

D'Albert Durer.

39. Le Portrait d'un gros homme de bonne mine, à barbe & à cheveux blonds, vêtu d'une robe fourrée à larges rebords qu'il croife par-devant avec la main gauche, & tenant dans fa droite un rofaire.

Sur bois. Haut de 2 pied 5 pouces; large de 1 pied 11 pouces.
Demi-figure, grandeur naturelle.

De Jean Holbein le Jeune.

40. Le Portrait d'une Bourgeoife déjà fur l'âge, vêtue de noir, & portant une coiffe unie fur la tête. Elle eft affife dans un fauteuil & relève de la main gauche un rofaire qui pend à fa ceinture.

Sur bois. Haut de 2 pieds 5 pouces; large de 1 pied 10 pouces.
Demi-figure, grandeur naturelle.

ANCIENNE ÉCOLE ALLEMANDE.

DE GEORGE PENS.

41. Le Portrait d'un homme à la fleur de l'âge, à barbe & à cheveux courts & bruns. Il porte un manteau fourré sous lequel on apperçoit un habit noir, une camisole rouge & un collet blanc plissé & un peu rabattu.

Sur bois. Haut de 1 pied 7 pouces; large de 1 pied 5 pouces.
Buste; petite nature.

DE CHRISTOPHE AMBERGER.

42. Le Portrait d'un Chevalier de Malthe (vraisemblablement celui de quelque Grand-Maître). Il porte des cheveux noirs & courts, la moustache sous le nez & le toupet au menton, un petit collet blanc & uni, & une grande chaîne d'or à laquelle pend une médaille. Il est vêtu d'un habit noir, & par-dessus d'un manteau brun avec une grande croix de l'Ordre.

Sur bois. Haut de 1 pied 11 pouces; large de 1 pied 6 pouces.
Buste, grandeur naturelle.

DE CHRISTOPHE AMBERGER.

43. Le Buste d'un Adolescent en habit brun boutonné par devant, & la tête couverte d'une toque.

Sur bois. Haut de 8 pouces; large de 6 pouces.

DE CHRISTOPHE AMBERGER.

44. Le Buste d'une femme de qualité à cheveux roux, portant une coiffe à fond d'argent bordée de velours noir & garnie de perles, un habit noir avec une collerette à fleurs, & un collier composé de perles & de pierres précieuses, qui lui descend sur la poitrine.

Sur velin collé sur bois. Rond de 6 pouces de diamètre.

De Christophe Amberger.

45. Le Portrait d'une jeune Dame à cheveux bruns, les mains jointes & portant une coiffe garnie de cordons & de galons d'or, de laquelle descend une barbe par derrière. Elle est habillée d'un corset de couleur poupre, dont le devant est orné de joyaux & de perles, & par-dessus d'une robe noire.

Sur bois. Haut de 8 pouces; large de 7 pouces.

* De Michel Wohlgemuth.

46. Un Tableau d'Autel fermé à double par quatre volets ou battans. Il représente St. Jérôme en habit de cardinal, debout sur un trône magnifique, tenant de la main droite une branche d'épines & appuyant la gauche sur la tête de son lion dressé contre lui. Devant le Saint sont agenouillés, à la droite, un homme à la fleur de l'âge, & à la gauche, une jeune femme; chacun habillé d'une longue robe noire fourrée. La femme a la tête couverte d'un grand voile qui lui descend par devant sur la poitrine; derrière elle est une jeune fille également à genoux & un enfant vêtu de blanc. Le trône laisse voir des deux côtés un paysage ouvert dans lequel le peintre a représenté les principaux traits de la vie de St. Jérôme, savoir, sur la droite, le Saint à genoux devant un crucifix & se frappant la poitrine avec un caillou; plus loin, du même côté, son Arrivée dans l'Isle de Chypre sur un vaisseau, à la descente duquel il est reçu par le Saint Évêque Epiphane; & sur la gauche, le Refus qu'il fait à quatre hommes à genoux devant lui, d'accepter les présens qu'ils lui offrent, & qui sont portés par une troupe de chameaux, de chevaux

& de mulets. L'horifon élevé de ce payfage eft terminé par des montagnes & des rochers escarpés garnis de châteaux fortifiés, de moulins à vent & d'autres fabriques.

Le volet intérieur de la droite repréfente en dedans, les trois autres Pères de l'Églife, favoir, St. Ambroife tenant une verge dans la main droite, St. Auguftin tenant un cœur percé d'une flèche, chacun en habits epifcopaux; & le Pape St. Grégoire au milieu, tenant des deux mains un gros livre ouvert. Le volet intérieur de la gauche, offre également en dedans trois Apôtres, favoir, St. André avec fa croix, St. Thomas avec une lance, & St. Barthélemi avec un couteau à la main.

La partie extérieure du premier volet ci-deffus repréfente l'Empereur Henri le Saint portant fur fa main droite le modèle d'une Églife, & tenant de la gauche un glaive nu. A côté de lui eft Ste. Elifabeth Princeffe d'Hongrie; elle tient de la main droite une couronne, & donne de la gauche l'aumône à un pauvre à genoux devant elle, & qui lui tend une taffe de bois. L'extérieur du fecond volet préfente Ste. Elifabeth Reine de Portugal, remettant une corbeille de fleurs à un petit garçon, & à côté d'elle St. Martin en habits épifcopaux, donnant la bénédiction.

Le volet extérieur de la droite repréfente en dedans St. Jofeph tenant un lis d'une main & de lautre un panier où font deux pigeons avec lesquels un enfant fe joue. A côté de lui fe tient l'Évèque St. Kilian qui porte des deux mains le modèle d'une Églife. Le volet extérieur de la gauche préfente également en dedans deux Saintes, favoir, Ste. Urfule & Ste. Catherine. La première a le cou percé d'une flèche, & en tient deux autres dans fa main gauche;

elle porte dans fa droite un livre ouvert. La feconde tient de la main droite fa roue brifée & de la gauche un glaive, inftrumens de fon martyre; on voit à fes pieds un Empereur payen, la couronne fur la tête & le fceptre à la main: c'eft vraifemblablement l'Empereur Maximin qu'elle a vaincu par fa conftance.

Ces deux derniers volets étant fermés n'offrent extérieurement qu'un feul tableau qui repréfente le Pape St. Grégoire le Grand à genoux devant un Autel, & célébrant la Meffe, affifté par plufieurs Cardinaux, Évêques & Prélats. La partie cintrée des deux volets, feparée de ce fujet par un lifteau fur lequel eft écrit en caractères gothiques: ANNO DOMINI. 1511, repréfente différens fujets de la Paffion de Notre-Seigneur, favoir, fur la droite, Judas avec la bourfe à la main, accompagné des foldats; le Roi Hérode, le Grand Prêtre, & Pilate fe lavant les mains; & fur la gauche Ste. Véronique montrant le St. Suaire, St. Pierre donnant la bénédiction, & Ste. Madeleine.

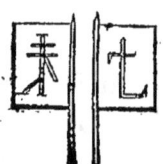 On remarque au haut de chaque volet, dans le cintre, deux hérauts-d'armes peints en grifaille, qui portent une bannière de la forme & avec les marques ci à côté.

Ces Tableaux font peints fur bois. Le tout préfente une Armoire qui, les volets étant fermés, porte 6 pieds en hauteur & 4 pieds en largeur. Figures entières, quart de nature.

DE LUCAS KRANACH LE VIEUX.

47. Un Tableau d'Autel peint des deux côtés. L'un repréfente Adam & Eve fous l'arbre de vie;

L'autre, le Sauveur tenant dans ſes mains les inſtrumens de ſa flagellation; on voit à côté de lui la Vierge de douleur.
> Sur bois. Haut de 4 pieds 5 pouces; large de 3 pieds 5 pouces.
> Figures entières, trois quarts de nature.

* De Lucas Kranach le Vieux.

48. Le Baiſer de Judas. On voit ſur le devant Malchus étendu par terre, pouſſant des cris de douleur; & St. Pierre remettant ſon épée dans le fourreau par ordre de Jéſus-Chriſt. Ce tableau eſt marqué, outre le monogramme de l'Artiſte, de l'année 1538.
> Sur bois. Haut de 4 pieds 10 pouces; large de 3 pieds 10 pouces.
> Figures entières, trois quarts de nature.

De Christophe Amberger.

49. & 50. Deux Portraits d'hommes. Le premier eſt celui du Duc *Louis de Bavière*, peint à l'âge de 45 ans en 1540. Il a une forte barbe brune & porte ſur la tête une eſpèce de toque dont les bords ſont retrouſſés avec des cordons d'or. Son habillement eſt une robe brun-foncé, doublée de fourrure. Il appuie ſa main droite ſur une table placée devant lui.

Le ſecond Portrait repréſente un homme de qualité d'un air très-vif, en habit noir avec une chaîne d'or à laquelle pend une petite tête de mort. Il appuie ſes deux mains ſur une table placée devant lui, & tient ſes gands dans la droite.
> Sur bois. Hauts de 2 pieds; larges de 1 pied 8 pouces.
> Buſtes, grandeur naturelle.

De Nicolas Lucidel *dit* Neufchatel.

51. Le Portrait d'un jeune homme fans barbe, avec des cheveux très-courts, une toque fur la tête, & une petite fraife au cou. Il eſt vêtu d'un habit brun fourré, bordé de velours, & tient ſes gands de la main gauche.

Sur bois. Haut de 1 pied 10 pouces; large de 1 pied. Buſte, demi-nature.

De Jean Holbein le Jeune.

52. & 53. Deux Portraits d'hommes, dont le premier repréſente un homme dans la force de l'âge habillé d'une robe noire fourrée, & ayant la tête couverte d'une barrette. Il eſt debout, cachetant une lettre ſur une table ſur laquelle on voit un écritoire, un cachet & pluſieurs papiers ſur l'un desquels on lit : 1533. *Geryck Tybis* 33. *Jahr alt*.

Le ſecond Portrait eſt celui d'un jeune homme d'un air éveillé, vêtu de noir & portant un chapeau rond ſur la tête. Il tient de la main droite, appuyée ſur une table, un livre à demi-fermé à côté duquel on voit un écritoire. On lit ſur le tableau : ANNO. DNI. 1541. ETATIS. SVAE. 28.

Sur bois. Hauts de 1 pied 6 pouces; larges de 1 pied 1 pouce.
Buſtes, tiers de nature.

D'Albert Altorffer.

54. L'Enfant Jéſus dans la Crèche; ſujet de nuit avec quantité de figures & d'acceſſoires très-ſinguliers. Le monogramme de l'Artiſte s'y trouve ſur une groſſe pierre.

Sur bois. Haut de 1 pied 5 pouces; large de 1 pied 2 pouces.

De Lucas Kranach le Vieux.

55. & 56. Deux Portraits d'hommes, dont le premier repréſente un jeune homme ſans barbe, la tête couverte d'un chapeau à quatre coins. Il eſt vêtu d'une robe d'étoffe

verdâtre à fleurs & par-dessus d'un manteau fourré, & porte au cou une fraise plissée. On lit au-dessus de sa tête: ALS. MAN. 1521. ZALT. WAS. ICH. 33. IAR. ALT.

Le second Portrait est celui de l'Electeur de Saxe, *Fréderic III.* dit *le Sage*. Il porte une barbe brune très-courte, & sur la tête un bonnet d'un tissu de cordons d'or. Son habillement est une robe noire avec un manteau brun doublé de fourrure par-dessus.

Sur bois. Hauts de 1 pied 2 pouces; larges de 1 pied.
Bustes, deux tiers de nature.

* De l'École d'Albert Durer.

57. La Vie, les Miracles & la Passion de Notre-Seigneur, le tout représenté dans une suite de 158 Tableaux, dont le plus grand porte 3 pieds 1 pouce de haut sur 2 pieds 11 pouces de large; tous les autres sont d'égale grandeur, savoir, de 15 pouces de haut sur 10 pouces de large.

Cet Ouvrage remarquable est peint sur 86 petites planches de bois dont 72 remplissent six chassis formant autant de volets qui présentent chacun douze Tableaux d'un côté & douze de l'autre. Ces volets s'ouvrent successivement deux à deux dans une armoire, contre le fond de laquelle sont placés les 14 autres Tableaux, qui ne sont peints que d'un côté, savoir, le plus grand de toute la suite, qui représente le crucifiement, au milieu, & les treize autres à l'entour. Au haut de chaque tableau est écrit en vieux allemand, dans un cartouche, le texte qui en fait le sujet, & qui est tiré de la concordance des quatre Évangelistes, qui sont cités au bas.

L'Armoire entière étant fermée porte 6 pieds 4 pouces de large,
sur 5 pieds 10 pouces de haut.

De Sigismond Holbein.

58. & 59. Deux Portraits d'hommes. Le premier repréfente un homme âgé & le fecond un homme dans la vigueur de l'âge, tous deux fans barbe & en habits noirs. Le premier à la tête couverte d'un bonnet noir, le fecond porte un chapeau rond.

Sur bois. Hauts de 1 pied; larges de 10 pouces.
Buftes, deux tiers de nature.

De Jean Holbein le Vieux.

60. St. Léopold Margrave d'Autriche, un rofaire à la main, & un chapeau rouge fur la tête, qui eft entourée de l'auréole.

Sur bois. Haut de 1 pied 4 pouces; large de 1 pied.
Bufte, tiers de nature.

D'Ambroise Holbein.

61. Le Portrait d'un jeune homme fans barbe, la tête couverte d'un chapeau plat, & portant un habit noir qu'il croife par devant.

Sur bois. Haut de 1 pied 4 pouces; large de 1 pied. Bufte, demi-nature.

De Lucas Kranach le Jeune.

62. Le Portrait d'un homme de qualité à barbe brune, la tête couverte d'une barrette, & portant un habit noir boutonné par devant. Il appuie fes deux mains fur fes hanches, tenant de la droite un poignard & de la gauche un mouchoir. Ce tableau porte, outre la marque ordinaire de l'Artifte, l'année 1564.

Sur bois. Haut de 2 pieds 9 pouces; large de 2 pieds 3 pouces.
Demi-figure, grandeur naturelle.

* De Lucas Kranach le Jeune.

63. & 64. Deux Portraits différens d'une jeune Dame. Dans le premier le peintre l'a repréfentée en Judith, tenant

Ancienne École Allemande. 251

la tête & l'épée d'Holopherne ; & dans le second, en Hérodiade portant le chef de St. Jean Baptiste dans un plat. Dans les deux tableaux elle a la gorge à demi-découverte & porte un grand chapeau rouge à plumes sur la tête. Elle est habillée à la mode de son tems & parée de beaucoup de joyaux.

Sur bois. Hauts de 3 pieds ; larges de 2 pieds 2 pouces.
Demi-figures, grandeur naturelle.

De Lucas Kranach le Vieux.

65. Les Portraits de trois jeunes Dames dans le même tableau, portant des habits très-riches à la mode de leur tems, & ayant le cou orné de chaînes d'or & de pierreries. Deux d'entr'elles sont coiffées d'un chapeau à plumes, & la troisième de ses propres cheveux qui sont partagés en plusieurs tresses nouées sur la tête.

Sur bois. Large de 2 pieds 10 pouces ; haut de 1 pied 11 pouces.
Demi-figure, demi-nature.

De Lucas Kranach le Vieux.

66. Lucrèce se perçant le sein avec un poignard.

Sur bois. Haut de 2 pieds 5 pouces ; large de 1 pied 10 pouces.
Demi-figure, petite nature.

De W. Kranach.

67. & 68. Deux Sujets de l'Histoire Sainte. Le premier tableau représente Loth avec ses filles, & le second, David & Bathseba. Sur le premier est écrit en haut : *Im ersten Buch Moyse Gen: am 19. Cap.* & sur l'autre : *Im andern Buch Samuel am 11. Cap.* Les deux tableaux sont marqués des lettres initiales : W : K : & de l'année 1528.

Sur bois. Hauts de 1 pied 8 pouces ; larges de 1 pied 3 pouces
Petites figures.

III.e Façade où est la Porte de sortie.

* De Lucas Kranach le Vieux.

69. L'Apparition de Jésus-Christ aux trois Saintes Femmes dans un Jardin.

Sur bois. Haut de 3 pieds 7 pouces; large de 2 pieds 7 pouces.
Demi-figures, grandeur naturelle.

De Lucas Kranach le Vieux.

70. La Ste. Vierge assise sous un arbre, tenant sur ses genoux l'Enfant Jésus qui met un anneau au doigt de Ste. Catherine assise devant lui. A côté de la Vierge est Ste. Rosalie qui embrasse affectueusement le Sauveur en lui présentant une petite corbeille pleines de roses. Derrière elles se tiennent deux autres Saintes, dont la première porte une grappe de raisin rouge sur un linge blanc. On apperçoit dans le lointain des rochers raboteux & escarpés, & des hautes montagnes sur l'une desquelles est un château fortifié.

Sur bois. Haut de 3 pieds 7 pouces; large de 2 pieds 7 pouces.
Figures jusqu'aux genoux, demi-nature.

De Jean Holbein le Jeune.

71. & 72. Deux Portraits. Le premier est celui d'une femme âgée, habillée de noir, la tête & le menton enveloppés d'un voile blanc, croisant les mains sur la poitrine, & tenant ses gands dans la gauche.

Le second Portrait représente un homme replet & robuste, portant une chaîne d'or au cou & un chapeau plat sur la tête. Il a devant lui une table chargée de papiers & de mémoires qu'il montre de la main droite; il tient ses gands de la gauche.

Sur bois. Hauts de 2 pieds 7 pouces; larges de 2 pieds 1 pouce.
Demi-figure, grandeur naturelle.

Ancienne École Allemande.

De Jean Holbein le Jeune.

73. & 74. Deux Portraits en pied d'un homme & d'une femme de qualité. Le premier repréfente un jeune homme à cheveux bruns & crépus & à petite barbe, tenant dans fa main droite une pomme & de la gauche le pommeau de fon épée qu'il porte au côté. Son habillement eft tout-à-fait particulier & confifte en un pourpoint rouge, en une robe brune fourrée, qu'il porte par-deffus, & en une efpèce de haut-de-chauffe qui lui defcendant jufqu'à la pointe des pieds, lui fert en même tems de chauffure. Les deux côtés de ce haut-de-chauffe font de couleurs différentes; le droit eft entièrement rouge; le gauche eft formé de bandes blanches, violettes & brunes coufues l'une à côté de l'autre dans toute la longeur de la jambe. On voit au fond du tableau un portail au haut duquel on lit fur une table: AN. A. NATo XPŌ. MDXXV. ÆTATIS. XXIIII. & au-deffus ces paroles du Pfalmifte: CREDO. VIDERE. BONA. DOMINI. IN. TERRA. VIVENTIUM. PSAL. XXVI.

Le fecond Portrait offre une femme de bonne mine, portant au cou une chaîne d'or à quatre rangs, & autour du corps une ceinture d'or, qui lui pend jufqu'à terre. Elle eft vêtue d'une longue robe rouge dont les manches font garnies d'amples paremens d'un velours verdâtre dont la robe eft auffi garnie; elle porte fur la poitrine une pièce de drap d'or à fleurs & fur la tête une coiffe de même étoffe & brodée de perles. On voit au fond de ce tableau, comme au précédent, un portail au haut duquel on lit fur une table: AN. NATO. XPŌ. MDXXV. ÆTATIS XXXI. & au-dessus ces paroles du Psalmiste : NON. DERELINQVAS. ME. DNE. DEVS. MEVS. NE. DISCESSERIS. A. ME. PSAL. XXXVII.

Sur bois. Hauts de 7 pieds 6 pouces ; larges de 3 pieds 6 pouces.
Figures entières, grandeur naturelle.

* De Jean Holbein le Jeune.

75. & 76. Deux Portraits d'hommes. Le premier représente un homme maigre & pâle de couleur, sans barbe, avec peu de cheveux sur la tête qui est couverte d'un chapeau rond. Il tient ses gands de la main droite & de la gauche une lettre, & porte trois bagues au troisième doigt de chaque main.

Le second Portrait est celui de *Charles le Hardi* Duc de Bourgogne, portant un large collier de l'Ordre de la Toison d'or au cou, & sur la tête un grand chapeau rond sur lequel est agraffé, par devant, un médaillon d'or avec les images de deux Saints.

Sur bois. Hauts de 3 pieds ; larges de 2 pieds 4 pouces.
Demi-figures, grandeur naturelle.

* D'Henri Aldegraf.

77. & 78. Deux Sujets de dévotion. Le premier représente la Circoncision du Sauveur ; & le second St. Luc dessinant la Ste. Vierge qui lui apparoît au milieu d'un cercle de nuages, tenant l'Enfant Jésus dans ses bras ; elle est portée par trois petits anges & couronnée par deux autres. Le Saint est à genoux devant un prié-Dieu, & un ange debout à sa droite, lui conduit la main. On voit au fond du tableau un morceau d'architecture orné d'arabesques à l'antique.

Sur bois. Hauts de 3 pieds 7 pouces ; larges de 2 pied 7 pouces.
Figures entières, d'un quart de nature dans le premier tableau, & de demi-nature dans le second.

ANCIENNE ÉCOLE ALLEMANDE.

* DE CHRISTOPHE AMBERGER.

79. Hérodiade recevant du bourreau le chef de St. Jean Baptiste dans un beau vase de vermeil qu'elle tient sur une table, sur laquelle le bourreau appuie le bout de son glaive.

Sur bois. Haut de 2 pieds; larges de 1 pied 10 pouces.
Demi-figure, demi-nature.

* DE JEAN HOLBEIN LE JEUNE.

80. Le Portrait de *Jeanne Seymour*, troisième femme d'Henry VIII. Roi d'Angleterre. Elle est représentée jeune, parée de beaucoup de joyaux & richement vêtue d'un drap d'or, avec une coiffe de même étoffe d'une forme particulière; elle a les mains croisées l'une sur l'autre.

Sur bois. Haut de 1 pied 11 pouces; large de 1 pied 6 pouces.
Buste, trois quarts de nature.

* DE JEAN HOLBEIN LE JEUNE.

81. Le Portrait du Docteur Anglois *J. Chambers* représenté dans un âge avancé, vêtu d'une robe noire fourrée, le bonnet de Docteur sur la tête, & tenant ses gands dans ses mains. Sur le tableau est écrit: ÆTATIS. SVE. 88.

Sur bois. Haut de 1 pied 11 pouces; large de 1 pied 6 pouces.
[Buste, grandeur naturelle. Pendant du N°. précédent.

DE JEAN BURGMAIER.

82. Le Portrait d'un homme de moyen âge, à cheveux bruns & crépus, sans barbe, la tête couverte d'un chapeau rond. Il porte un manteau fourré à larges rebords, & tient un rosaire dans ses mains. Ce tableau est marqué par en haut du monogramme de l'Artiste & de l'année 1520.

Sur bois. Haut de 1 pied 9 pouces; large de 1 pied 4 pouces.
Buste, demi-nature.

* D'Albert Durer.

83. L'Adoration des Mages dans un riche payfage orné de ruines. On voit à gauche, dans un certain éloignement, trois cavaliers & d'autres gens de leur fuite près d'une porte de ville à demi-ruinée, au pied d'une haute montagne fur laquelle eft un grand château fortifié. On remarque fur ce tableau l'année 1504 avec le monogramme de l'Artifte.

Sur bois. Large de 3 pieds 7 pouces; haut de 3 pieds 2 pouces.
Figures entières, quart de nature.

De Jacques Binck.

84. Le Portrait du Peintre lui-même dans fa jeuneffe, en habit violet à fleurs & en manteau doublé de peaux de renards. Il a la tête couverte d'un grand chapeau détrouffé & tient un de fes gands dans la main droite.

Sur bois. Haut de 1 pied 10 pouces; large de 1 pied 5 pouces.
Bufte, trois quarts de nature.

* De Jean Baldung furnommé Gruen.

85. Le Portrait d'un jeune homme blondin, fans barbe, une toque noire fur la tête, & les deux mains croifées l'une fur l'autre. On lit au haut du tableau un vers latin avec l'année 1515 & le monogramme de l'Artifte.

Sur bois. Haut de 2 pieds; large de 1 pied 6 pouces. Bufte, petite nature.

* De Jean Burgmaier.

86. Le Portrait du Peintre lui-même & celui de fa Femme, tous deux âgés. La Femme eft affife devant fon mari & tient de la main droite un miroir convexe qui préfente, au lieu de leurs vifages, deux têtes de morts. On lit au-deffus d'eux leurs noms & leur âge ainfi que quelques fentences morales.

Sur bois. Haut de 2 pieds; large de 1 pied 8 p. Buftes; trois quarts de nature.

* De

* De Christophe Amberger.

87. Le Portrait d'un Chevalier d'Ordre qui tient devant lui une tête de mort & un horloge de fable, & entre les doigts de la main droite le bout d'une longue bande de papier fur laquelle on lit : VIVE MEMOR LETI FUGIT HORA & au-deffus : 1531. Æ. 37.
Sur bois. Haut de 2 pieds ; large de 1 pied 5 pouces.
Bufte, petite nature

De Jean Gruenewald.

88. Le Portrait de l'Empereur *Maximilien I.* peint dans fa vieilleffe, fans barbe, avec des cheveux blancs & un chapeau rond fur la tête. Il porte un manteau noir fourré & par-deffus le collier de l'Ordre de la Toifon d'or.
Sur bois. Haut de 1 pied 2 pouces ; large de 11 pouces.
Bufte, petite nature.

De Jean Grimmer.

89. Le Portrait d'un jeune Baron de Puechaim, à cheveux bruns & courts, revêtu d'une cuiraffe & portant au cou une fraife à larges plis. On lit au haut du tableau : DNS. ADAMUS. A. PVECHAIM. L. B. ÆTATIS. SVE. 26 Aº. 1570.
Sur bois. Haut de 10 pouces ; large de 9 pouces. Bufte, quart de nature.

D'Albert Altorffer.

90. Un Payfage aride & montueux où l'on voit au milieu un Pin élevé, & dans le lointain une ville au bord d'un lac, & un château fort fur une montagne. L'Artifte a marqué ce tableau de fon monogramme & de l'année 1532, qui fe trouvent fur le tronc de l'arbre.
Sur velin collé fur bois. Haut de 1 pied 2 pouces ; large de 10 pouces.

De Lucas Kranach le Vieux.

91. Le Portrait d'une jeune Dame de qualité en habit noir, les mains croisées l'une sur l'autre, portant sur la tête un petit chapeau retroussé avec des cordons d'or. Il y a au haut du tableau, de chaque côté, des armoiries.
Sur bois. Haut de 10 pouces; large de 8 pouces.
Buste, quart de nature.

* D'Albert Durer.

92. Le Portrait d'un jeune homme d'un air vif, à cheveux blonds & crépus, portant la moustache sous le nez & le petit toupet au menton, & une toque sur la tête. Il est vêtu d'un habit fourré de lièvre & à demi-ouvert sur la poitrine, laissant voir une partie de la chemise. Ce tableau est marqué du monogramme de l'Artiste & de l'année 1507.
Sur bois. Haut de 1 pied 1 pouce; large de 11 pouces.
Buste, grandeur naturelle.

De Nicolas Juvenel.

93. Un Tableau d'architecture gothique dans lequel le peintre a représenté la Salutation Angelique. On y voit une grande Salle voutée, meublée à la moderne, & dont deux portes ouvertes laissent voir dans deux autres chambres également meublées.
Sur bois. Large de 1 pied 5 pouces; haut de 1 pied.

* De Jean Holbein le Jeune.

94. Le Portrait d'un jeune homme à barbe brune & à cheveux crépus, portant une toque sur la tête. Il est vêtu d'un habit violet & par-dessus d'un surtout noir boutonné

ANCIENNE ÉCOLE ALLEMANDE. 259

par devant, dans lequel il a passé sa main droite. On voit devant lui, sur une table, trois petits livres & un papier marqué de l'année 1532.

<blockquote>Sur bois. Haut de 1 pied 2 pouces; large de 10 pouces.
Buste, quart de nature.</blockquote>

DE JEAN HOLBEIN LE JEUNE.

95. Le Buste d'un jeune homme blondin, en manteau noir avec une petite fraise au cou, & tenant ses gands de la main droite.

<blockquote>Sur bois. Haut de 9 pouces; large de 7 pouces.</blockquote>

* DE JEAN HOLBEIN LE JEUNE.

96. Le Portrait de l'Artiste lui-même à la fleur de l'âge, portant un habit brun piqué & un manteau jeté par-dessus. Il a un chapeau rond & plat sur la tête & appuie la main droite sur la hanche, tenant ses gands de la gauche.

<blockquote>Sur bois. Haut de 1 pied 2 pouces, large de 10 pouces.
Buste, quart de nature.</blockquote>

* D'HENRI ALDEGRAF.

97. Adam & Eve chassés du Paradis terrestre. Le Paysage, qui est d'un grand fini, est animé par quantité d'animaux & d'insectes, parmi lesquels on en distingue plusieurs d'étrangers. Il se termine à la droite par un lointain montagneux.

<blockquote>Sur bois. Large de 1 pied 5 pouces.; haut de 11 pouces.</blockquote>

DE LUCAS KRANACH LE VIEUX.

98. & 99. Les Portrais du Docteur *Martin Luther*, & de *Philippe Melanchton*, tous les deux en habit noir & tenant un livre à la main.

<blockquote>Sur bois. Hauts de 9 pouces; larges de 7 pouces.</blockquote>

* De Jean Holbein le Jeune.

100. Le Portrait d'*Erasme*. Ce célébre Savant est représenté ici dans les dernières années de sa vie, avec des cheveux gris, & la tête couverte du bonnet de Docteur. Il est vêtu d'une robe noire fourrée à larges rebords, & tient devant lui un livre ouvert sur une table.

Sur bois. Haut de 1 pied 2 pouces; large de 10 pouces.
Buste, quart de nature. Pendant du N°. 96.

* De Barthélemi Beham ou Boehm.

101. L'Élévation de la Croix; sujet représenté avec quantité de figures. On voit sur le devant la Ste. Vierge qui tombe en défaillance & que soutiennent St. Jean & les Saintes femmes.

Sur bois. Large de 4 pieds 10 pouces; haut de 3 pieds 7 pouces.
Petites figures.

Nota. Ce tableau est placé au-dessus de la Porte de sortie.

Sur le trumeau de la fenêtre a côté de la porte de sortie.

102. Un ancien Tableau d'Église dans le goût grec du moyen âge. Il représente le Sauveur assis devant un Autel, donnant la bénédiction de la main droite, & tenant un livre ouvert de la gauche. On voit à chaque côté du Sauveur un ange debout, & aux quatre coins du tableau les attributs des quatre Évangelistes.

Sur bois. Haut de 1 pied 7 pouces; large de 1 pied 4 pouces.

Ancienne École Allemande.

D'un Maître inconnu du XIVe Siècle.

103. Un Tableau à l'huile d'un deffein très-gothique, repréfentant St. Cyriacus en habits Pontificaux, la triple couronne fur la tête, affis dans une falle tapiffée, & ayant fur fes genoux un livre ouvert. A fa droite eft un jeune garçon à genoux & en prières; & à fa gauche un haut pupitre. Deux fenêtres ouvertes dans le fond laiffent voir la place d'une ville. Au bas du tableau font peintes des armoiries à côté desquelles le nom du Saint fe trouve écrit.

Sur bois. Haut de 1 pied 8 pouces; large de 1 pied 3 pouces.

De Jean Jacques Walch.

104. Le Portrait de l'Empereur *Maximilien I.* dans fa jeuneffe, la couronne fur la tête & le corps revêtu d'une cuiraffe dorée d'un riche travail, & du manteau Impérial par-deffus. Il tient le fceptre dans fa main droite, qui eft appuyée fur une table, & de la gauche une épée nue la pointe contre terre. Il eft vu de côté, ayant les yeux tournés vers une fenêtre ouverte qui donne fur une contrée du Tyrol heriffée de rochers fur lesquels on apperçoit des chamois & une chaffe au vol du héron; on découvre dans la vallée une ville au bord d'une rivière.

Sur bois. Haut de 1 pied 11 pouces; large de 1 pied 3 pouces.
Demi-figures, demi-nature.

* De Jean de Culmbach.

105. L'Enfant Jéfus dans la Crèche, adoré par quantité d'anges dont deux élevés en l'air au-deffus de lui, chantent d'après un papier de mufique. La Vierge en extafe eft agenouillée devant fon Enfant; & St. Jofeph, une lumière à

la main, se tient debout derrière elle. Le fond du tableau présente des ruines avec une haute fenêtre au milieu, par laquelle deux bergers regardent en dedans; on découvre dans l'éloignement, par cette fenêtre, leur troupeau paissant sur une colline.

Sur bois, Haut de 1 pied 9 pouces; large de 1 pied 4 pouces.

De Jean Asper.

106. Le Portrait d'un Adolescent enveloppé d'un manteau noir qu'il tient fermé par-devant avec la main gauche, & portant un petit collet de chemise. Il tient ses gands de la main droite.

Sur bois. Haut de 1 pied 4 pouces; large de 1 pied 1 pouce.
Buste, tiers de nature.

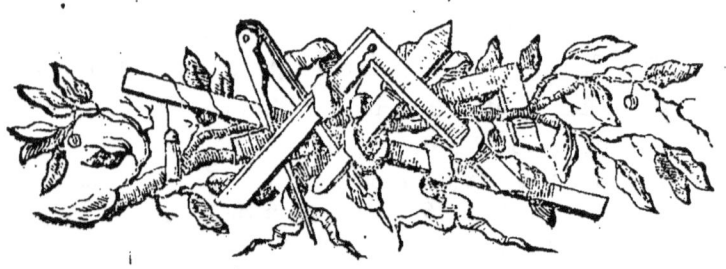

DEUXIÈME CHAMBRE.

TABLEAUX
D'ANCIENS MAITRES
DE
L'ÉCOLE ALLEMANDE.

I.re Façade où est la Porte d'entrée.

De Jean Chrétien Ruprecht.

1. Une Copie fidèle du Tableau capital d'Albert Durer, (N°. 22. de la précédente Chambre) représentant la Sainte Trinité adorée par les anges & par les hommes. On lit au bas : *Ad Imitationem Alb. Dureri, Joh. Chrift. Ruprecht Civis Noribergenfis Anno Domini* MDLIV.

Sur bois. Haut de 4 pieds 3 pouces; large de 3 pieds 10 pouces. Petites figures.

Nota. Ce tableau est placé au-dessus de la porte.

De Barthélemi Spranger.

2. Un Sujet allégorique représentant le Triomphe de Minerve sur l'Ignorance. On voit la Déesse debout, dans une attitude héroïque, sur un piédestal environné de Bellone tenant la massue d'Hercule, & des neuf Muses avec

leurs attributs à la main. Un Génie élevé en l'air lui ceint la tête d'une couronne de laurier, & un autre lui présente une palme.

Sur toile. Haut de 5 pieds 1 pouce; large de 3 pieds 7 pouces.
Pallas & les deux Génies sont figures entières; les autres figures sont en buste. Petite nature.

* De Barthélemi Spranger.

3. & 4. Deux Sujets mythologiques faisant allusion à cette sentence connue de Térence: *Sine Cerere & Baccho friget Venus*; c. à. d. *Sans Cérès & Bacchus, Vénus gèle de froid*. Dans le premier tableau, ces Divinités sont réunies ensemble chacune tenant ses attributs.

Dans le second Tableau, Bacchus & Cérès quittent Vénus & Cupidon, qu'on voit dans un certain éloignement transis de froid, & se chauffant auprès d'un feu sous une tente. Sur le tableau est écrit: *B. Sprangers Ant.^{v} f.^{t} 1590*.

Sur bois. Hauts de 5 pieds 1 pouce; larges de 3 pieds 7 pouces.
Figures entières, petite nature.

De Barthélemi Spranger.

5. & 6. Deux Sujets de la Fable. Le premier représente Mars embrassant Vénus sous une tente. Cupidon assis sur le casque du Dieu se prépare à décocher ses traits.

Le second Tableau offre Vénus dans les bras d'Adonis; & à côté d'elle Cupidon tenant ses deux colombes. Sur le devant, un gros chien à côté duquel on voit un javelot, repose au bord d'un ruisseau.

Sur toile. Hauts de 5 pieds 1 pouce; larges de 3 pieds 5 pouces.
Figures entières, petite nature.

ANCIENNE ÉCOLE ALLEMANDE. 265

* De Joseph Heinz.

7. & 8. Deux Tableaux représentant l'un & l'autre, une Vénus endormie & couchée nue sur un lit magnifique, dans deux attitudes différentes. Dans le premier elle est vue par devant & dans le second par derrière, portant une riche ceinture autour du corps, & des bracelets au bras.

Sur bois. Larges de 4 pieds 10 pouces; hauts de 2 pieds 11 pouces.
Figures entières, grandeur naturelle.

* De Barthélemi Spranger.

9. & 10. Deux différens Portraits du Peintre lui-même. Le premier le représente dans sa jeunesse, la tête couverte d'un bonnet brun qui se termine en pointe, & vêtu d'une robe d'étoffe bleuâtre.

Dans le second il s'est peint dans un âge plus avancé, la tête nue, avec des cheveux grisonnant, & en habit noir. Dans les deux tableaux il porte autour du cou une fraise à larges plis.

Le premier est peint sur toile & porte 1 pied 9 pouces de haut, sur 1 pied 6 pouces de large; le second est peint sur bois & porte 1 pied 6 pouces de haut, sur 1 pied 3 pouces de large.
Bustes, grandeur naturelle.

* De Barthélemi Spranger.

11. Le Portrait de Christine Muller, femme du peintre, représentée de moyen âge, vêtue d'un habit de plusieurs couleurs & richement brodé; elle est parée de bijoux & porte au cou un collier à quatre rangs de perles.

Sur toile. Haut de 1 pied 9 pouces; large de 1 pied 6 pouces.
Buste, grandeur naturelle. Pendant du N°. 9.

De Jean van Achen.

12. & 13.· Les Portraits de l'Empereur *Rudolph II.* & de son frère l'Archiduc *Ernest*, Gouverneur général des Pays-bas Espagnols; tous deux représentés dans leur jeunesse, en cuirasses & avec un petit collet de chemise.

Sur toile. Hauts de 1 pied 7 pouces; larges de 1 pied 4 pouces.
Bustes, grandeur naturelle.

De Jean Creutzfelder.

14. Le Martyre de St. Ignace Évêque d'Antioche, déchiré par des lions sur une grande place, en présence de l'Empereur Trajan & d'une foule de peuple. Ce tableau est marqué de l'année 1628.

Sur cuivre. Haut de 2 pieds 7 pouces; large de 1 pied 10 pouces.
Petites figures.

* De Barthélemi Wittig.

15. Un Sujet de nuit représentant un Banquet somptueux, (vraisemblablement à l'occasion de quelque nôce) dans une grande salle tapissée d'une riche tenture historiée. On voit au bas du tableau, dans le coin à droite, un écusson avec une dévise galante au-dessus de laquelle est marquée l'année 1640.

Sur cuivre. Large de 3 pieds 8 pouces; haut de 2 pieds.
Petites figures.

De Philippe Uffenbach.

16. L'Annonciation. L'Ange Gabriel est accompagné de quantité d'anges, dont l'un tient un sceptre d'or & trois autres étendent au-dessus de la Vierge une draperie rouge en forme de dais. Le St. Esprit sous la figure d'une

colombe plane au-deſſus de la tête de la Vierge; il eſt ſuivi d'un petit ange environné d'une gloire & portant une croix ſur l'épaule.

<blockquote>Sur cuivre. Haut de 2 pieds 4 pouces; large de 1 pied 9 pouces.
Petites figures.</blockquote>

* De Barthélemi Spranger.

17. Le Parnaſſe où l'on voit raſſemblés Appollon, Minerve & les neuf Muſes. Le Dieu joue du violon. Le payſage offre une vallée très-étendue, ornée de fabriques, & dans laquelle coule une rivière. Sur le tableau eſt écrit: Bar. Sprangers f.t

<blockquote>Sur marbre. Large de 1 pied 6 pouces; haut de 1 pied 3 pouces.
Petites figures.</blockquote>

* De Joseph Heinz.

18. Vénus & Adonis dans une grotte garnie d'arbriſſeaux. On voit à leurs pieds l'aîgle de Jupiter, tenant les foudres dans ſes ſerres, & devant eux, deux chiens de chaſſe dont l'un eſt tenu par deux petits amours. Auprès d'eux ſont étalées à terre les armes d'Adonis, ſavoir, un arc, un carquois & un javelot.

<blockquote>Sur cuivre. Haut de 1 pied 3 pouces; large de 3 pied.</blockquote>

De Joseph Heinz.

19. Un Bain de Diane dans un payſage montueux. La Déeſſe, entourée de ſes Nymphes éffrayées à la vue d'Actéon, lui jette de l'eau à la tête, qui commence déjà à ſe métamorphoſer.

<blockquote>Sur cuivre. Large de 1 pied 7 pouces; haut de 1 pied 3 pouces.
Petites figures.</blockquote>

De Jean Koenig.

20. à 23. Les quatre Saisons représentées par plusieurs grouppes d'enfants occupés aux différens travaux relatifs à chaque saison. On lit sur ces tableaux : *Jo. König fec.*[t]

Sur cuivre. Haut de 9 pouces ; large de 7 pouces

* De Joseph Heinz.

24. Le Portrait de l'Empereur *Rodolphe II.* représenté à l'âge de 42 ans, en habit noir, la tête couverte d'un chapeau pointu, avec une fraise de dentelles & la chaîne de l'Ordre de la Toison d'or autour du cou. Au haut du tableau est écrit : A°. 1594.

Sur cuivre. Haut de 6 pouces ; large de 5 pouces. Petit buste.

* De Barthélemi Spranger.

25. Une Allégorie des Vertus & des Qualités du même Empereur *Rodolphe II.* représentée par neuf figures emblématiques. On lit au bas dans un écusson, en lettres d'or, la dédicace suivante : RUDOLPHO II. CÆS. AUG. DIVA POTENS, CHARITESQUE TUUM DIADEMATE CINCTUM JAM CAPUT ESSE VELINT. C'est-à-dire : *A l'honneur de l'Empereur Rodolphe II. que la puissante Déesse & les Grâces desiroient depuis long-tems voir ceint du Diadême.* Spranger à marqué ce tableau, dans le coin à gauche, des lettres initiales : B. S.

Sur cuivre. Haut de 9 pouces ; large de 6 pouces.

De Pierre de Witte *dit* Candide.

26. La Ste. Vierge assise sous une voute sur une marche, tenant l'Enfant Jésus, devant lequel St. Étienne est

à genoux, poſant un rameau de palmier & trois pierres, ſignes de ſon martyre, au pied de la Vierge. On voit dans le fond St. Joſeph qui s'avance conduiſant un âne.

Sur cuivre. Haut de 9 pouces; large de 6 pouces.

∗ De Jean van Achen.

27. L'Adoration des Bergers. La Ste. Vierge, un ange & l'un des bergers ſont à genoux autour de la crèche; d'autres perſonnes debout adorent également l'Enfant nouveau né, au-deſſus duquel on voit une gloire de petits anges.

Sur cuivre. Haut de 9 pouces; large de 6 pouces.

De Jean van Achen.

28. Une jeune Fille ſe regardant dans un miroir que lui préſente en riant un jeune homme qui badine avec elle.

Sur cuivre. Haut de 9 pouces; large de 7 pouces. Petit buſte.

∗ De Barthélemi Spranger.

29. & 30. Deux Sujets de la Fable. Le premier repréſente Vulcain careſſant la Nymphe Maja ſur un lit dont un petit amour ouvre les rideaux.

Le ſecond Hercule avec Omphale. Celle-ci eſt revêtue de la peau de lion, & porte ſur l'épaule la maſſue d'Hercule, tandis que le Héros eſt occupé à filer à la quenouille, ce dont ſe moque un vieille ſervante debout derrière lui. Au bas eſt écrit: BAR. SPRANGERS. ANT. FESIT.

Sur cuivre. Hauts de 8 pouces; larges de 7 pouces.

De Jean Dunz.

31. Le Buste d'un homme à barbe brune, vêtu de noir, avec un chapeau rond & plat sur la tête, & une bourse ouverte dans la main droite.

Sur bois. Haut de 9 pouces; large de 7 pouces.

De Christophe Lauch.

32. Le Buste d'un jeune homme de qualité, à barbe brune, vêtu d'un habit brun foncé, la tête couverte d'une toque, & portant au cou une triple chaîne d'or.

Sur bois. Haut de 9 pouces; large de 7 pouces.

De Christophe Schwarz.

33. La Flagellation de Notre-Seigneur.

Sur toile. Haut de 1 pied 7 pouces; large de 1 pied 3 pouces.

De Barthélemi Spranger.

34. Les Géants escaladant le Ciel. On voit les Dieux assemblés dans l'Olympe délibérant sur leur punition.

Sur bois. Haut de 2 pieds; large de 1 pied 5 pouces.
Petites figures.

De Gilles Sadeler.

35. St. Sébastien attaché à un arbre & percé de trois flèches. On voit à ses pieds son armure & ses armes.

Sur cuivre. Haut de 1 pied 5 pouces; large de 1 pied.

II.e Façade où est la Porte de sortie.

* De Josse de Winghe.

36. Un Sujet hiſtorique qui repréſente Appelles peignant la belle Campaspe en Vénus, en préſence d'Alexandre le Grand. Un Amour décoche ſur l'Artiſte un trait enflammé, tandis qu'une Victoire, qui deſcend d'en haut, préſente au Héros une couronne & une branche de palmier. On lit au deſſus de la tête d'Appelles ſur une table attachée à des colonnes cannelées, des vers latins au bas desquels le nom du peintre eſt écrit ainſi: *Jodocus à Winghe.*

Sur toile. Haut de 7 pieds; large de 6 pieds 2 pouces.
Figures entières, petite nature.

* De Josse de Winghe.

37. Le même Sujet d'Appelles & de Campaspe repréſenté différemment, avec moins de figures & plus petites. Le fond des deux tableaux eſt orné d'architecture, & l'on remarque de plus dans celui-ci, l'entrée d'un magnifique ſalon vouté. Le nom du peintre s'y lit au bas comme dans le précédent.

Sur toile. Haut de 7 pieds; large de 5 pieds 6 pouces.
Figures entières, trois quart de nature.

De Barthélemi Spranger.

38. & 39. Deux Sujets mythologiques repréſentant l'un, Glaucus qui raconte ſes amours à la Nymphe Scylla; l'autre, Hermaphrodite ſe baignant dans la fontaine de Salmacis, qui le contemple de derrière un arbre, en ſe deshabillant lentement.

Sur toile. Hauts de 3 pieds 6 pouces; larges de 2 pieds 7 pouces.
Figures entières, deux tiers de nature.

DE BARTHÉLEMI SPRANGER.

40. & 41. Deux autres Sujets mythologiques. Dans le premier, on voit Ulysse dans les bras de Circé & ses compagnons qu'elle vient de changer en différentes espèces d'animaux.

Le second offre Mars & Vénus sur un lit, au pied duquel Cupidon s'est endormi, & au-dessus sur un nuage Mercure qui les épie.

Sur toile. Hauts de 3 pieds 6 pouces; larges de 2 pieds 7 pouces.
Figures entières, deux tiers de nature.

DE BARTHÉLEMI SPRANGER.

42. & 43. Deux autres Sujets mythologiques. Le premier représente Ulysse avec Circé qui est assise toute nue sur un banc, le gobelet magique dans la main droite, appuyant la gauche sur un livre & le pied droit sur un autre. On voit sur une table une petite statue de bronze, représentant une femme qui tient un croissant & un serpent; & sur le devant du tableau le bouclier & les armes du Héros.

Le second tableau offre Vénus toute nue, debout devant Mercure à qui elle présente une petite couronne de laurier. Cupidon à sa gauche, verse de l'eau d'une aiguière sur son flambeau allumé qui est à terre. Sur le devant, à droite, un Génie ailé grimpe sur un arbre.

Sur toile. Hauts de 3 pieds 6 pouces; larges de 2 pieds 4 pouces.
Figures entières, deux tiers de nature.

ANCIENNE ÉCOLE ALLEMANDE.

De Jean Chrétien Ruprecht.

44. Une Copie fidèle du fameux Tableau d'Albert Durer, (N°. 23. de la précédente Chambre) repréfentant le Martyre d'un grand nombre de Chrétiens. Au bas eft écrit: *Ad Imitationem Düreri fec.^t Joh. Chriftian Ruprecht Civis Norim. A^o. 1653.*

Sur bois. Haut de 3 pieds 2 pouces ; large de 2 pieds 10 pouces.
Petites figures.

De Joachim de Sandrart.

45. Un Philofophe en méditation & traçant avec un compas différentes figures géométriques fur un papier. Il s'appuie fur une table fur laquelle on voit plufieurs livres, & divers inftrumens de mathématique.

Sur toile. Haut de 4 pieds 3 pouces ; large de 3 pieds 5 pouces.
Figure jufqu'aux genoux, grandeur naturelle.

Nota. Ce tableau eft placé au-deffus de la porte de fortie.

IIIe Façade vis-a-vis la Porte d'entrée.

De Mathias Kager.

46. David recevant d'Abigaïl toutes fortes de rafraîchiffemens qu'elle lui préfente à genoux. Ils font accompagnés d'un nombreufe fuite parmi laquelle l'Artifte a peint plufieurs perfonnes de fon tems.

Sur bois. Large de 6 pieds 6 pouces ; haut de 5 pieds.
Figures entières, deux tiers de nature.

De Jean van Achen.

47. Bathſeba ſortant du Bain. Elle eſt aſſiſe toute nue dans une ſalle & ſervie par une de ſes femmes qui lui préſente un miroir. On voit dans un certain éloignement, par une fenêtre ouverte, le Roi David qui la conſidère de la terraſſe de ſon Palais.

Sur toile. Haut de 5 pieds 2 pouces ; large de 3 pieds 6 pouces.
Figures entières, grandeur naturelle.

De Jean van Achen.

48. Cupidon endormi ſous un arbre. Deux Nymphes qui s'en ſont approchées furtivement, qui ſe ſont emparées de ſon carquois, éprouvent à leurs doigts ſi les traits en ſont aigus.

Sur toile. Haut de 5 pieds 2 pouces ; large de 3 pieds 8 pouces
Figures entières, grandeur naturelle.

De Jean van Achen.

49. L'Alliance de Bacchus & de Cérès. Celle-ci offre un verre de vin au Dieu, qui l'embraſſe & lui préſente en révanche un raiſin. Un petit Génie leur apporte une corbeille de fruits. On voit dans le fond un treillage contre un rocher.

Sur toile. Haut de 5 pieds 2 pouces ; large de 3 pieds 6 pouces.
Figures entières, grandeur naturelle.

De Joachim de Sandrart.

50. Un Sujet allégorique, qui repréſente la Sageſſe & le Tems prenant ſous leur protection les Sciences & les Arts, figurés par deux Génies dont l'un eſt aîlé, & qui, pourſuivis par le monſtre de l'Envie & par un chien enragé, ſe réfugient auprès de Minerve & de Saturne.

Sur toile. Large de 6 pieds 7 pouces ; haut de 5 pieds 3 pouces.
Figures juſqu'aux genoux, grandeur naturelle.

DE JEAN SPECART.

51. Le Portrait du Peintre lui-même dans la vigueur de l'âge, portant un habit gris & par-deſſus un manteau noir qu'il tient de la main gauche. Sur le tableau eſt écrit: H. SPECART.

Sur toile. Haut de 2 pieds; large de 1 pied 5 pouces.
Buſte, petite nature.

* DE JEAN VAN ACHEN.

52. Un Sujet de Société trés-plaiſant, qui repréſente un homme offrant une bourſe à une jeune fille qui le pince ſi fortement à l'oreille, que la douleur lui fait faire les grimaces les plus riſibles.

Sur toile. Haut de 2 pieds; large de 1 pied 7 pouces.
Buſtes, grandeur naturelle.

* DE JEAN VAN ACHEN.

53. Vénus dans les bras de Bacchus qui lui préſente un verre de vin rouge, & ſur lequel elle jette un regard voluptueux, tandis que Cupidon la careſſe affectueuſement.

Sur toile. Haut de 2 pieds; large de 1 pied 7 pouces.
Buſtes, grandeur naturelle.

DE DANIEL PREISLER.

54. Jéſus-Chriſt béniſſant les petits enfants dans une place publique ornée d'architecture.

Sur bois. Large de 3 pieds 3 pouces; haut de 2 pieds 2 pouces.
Petites figures.

* DE JOACHIM DE SANDRART.

55. La Ste. Vierge aſſiſe ſous un arbre, tenant ſur ſes bras l'Enfant Jéſus qui met l'anneau nuptial au doigt de Ste. Catherine agenouillée devant lui. A côté de celle-ci ſe tient le petit St. Jean poſant un genoux ſur ſon agneau,

& à la droite de la Vierge St. Léopold Margrave d'Autriche & à la gauche St. Guillaume. Il descend d'en haut un rayon de lumière au milieu duquel on lit ces paroles: *Hic est Filius meus dilectus.* Au bas du tableau est écrit: *J. Sandrart f.*ᵗ 1647.

Sur bois. Haut de 2 pieds 4 pouces; large de 1 pied 9 pouces.
Petites figures.

* De Jean Rottenhammer.

56. L'Enfant Jésus dans la Crèche, autour de laquelle la Vierge & deux anges sont à genoux. Les bergers s'en approchent humblement apportant toutes sortes de présens champêtres. On voit au-dessus de la crèche une gloire d'anges de laquelle descend un rayon de lumière sur l'Enfant divin. Le fond présente les ruines d'un grand édifice orné de colonnes. On lit au bas: *J. Rottenhammer f.*ᵗ 1608.

Sur bois. Haut de 3 pied 6 pouces; large de 2 pieds 6 pouces.
Petites figures.

* De Jean Rottenhammer.

57. Le Massacre des Innocens représenté sur la place d'une grande ville, avec quantité de figures.

Sur bois. Large de 2 pieds; haut de 1 pied 9 pouces.
Petites figures.

De Joseph Werner.

58. Le vieux Tobie avec sa Famille enterrant en secret les morts, pendant la captivité des Israëlites à Babylone.

Sur bois. Large de 2 pieds 2 pouces; haut de 1 pied 8 pouces.
Petites figures.

Ancienne École Allemande.

De Jean van Achen.

59. & 60. Deux Portraits dont le premier repréfente la femme du Peintre dans fa jeuneffe, vêtue d'un habit rouge bordé de velours noir, avec une petite fraife au cou, & une coiffe unie fur la tête.

Le fecond Portrait offre un jeune garçon à cheveux blonds, tenant dans fa main gauche une grappe de raifin.

Sur bois. Hauts de 1 pied 6 pouces ; larges de 1 pied 1 pouce.
Buftes, grandeur naturelle.

De Paul Juvenel.

61. Une Vue de Rome & de fes environs avec le cours du Tybre. On voit fur le devant, à gauche, l'Églife de St. Pierre au milieu de fa conftruction, entourée d'échaffaudages & d'ouvriers ; & à droite le Belvedere dont la cour & le jardin font ornés des plus belles ftatues antiques. Un pape fe promène avec fa fuite dans le jardin.

Sur bois. Large de 3 pieds 2 pouces ; haut de 2 pieds 3 pouces.

De Sébastien Stoskopf.

62. & 63. Deux Tableaux peints, fur pierre noire, repréfentant fur des tables couvertes de tapis de turquie, des Bouquets de fleurs dans des vafes ornés, auprès defquels font pofés des armes, différens inftrumens de mufique & d'autres objets précieux. On voit dans chaque tableau, fur le côté, un rideau d'une riche étoffe ouvert & attaché par le milieu.

Hauts de 1 pied 5 pouces ; larges de 1 pied 3 pouces.

De Jean Rottenhammer.

64. & 65. Deux Sujets du Nouveau Teftament, repréfentant, l'un, le Jugement dernier, l'autre, la Chute des Reprouvés dans l'enfer.

Sur bois. Hauts de 1 pied 6 pouces ; larges de 1 pied.

* De Jean Jacques Hartmann.

66. à 69. Quatre Payſages très-riches, dans lesquels le Peintre a repréſenté les quatre Saiſons de l'année par une quantité de figures occupées à différens travaux relatifs à chaque Saiſon.

Sur cuivre. Larges de 2 pieds 5 pouces; hauts de 1 pied 8 pouces.

* De Lucas van Valkemburg.

70. Une Vue des environs de Lintz, qui préſente une forêt marécageuſe dans laquelle des chaſſeurs courrent le cerf. On voit ſur la droite, au bout d'une longue allée, la ville de Lintz, & tout-à-fait ſur le devant, un Seigneur aſſis au bord d'un étang entouré de roſeaux, dans lequel il pêche à la ligne. L'Artiſte a repréſenté dans cette figure, qui eſt d'un grand fini, l'Archiduc Mathias ſon Maître, depuis Empereur. Ce tableau eſt marqué du monogramme ordinaire du Peintre, & de l'année 1590.

Sur bois. Large de 1 pied 9 pouces; haut de 1 pied 6 pouces.

* De Matthieu Merian.

71. La Vue d'un village ſitué au milieu d'un bois entrecoupé de pluſieurs canaux ſur lesquels on voit des gens dans des batteaux, & d'autres ſur les bords pêchant à la ligne; ſur le devant deux payſans ſont occupés à ſcier un gros tronc d'arbre.

Sur bois. Large de 1 pied 9 pouces; haut de 1 pied 6 pouces.

De Jean Rottenhammer.

52. Un Tableau repréſentant le Combat des Centaures & des Lapythes.

Sur cuivre. Large de 1 pied 5 pouces; haut de 1 pied.

De Jean Bocksbërger.

73. Un Paysage garni d'arbres, dans lequel se voit une chasse au cerf & au sanglier. Il est à remarquer que ce morceau curieux est peint sur une sorte de pierre nommée Dendrite, de laquelle l'Artiste a fait servir pour ses arbres le feuillage dont la nature l'a marquée.
<small>Sur une pierre jaunâtre d'une forme ovale. Large de 1 pied 4 pouces; haute de 1 pied 1 pouce.</small>

De Frédéric Brentel.

74. Un petit Paysage peint à gouache, dans lequel la Prédication de St. Jean est représentée au milieu d'un bois. On découvre dans le lointain une ville au bout d'une allée d'arbres. Au bas du tableau est écrit: *F. Brentel* 1638.
<small>Sur velin & monté sous verre. Large de 8 pouces; haut de 5 pouces.</small>

De Jean Guillaume Bauer.

75. Un petit Paysage peint à gouache, dans lequel est représentée la Marche du Patriarche Jacob avec quantité de chameaux, de chevaux & d'autres animaux, cotoyant une rivière dans une contrée montagneuse. Au bas est écrit: Io: W Baur Fecit.
<small>Sur velin & monté sous verre. Large de 8 pouces; haut de 5 pouces.</small>

* De Jean van Achen.

76. & 77. Deux Tableaux peints des deux côtés sur du marbre blanc, & qui représentent des sujets de la Fable. Le premier offre Éole, qui, à la prière de Junon, déchaine les vents & soulève les flots de la mer pour faire périr Énée & ses compagnons. Vénus tout affligée descend sur

fon char du haut des airs. On voit au dos de ce tableau, Adromède enchaînée à un rocher au bord de la mer, & fa délivrance par Perfée.

Le fecond tableau repréfente la Chute de Phaëton conduifant le char du Soleil, fa metamorphofe, celle de fes fœurs les Héliades & celle de Cycnus. Au dos de ce tableau eft peint le triomphe de Bacchus & de Cupidon, qu'Apollon, Mercure & Diane contemplent fur des nuages.

Sur pierre. Larges de 1 pied 6 pouces; hauts de 1 pied 3 pouces.

De Gabriel Kauw.

78. Un Payfage aride & rempli de rochers efcarpés, fur l'un desquels on voit St. François recevant les ftigmates; on apperçoit dans le lointain une vallée fauvage.

Sur marbre blanc. Large de 1 pied 1 pouce; haut de 10 pouces.

De Jean van Achen.

79. & 80. Deux Sujets de l'Ancien Teftament, repréfentant, l'un, la Création d'Eve, l'autre, Dieu le Père parlant à Adam & Eve dans le Paradis terreftre.

Sur albâtre. Hauts de 10 pouces; larges de 8 pouces.

De Jean Rottenhammer.

81. La Réfurrection de Lazare.

Sur cuivre. Large de 1 pied 2 pouces; haut de 10 pouces.

De Joseph Heinz.

82. Un Sujet allégorique qui repréfente un magnifique Palais, orné des ftatues de Vénus, de Diane & d'Apollon, dans une isle. Au dehors de ce palais font dreffés fur la

gauche, contre le mur, deux lits de parade, l'un à côté de l'autre. Un peu plus en avant fur une eftrade élevée de deux marches, s'embraffent avec tendreffe deux jeûnes Amans, auxquels Cupidon préfente des fruits dans une corbeille. A côté de l'eftrade font deux tables chargées de vafes d'or & d'argent. Trois Nymphes qui portent des offrandes de fleurs dans de grands vafes, s'approchent du couple amoureux, tandis que deux autres, fur les pas desquelles deux amours jettent des fleurs, danfent en rond devant eux. Tout-à-fait fur le devant eft Bacchus s'avançant au milieu de deux Nymphes vers le bord de la mer, dont s'approche le char de Vénus tiré par des colombes & des dauphins conduits par un amour. L'on voit fur le rivage un génie qui porte une corbeille de fleurs, & deux autres affis auprès de lui, dont l'un tient un bocal fait d'une conque marine; & un peu plus loin, Ganimède, une taffe à la main, porté dans les airs par Jupiter fous la forme d'un aigle. Au bout du palais eft un laurier, dont deux génies, au milieu desquels un amour defcend d'en haut, détachent des branches. On apperçoit derrière cet arbre une forêt au bord de la mer, & fur le rivage oppofé quelques montagnes.

Sur bois. Haut de 2 pieds 3 pouces; large de 1 pied 6 pouces.
Petites figures.

DE JOSEPH HEINZ.

83. Jéfus en Croix, au-deffous duquel fe tiennent, fur la droite, la Ste. Vierge dans une profonde douleur, & fur la gauche, l'Apôtre St. Jean. Ste. Madeleine embraffe la croix à genoux & pofe à terre fon vafe à parfums.

Sur pierre noire. Haut de 1 pied 1 pouce; large de 9 pouces.

De Pierre de Witte *dit* Candide.

84. La Ste. Vierge aſſiſe à terre dans une ſalle, tenant ſur ſes genoux l'Enfant Jéſus que la Madeleine, qui eſt à la droite, prend affectueuſement par un de ſes petits bras. A la gauche ſe tient le petit St. Jean portant ſon agneau. Au-deſſus d'eux, des anges font de la muſique dans une gloire, au milieu de laquelle plane le St. Eſprit ſous la figure d'une colombe.

Sur cuivre. Haut de 1 pied; large de 9 pouces.

De George Strauch.

85. Un Sujet repréſentant à la fois l'immaculée Conception & les Vertus de la Ste. Vierge, qui eſt portée ſur des nuages au milieu d'une gloire, foulant Satan à ſes pieds. Elle eſt entourée de quatre anges qui tiennent de petites tables avec des inſcriptions, & dont deux la couronnent. On voit à terre trois figures emblèmatiques, ſavoir, ſur la droite, l'Innocence, qui eſt agenouillée; & ſur la gauche la Chaſteté & la Fecondité aſſiſes l'une auprès de l'autre.

Sur cuivre. Haut de 1 pied 1 pouce; large de 10 pouces.

De Wolfgang Louis Hopfer.

86. La Sépulture de Ste. Catherine. Deux anges dépoſent dans un tombeau de pierre, au milieu d'un payſage ouvert, le corps de la Sainte ſur lequel un troiſième répand des fleurs. On voit à côté du tombeau la roue briſée & les autres inſtrumens de ſon martyre. Un ange qui deſcend du ciel, lui apporte une couronne de fleurs & une branche de palmier.

Sur cuivre. Haut de 1 pied; large de 9 pouces.

De Joseph Heinz.

87. Jésus-Christ sur la Croix, de laquelle il console sa Mère tombée à terre de défaillance. St. Jean avec quelques Saints se tiennent debout sur la gauche.
Sur cuivre. Haut de 1 pied ; large de 10 pouces.

De Matthieu Gondolach.

88. Un Sujet de dévotion représentant la Ste. Vierge assise sur un trône élevé, & tenant sur son giron l'Enfant Jésus, qui montre une bague d'or à Ste. Catherine agenouillée devant lui & prête à lui baiser le pied. Devant le trône se tiennent encore quelques Saints & Saintes parmi lesquels on remarque St. Mathias & Ste. Helène portant une croix, & dont les têtes présentent les portraits de l'Empereur Mathias & de l'Impératrice Anne sa femme. Au bas du tableau est écrit: *M. Gondolach f.* 1614.
Sur cuivre. Haut de 1 pied 3 pouces ; large de 1 pied.

De Pierre de Witte *dit* Candide.

89. Le Martyre de Ste. Ursule & de ses compagnes.
Sur bois. Haut de 1 pied 3 pouces ; large de 1 pied.

De N. Franckenberger.

90. & 91. Deux Paysages peints à gouache, représentant, l'un, une Chasse au cerf, & l'autre, une Chasse au faucon.
Sur velin & monté sous verre. Larges de 1 pied 2 pouces ; hauts de 9 pouces.

De Jean van Achen.

92. Jupiter sous la forme d'un Satyre, embrassant Antiope dans une grotte. Cupidon, qui vient de poser à leurs

pieds fon arc & fon carquois, fe tient debout à côté d'eux, & les regarde avec un fourire malin.

Sur cuivre. Haut de 10 pouces; large de 8 pouces.

De Joachim de Sandrart.

93. Une Defcente de Croix. La Madeleine, à côté de laquelle fe tiennent les deux Maries, embraffe les pieds du Sauveur, & les baife affectueufement.

Sur toile. Haut de 10 pieds; large de 6 pieds 3 pouces.
Figures entières, grandeur naturelle.

Nota. Ce tableau eft placé fur le trumeau entre les deux fenêtres.

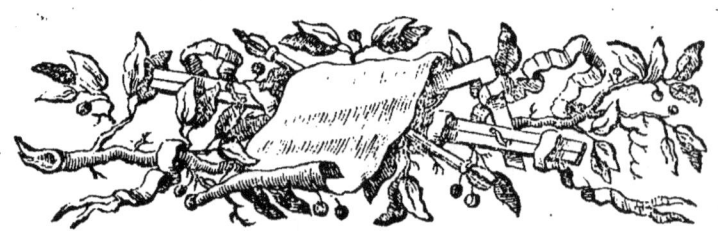

TROISIÈME CHAMBRE.
TABLEAUX
DE
L'ÉCOLE ALLEMANDE.

I.e FAÇADE OÙ EST LA PORTE D'ENTRÉE.

DE JOSEPH FEISTENBERGER.

1. Un Paysage rustique avec une rivière & une haute montagne dans le lointain. Sur le devant est un berger qui garde quelques moutons; & un peu plus loin un homme à cheval qui vient en avant.

Sur toile. Large de 4 pieds; haut de 3 pieds 10 pouces.

Nota. Ce tableau est placé au-dessus de la porte.

DE PAUL TROGER

2. Jésus-Christ au Jardin des Olives. L'Ange qui vient de lui apporter la coupe, semble le consoler.

Sur toile. Haut de 7 pieds 7 pouces; large de 5 pieds.
― Figures entières, grandeur naturelle.

D'HENRY SCHOENFELD.

3. & 4. Deux Sujets de l'histoire Sacrée. Le premier est la Rencontre de Jacob & d'Esaü.

Le second représente Gédeon choisissant dans son armée, par l'ordre de l'Éternel, les soldats qui doivent combattre contre les Madianites. Les Israëlites occupent les bords d'une large rivière où ils se désalterent, les uns en lapant l'eau dans le creux de la main, les autres en buvant dans des cruches. Sur le tableau est écrit: *H. Schœnfeld fecit.*

Sur toile. Larges de 5 pieds 10 pouces; hauts de 3 pieds 1 pouce.
Petites figures.

De Joachim François Beich.

5. & 6. Deux Paysages ornés de figures, représentant des contrées montueuses de l'Italie. On voit dans le premier un détachement de cavalerie qui sort d'un bois, & plus loin un autre parti sortant d'un château.

Le second Paysage dans lequel on voit une chute d'eau & un château fortifié sur une montagne, est animé sur le devant, par une compagnie de gens à cheval, habillés à l'orientale, qui vont à la chasse, & dont l'un porte un faucon.

Sur toile. Larges de 5 pieds 10 pouces; hauts de 3 pieds 1 pouce.

De Joseph Orient.

7. & 8. Deux Vues prises dans le Tyrol, & présentant des contrées montagneuses avec des rochers escarpés, des chutes d'eau, des villes & des châteaux, & un vallon qui s'étend fort loin. On voit dans chacun, sur le devant, un cabaret auprès duquel s'amusent beaucoup de campagnards.

Sur toile. Larges de 3 pieds; hauts de 1 pied 9 pouces.

ÉCOLE ALLEMANDE.

DE GUILLAUME BEMMEL.

9. & 10. Deux Payfages ornés de ruines. Le premier offre une plaine dans laquelle deux voyageurs à cheval, habillés à la turque, font affaillis par des voleurs.

Le fecond préfente, fur le devant, un corps de cavalerie en pleine marche. Au bas de ces tableaux eft écrit. *W: Bemmel fec.*

Sur toile. Large de 2 pieds 3 pouces; haut de 1 pied 8 pouces.

DE MAXIMILIEN JOSEPH SCHINNAGEL.

11. & 12. Deux Forêts avec plufieurs figures champêtres, & une échappée de vue fur le côté, offrant un lointain montagneux dans lequel on apperçoit quelques fabriques.

Sur toile. Larges de 2 pied 3 pouces; hauts de 1 pied 8 pouces.

DE MAXIMILIEN JOSEPH SCHINNAGEL.

13. & 14. Deux Payfages entrecoupés de bois & ornés de figures. Ils offrent fur le devant une rivière dans laquelle quelques payfans font occupés à pêcher. On voit dans le premier deux voyageurs à cheval qui s'approchent avec un guide; & dans le fecond une payfanne avec un petit garçon fur une charette.

Sur toile. Larges de 1 pied 11 pouces; hauts de 1 pied 5 pouces.

DE N. LAUTERER.

15. Un Payfage dans lequel un berger fait paître fon troupeau au bord d'une rivière.

Sur toile. Large de 1 pied 5 pouces; haut de 1 pied 4 pouces.

DE JEAN FRANÇOIS ERMEL.

16. Un Payfage dans lequel on remarque fur le devant, un maufolée antique à demi-ruiné avec un bas-relief allégorique, au bord d'une rivière de laquelle deux pêcheurs

retirent leurs paniers. Sur la gauche est une jeune fille qui porte une corbeille de fleurs sur la tête. Le lointain offre une contrée montueuse.

Sur toile. Large de 1 pied 8 pouces; haut de 1 pied 2 pouces.

De Jean George Platzer.

17. & 18. Deux Sujets de Société. Ils offrent l'un & l'autre une compagnie de jeunes gens habillés à l'Espagnole, assis autour d'une table où ils s'amusent à jouer au cartes, à faire de la musique & à folâtrer ensemble.

Sur cuivre. Larges de 1 pied; hauts de 8 pouces.

De N. Lauterer.

19. Un paysage garni de bois, & dans lequel un berger fait paître son troupeau près d'un petite rivière où il s'amuse à pêcher.

Sur toile. Haut de 1 pied 5 pouces; large de 1 pied 4 pouces. Pendant du N°. 15.

De François Christophe Janneck.

20. & 21. Deux Sujets de Société. Ils représentent une compagnie de gens de qualités habillés à l'Espagnole, qui se livrent aux plaisirs de la danse & de la table dans un jardin, sous des arbres.

Sur bois. Larges de 1 pied 11 pouces; hauts de 1 pied 3 pouces.

II.e Façade où est la Porte de sortie.

De Kilian Fabritius.

22. Une grande Plaine avec un grouppe de hauts arbres sur le devant, au milieu, sous lesquels on voit deux chasseurs & plus loin un berger gardant son troupeau. Le lointain est terminé par quelques montagnes.

Sur toile. Large de 6 pieds 3 pouces; haut de 5 pieds.

De

De Gérard Hoet.

23. Un Sujet allégorique à l'honneur de l'Empereur Léopold. La Renommée couronne ce Monarque, qui est environné d'une quantité de figures emblématiques qui font allusion à ses vertus & à ses actions.

Sur toile. Large de 7 pieds 6 pouces ; haut de 4 pieds 4 pouces.
Petites figures.

De Jean Antoine Eismann.

24. Un Paysage dans lequel on voit une escarmouche de cavalerie sur un vieux pont de pierre qui traverse un large fleuve, sur la rive opposée duquel se présente un château fortifié sur une montagne.

Sur toile. Large de 6 pieds 3 pouces ; haut de 5 pieds.

De Christophe Pauditz.

25. Un vieux Paysan de la Forêt noire assis sur un escabeau dans sa cabane, & fumant sa pipe. Derrière lui est un paysan debout, qui mange ; & devant lui un jeune garçon assis à terre, avec une cornemuse sous le bras & chantant à pleine gorge.

Sur bois. Haut de 2 pieds 4 pouces ; large de 1 pied 9 pouces.

De George Philippe Rugendas.

26. Un Sujet de Bataille dans lequel on remarque sur le devant, à droite, un chariot de bagage qui sort de la mêlée, traîné par deux chevaux, & sur la gauche une troupe de cavaliers qui se rassemblent autour de leur chef. La Bataille se donne dans le lointain, près d'une ville qu'on distingue à peine au milieu de la fumée épaisse.

Sur toile. Large de 4 pieds 1 pouce ; haut de 2 pieds 6 pouces.

De George Bachmann.

27. & 28. Deux Portraits d'hommes barbus & chauves fur la tête, l'un vu de face & l'autre de profil.

Sur toile. Hauts de 1 pied 7 pouces ; larges de 1 pied 3 pouces.
Buftes, grandeur naturelle.

De Maximilien Handel.

29. & 30. Deux Portraits d'hommes dont le premier eft celui d'un vieillard à cheveux plats, avec peu de barbe & une petite mouftache fous le nez.

Le fecond repréfente un jeune homme d'un air vif, à cheveux bruns & frifés, vêtu d'une robe noire, avec une fraife au cou.

Sur toile. Hauts de 1 pied 7 pouces ; larges de 1 pied 3 pouces.
Buftes, grandeur naturelle.

De Jean Kien.

31. & 32. Deux Tableaux qui repréfentent des Batailles contre les Turcs.

Sur toile. Larges de 3 pieds 3 pouces ; hauts de 2 pieds.

De George Philippe Rugendas.

33. Un Sujet de Bataille dans lequel quelques payfans implorent à genoux la clémence d'un général à cheval à la tête d'une armée. On voit fur la gauche un bourg tout en feu, & fur la droite de hautes montagnes le long desquelles défilent les troupes.

Sur toile. Large de 4 pieds 1 pouce ; haut de 2 pieds 6 pouces.
Pendant du N°. 26.

De Tobie Bock.

34. Le Martyre de Ste. Dorothée.

Sur toile. Haut de 3 pieds ; large de 2 pieds 1 pouce. Petites figures.

DE MARIE SIBYLLE MERIAN.

35. Un Tableau de Fleurs offrant un Bouquet composé de roses, de tulipes & d'autres fleurs, dans une petite corbeille sur une table.

Sur bois. Large de 2 pieds 1 pouce; haut de 1 pied 7 pouces.

DE JEAN PHILIPPE LEMBKE.

36. Un Combat de Cavalerie dans une plaine. On remarque particulièrement, sur le devant du tableau, un cavalier monté sur un cheval blanc.

Sur toile. Large de 3 pieds 6 pouces; haut de 2 pieds 6 pouces.

D'ABRAM MIGNON.

37. Un Tableau de Fruits, qui représente un plat de raisins, de cerises, de figues & d'autres fruits sur une table.

Sur bois. Large de 2 pieds 1 pouce; haut de 1 pied 6 pouces.

DE CHRÉTIEN GUILLAUME ERNEST DIETRICH.

38. & 39. Deux Sujets de nuit, dont l'un représente une Nativité, & l'autre, une Fuite en Égypte au clair de la lune.

Sur toile. Larges de 2 pieds; hauts de 1 pied 5 pouces.

DE NORBERT GRUND.

40. & 41. Deux petits Tableaux d'architecture, dans lesquels on voit, sur le devant, un grand escalier de pierre par lequel des gens montent dans un jardin, & sur le côté, un port de mer avec une galère à l'ancre.

Sur bois. Hauts de 8 pouces; larges de 6 pouces.

DE JEAN LINGELBACH.

42. & 43. Deux Sujets de Chasse. Dans le premier une compagnie de gens de qualités à cheval partant pour la chasse, est accompagnée de quelques piqueurs à pieds, & sur le devant, un cavalier abreuve son cheval à un ruisseau. On voit dans le second, un chasseur portant un cor pendu à son côté, & un faucon sur la main, & un autre, qui descendu de cheval, est assis sur une pierre.

Sur bois. Larges de 10 pouces; hauts de 8 pouces.

DE FRANÇOIS CHRISTOPHE JANNECK.

44. & 45. Deux Paysages représentant l'un & l'autre une forêt avec quelques figures. On voit dans le premier un paysan qui conduit un chariot chargé de bois, par un chemin creux & qui va en pente; & sur la gauche une ville & un bout de montagne dans le lointain.

Dans le second tableau, trois chasseurs ont fait halte avec leur suite auprès d'une chute d'eau, au milieu de la forêt, que traversent quelques paysans.

Sur bois. Larges de 1 pied 7 pouces; hauts de 1 pied 1 pouce.

DE CHRÉTIEN GUILLAUME ERNEST DIETRICH.

46. & 47. Deux Sujets de l'Écriture Sainte, savoir, le premier, la Circoncision, le second, la Purification de la Vierge. On voit dans ce dernier St. Siméon prendre l'Enfant Jésus sur ses bras. Sur le premier tableau est écrit: *C. W. E. Dietrich f.t Ao. 1738.* & sur le second: *C. W. E. Dietricy pinx.t 1738.*

Sur toile. Larges de 2 pieds; hauts de 1 pied 5 pouces.

DE JOSEPH FEISTENBERGER.

48. Un Paysage montueux avec une chute d'eau auprès de laquelle quelques bergers font paître leurs troupeaux.

Sur toile. Large de 4 pieds; haut de 3 pieds 10 pouces.

Nota. Ce tableau est placé au-dessus de la Porte de sortie.

ÉCOLE ALLEMANDE.

SUR LES TRUMEAUX DES FENÊTRES.

DE JEAN CHRISTOPHE VIECHTER.

49. Un Sujet d'architecture avec quelques figures.
   Sur toile. Haut de 2 pieds 8 pouces; large de 1 pied 11 pouces.

DE CHRÉTIEN SEIBOLD.

50. & 51. Deux Buftes de grandeur naturelle, dont le premier eft celui d'un homme du peuple, à barbe courte, la tête couverte d'un large chapeau, & tenant un pot d'étain à la main.

Le fecond eft celui d'une femme agée, tenant à la main quelques fauciffes enveloppées dans un morceau de linge.
   Sur toile. Hauts de 2 pieds; larges de 1 pied 7 pouces.

DE J. M. PRETSCHNEIDER.

52. Un Tableau de Fleurs au milieu duquel eft une grifaille imitant le bas-relief. Les Fleurs, dont la bordure de cette grifaille eft garnie, font peintes dans leur coloris naturel. Sur le tableau eft écrit: *J. M. Pretfchneider ft.*
   Sur toile. Haut de 2 pieds 2 pouces; large de 1 pied 7 pouces.

DE MARTIN DE MEYTENS.

53. & 54. Deux Portraits, dont le premier eft celui du peintre lui-même dans la vigueur de l'age, vêtu d'une peliffe à la Polonnoife, & portant fur la tête un haut bonnet fourré.

Le fecond Portrait repréfente un des amis de l'Artifte, favoir, *François Chriftophe de Scheyb*, Confeiller de S. M. I. & R. peint en robe-de-chambre devant fon pupitre.

Nota. Cet Amateur à écrit plufieurs Ouvrages fur les Arts, qu'il a publiés fous les noms de *Kocremon* & d'*Oreftrio*.
   Sur toile. Hauts de 3 pieds; larges de 2 pieds 4 pouces.
   Demi-figures, grandeur naturelle.

DE FRANÇOIS CHARLES PALKO.

55. Une Ste. Famille, dans laquelle St. Joseph prend l'Enfant Jésus sur le bras en lui baisant les mains.
Sur toile. Haut de 4 pieds; large de 3 pieds 5 pouces.
Figures jusqu'aux genoux, grandeur naturelle.

D'IGNACE STERN.

56. La Ste. Vierge présentant la mamelle gauche à l'Enfant Jésus, que le petit St. Jean caresse affectueusement.
Sur toile. Haut de 2 pieds 9 pouces; large de 2 pieds 3 pouces.
Demi-figures, grandeur naturelle.

DE JEAN BAPTISTE HAELSZEL.

57. & 58. Deux Tableaux de Fleurs. On y lit: *Jean Pap. v. Haelszel pinx.*^t 1775.
Sur cuivre. Hauts de 1 pied 7 pouces; larges de 1 pied 3 pouces.

DE N. BURGAU.

59. & 60. Deux petits Tableaux représentant différens oiseaux indigènes, & un bout de paysage dans le fond.
Sur toile. Larges de 10 pouces; hauts de 8 pouces.

IIIe FAÇADE VIS-A-VIS LA PORTE DE SORTIE.

DE PIERRE BRANDEL.

61. La Femme adultère devant Jésus-Christ.
Sur toile. Haut de 4 pieds 4 pouces; large de 4 pieds 1 pouce.
Figures jusqu'aux genoux, forte nature.

DE PIERRE STRUDEL.

62. Un Sujet de Dévotion représentant le corps mort de Jésus-Christ sur les genoux de la Vierge & environné

Ecole Allemande. 295

de plusieurs Saints & Saintes, dont la Madeleine qui baise les mains au Sauveur.

Sur toile. Large de 5 pieds 8 pouces; haut de 4 pieds 6 pouces.
Figures jusqu'aux genoux, forte nature.

De Jean Michel Rottmayr.

63. Le Sacrifice d'Iphigénie.

Sur bois. Haut de 6 pieds 6 pouces; large de 4 pieds 3 pouces.
Figures entières, petite nature.

De Charles Screta.

64. Un Sujet domestique, représentant un petit garçon assis à une table couverte sur laquelle il donne une assiette à lecher à un gros chien. Une vieille avec une cuiller de bois à la main, se tient debout devant la table, & une servante derrière la chaise de l'enfant; les murs de la chambre sont garnis de divers tableaux.

Sur toile. Large de 5 pieds 6 pouces; haut de 4 pieds 6 pouces.
Figures jusqu'aux genoux, grandeur naturelle.

De Christophe Pauditz.

65. St. Jérôme en profonde méditation dans une grotte. Il s'appuie sur son bras droit, tenant une plume à la main & est prêt à écrire sur une feuille posée devant lui. On voit à sa gauche un crucifix & une tête de mort.

Sur toile. Haut de 4 pieds 4 pouces; large de 3 pieds 10 pouces.
Figures entières, grandeur naturelle.

D'Ulrich Mair.

66. L'Apôtre St. Philippe tenant à la main une croix de roseau. Il a devant lui un gros livre ouvert posé sur un piédestal sur lequel il appuie ses bras. Au bas est écrit: *Mair f.t* 1653.

Sur toile. Hauts de 4 pieds 3 pouces; larges de 3 pieds.
Figures jusqu'aux genoux, grandeur naturelle.

De Daniel Gran.

67. Une Sainte Famille dans une Salle. St. Joseph un genoux en terre, présente une petite corbeille de roses à l'Enfant Jésus, qui tient un lis dans sa main droite, & au-dessus duquel paroissent quelques petits chérubins sur un nuage leger.

Sur toile. Haut de 3 pieds 4 pouces ; large de 2 pieds 7 pouces.
Petites figures.

De Jacques van Schuppen.

68. Le Portrait d'un homme de bonne mine, déjà sur l'âge, à cheveux grisonnant, vêtu d'une robe de velours rouge fourrée & ouverte par devant, laissant voir en-dessous une camisole de satin blanc. Il est assis contre une table couverte d'un tapis de turquie & chargée de papiers parmi lesquels se trouve une lettre avec cette addresse : *A Monsieur Thomas de Granger à Vienne.*

Sur toile. Haut de 4 pieds 3 pouces ; large de 3 pieds 6 pouces.
Figures jusqu'aux genoux, grandeur naturelle.

De Martin Altomonte.

69. Susanne au Bain.

Sur toile. Haut de 4 pieds 1 pouce ; large de 3 pieds 4 pouces.
Figures entières, deux tiers de nature.

De Jean Kupetzky.

70. Le Portrait d'une femme de condition, de moyen âge, avec son fils encore enfant, qui tient un petit Portrait d'homme (vraisemblablement celui de son père). Elle est assise dans un jardin, contre une table sur laquelle elle appuie le bras gauche, tenant le main droite sur l'épaule de l'enfant.

Sur toile. Haut de 4 pieds 4 pouces ; large de 3 pieds 5 pouces.
Figures jusqu'aux genoux, grandeur naturelle.

De Jean Kupetzky.

71. Le Portrait du Peintre lui-même, dans lequel il s'est représenté à l'âge de 42 ans, prêt à peindre un portrait d'homme, & tenant déjà dans ses mains la palette & le pinceau. On lit au bas du tableau: *Johann Kupezky pinxit* 1709.

Sur toile. Haut de 3 pieds; large de 2 pieds 4 pouces.
Demi-figure, grandeur naturelle.

De Jacques van Schuppen.

72. Le Portrait d'*Ignace Parrocel* célébre peintre de bataille. Il est représenté assis & enveloppé dans une pelisse, la tête couverte d'un bonnet fourré, tenant de la main gauche sa palette & ses pinceaux, & montrant de la droite un tableau de bataille placé à côté de lui sur un chevalet.

Sur toile. Haut de 4 pied 3 pouces; large de 3 pieds 6 pouces.
Figure jusqu'aux genoux, grandeur naturelle. Pendant du N°. 68.

D'Othmar Elliger.

73. Une jeune Fille sous une fenêtre, tenant d'une main un bocal d'or qu'elle paroit présenter à quelqu'un, & de l'autre toutes sortes de fruits dans son tablier. On voit devant elle, sur l'appui de la fenêtre, des huitres dans un plat d'argent, des raisins & deux bouteilles empaillées.

Sur toile. Haut de 1 pied; large de 10 pouces.

De Jean Rodolphe Bys.

74. & 75. Deux Sujets de Dévotion ornés d'architecture. Le premier représente une Ste. Famille, dans laquelle l'Enfant Jésus offre une rose à sa Mere;

Le second le petit St. Jean, que son Père soutient sur un piédestal, & dont Ste. Elisabeth caresse l'agneau.

Le nom du peintre se lit ainsi sur ces deux tableaux: *J. R. Bys f.*[t]

Sur bois. Hauts de 1 pied; larges de 10 pouces.

DE BALTHASAR DENNER.

76. & 77. Deux Têtes peintes d'après nature & du plus grand fini. La première repréfente une vieille Dame, le vifage tout ridé, vêtue d'un habit rougeâtre fourré de peaux de lynx & portant une coiffe blanche avec une bagnolette de taffetas moire-doré.

La feconde Tête préfente le Portrait de l'Artifte lui-même, dans lequel il s'eft peint à l'âge de 41 ans, avec des cheveux fins, grifonnant & un peu crépus, une barbe courte, vêtu d'une peliffe brun-foncé; & le col de la che-mife ouvert par devant. On lit dans le fond: *Denner* 1726. *f.*t

Sur toile. Hauts de 1 pied 2 pouces; larges de 1 pied.
Grandeur naturelle.

DE GASPARD NETSCHER.

78. Le Portrait d'un homme de qualité, richement vêtu d'un habit de foie doublé de fourrure, affis dans un fauteuil, & tenant un livre ouvert de la main droite, qu'il appuie fur une table chargée de divers papiers, d'une petite ftatue d'Apollon en bronze, d'un globe & d'un luth. Le fond eft d'architecture avec une ouverture fur la gauche qui laiffe voir dans le lointain une côte avec un port de mer, & des ruines fur le rivage.

Sur cuivre. Haut de 11 pouces; large de 9 pouces.

DE PIERRE VAN DER FAES *dit* LELY.

79. & 80. Les Portraits en pied de deux Dames de haut rang. La première eft debout dans un jardin & tient une rofe.

La feconde, vêtue d'un habit noir de foie & parée d'une quantité de joyaux, fe préfente également debout dans une fale tendue d'une riche tapifferie, auprès d'un piédeftal fur lequel eft pofée une couronne ducale.

Sur bois. Hauts de 11 pouces; larges de 8 pouces.

De Godefroy Kneller.

81. Un autre Portrait en pied d'une Dame de qualité vêtue à l'Efpagnole, & tenant un bouquet de fleurs dans la main droite.

Sur bois. Haut de 1 pied 1 pouce; large de 8 pouces.

De Chrétien Seibold.

82. & 83. Deux Têtes peintes d'après nature & dont la première repréfente une vieille femme, la tête couverte d'un voile de gaze rayée.

La feconde eft le Portrait d'un Adolefcent avec une plume derrière l'oreille, une petite toque fur la tête, & le col de la chemife ouvert par devant.

Sur cuivre. Haut de 1 pied 2 pouces; large de 11 pouces.
Buftes, grandeur naturelle.

De Chrétien Seibold.

84. & 85. Deux Portraits de jeunes Dames coiffées de leurs propres cheveux noués avec un ruban flottant. Elles font légérement vêtues, la première de taffetas blanc & l'autre de taffetas bleu; chacune portant fur l'épaule une agraffe ornée d'une perle longuette.

Sur cuivre. Hauts de 1 pied 2 pouces; larges de 11 pouces.
Bufte, grandeur naturelle.

De Godefroy Kneller.

86. Le Portrait en pied d'une Dame de qualité, de moyen âge, habillée à l'Efpagnole & appuyant fa main droite fur l'épaule d'un petit nègre, qui tient une corbeille de fleurs.

Sur bois. Haut de 1 pied 1 pouce; large de 8 pouces. Pendant du N°. 81.

De Jean Jacques Schalch.

87. Une Vue de la fameuse Chute du Rhin près de Schaffhouse en Suisse, peinte d'après nature avec le plus grand soin, & ornée sur le devant de plusieurs figures qui contemplent cette merveille de la nature, & dont trois sont à cheval.

Sur toile. Large de 2 pieds 7 pouces; haut de 2 pieds 2 pouces.

De François Frédéric Franck.

88. Le Portrait d'un Vieillard barbu, en pelisse noire, avec un petit collet de chemise rabattu.

Sur toile. Haut de 1 pied 6 pouces; large de 1 pied 3 pouces.
Buste, grandeur naturelle.

De Matthieu Merian le Jeune.

89. Le Portrait d'un homme âgé, à barbe & à cheveux clair-bruns un peu crépus; il baisse la tête & paroît sourire à quelqu'un hors du tableau.

Sur bois. Haut de 1 pied 6 pouces; large de 1 pied 3 pouces.
Buste, grandeur naturelle.

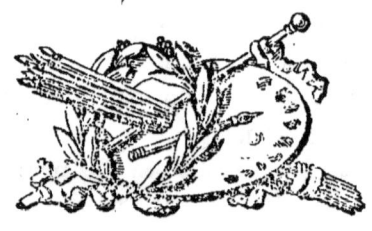

QUATRIÈME CHAMBRE.

TABLEAUX
DE
MAITRES ALLEMANDS MODERNES.

I.re FAÇADE OÙ EST LA PORTE D'ENTRÉE.

DE JOSEPH HAUZINGER.

1. Une Imitation d'un bas-relief de bronze, repréfentant une Bacchanale de huit enfants qni jouent avec un bouc. Au bas du tableau eft écrit : *Jofeph Hauzinger p.t* 1781.
Sur bois. Large de 4 pieds 8 pouces; haut de 3 pieds 3 pouces.
Figures entières, demi-nature.

Nota. Ce tableau eft placé au-deffus de la porte.

D'ANTOINE FEISTENBERGER.

2. Une grande Chute d'eau dans un payfage ruftique. On voit à droite, au pied d'un rocher escarpé qui borde la chute, un chemin tournant & fort roide, fur lequel des voyageurs à cheval font pourfuivis par des voleurs.
Sur toile. Large de 7 pieds 2 pouces; haut de 5 pieds.

DE JOSEPH ROSA.

3. & 4. Deux Payfages avec figures & animaux. On voit dans le premier deux bergers dont l'un dort auprès de fon troupeau, & plus loin une chute d'eau & des montagnes.

Le second offre sur le devant une paysanne assise à terre avec un enfant sur ses genoux & un chien à son côté; & au-delà un lac sur le bord opposé duquel s'ouvre un vallon, qui s'étend fort loin. On lit sur ces tableaux: *Joseph Rosa f.t 1770.*

Sur toile. Larges de 6 pieds 3 pouces; hauts de 4 pieds 4 pouces.

DE JEAN HENRI ROOS *dit* LE VIEUX.

5. Une Vue des environs de Rome enrichie de ruines & d'animaux. A la droite se présentent les vestiges d'un vaste édifice sur une hauteur escarpée, au pied de laquelle paissent deux vaches & un petit troupeau de chèvres & de moutons, au bord d'une rivière. A la gauche est une bergère endormie & adossée contre un bout de rocher, sur lequel un petit garçon lève un chien de terre. On lit au bas du tableau: *J. H. Roos p.t 1684.*

Sur toile. Large de 3 pieds 5 pouces; haut de 2 pieds 10 pouces.

DE PHILIPPE ROOS *dit* ROSA DE TIVOLI.

6. Une Vue de la Cascade de Tivoli près de Rome.

Sur toile. Haut de 2 pieds 10 pouces; large de 2 pieds 4 pouces.

DE JEAN CHRÉTIEN BRAND LE JEUNE.

7. La Représentation de la Bataille de Hochkirchen entre les armées Impériale & Prussienne, avec la vue très-étendue de la contrée où elle s'est donnée. On lit au bas sur une pierre: *Bataille de Hochkirchen en Lusace, donnée le 14. Octobre 1758. d'après le dessein du Lieutenant Colonel B. de B. (Baron de Beaulieu) peint par J. C. Brand, Peintre de S: M: I: & R: & Professeur de l'Académie des Arts.*

Sur toile. Large de 7 pieds; haut de 5 pieds.

DE CHRISTOPHE LOUIS AGRICOLA.

8. Un Payſage garni d'arbres & de cyprès, offrant une contrée de la Grèce, & dont le devant eſt orné des fragments d'un Mauſolée antique, entaſſés les uns ſur les autres & quelques colonnes d'un temple ſomptueux. On voit au pied de ces ruines une femme aſſiſe à terre avec un enfant, & à côté d'elle un homme debout habillé à l'orientale.

Sur toile. Haut de 2 pieds 10 pouces; large de 2 pieds.

DE JEAN HENRI ROOS *dit* LE VIEUX.

9. Une Vue des environs de Rome, ornée ſur le devant, à droite, d'un grand aqueduc ruiné, au pied duquel un berger & ſa femme font paître un troupeau. Un petit garçon à côté d'eux s'amuſe avec un chien. On lit ſur ce tableau: *J. H. Roos fecit*. 1684.

Sur toile. Large de 3 pieds 5 pouces; haut de 2 pieds 10 pouces.
Pendant du N°. 5.

DE CHRÉTIEN HULFGOTT BRAND LE VIEUX.

10. & 11. Deux Payſages garnis de bois, avec figures. Le premier offre quelques payſans qui font route ſur un grand chemin percé dans la forêt & bordé de hauts arbres; on remarque ſur la droite une colonne iſolée.

Dans le ſecond, trois payſannes ſont occupées à laver du linge auprès d'une fontaine au milieu de la forêt, & ſur le côté une autre femme entre dans le bois, menant un petit garçon par la main.

Sur toile. Hauts de 2 pieds; larges de 1 pied 6 pouces.

DE JEAN HENRI ROOS *dit* LE VIEUX

12. Un Sujet d'animaux, compoſé de deux vaches, de ſix moutons & d'une chèvre, qui repoſent auprès d'un

vieux tronc d'arbre au pied d'une colline fur laquelle fe tient la bergère avec un petit garçon. Le fond préfente des ruines au milieu d'une mare. Sur le tableau eft écrit: *J. H. Roos fecit.* 1674.

Sur toile. Large de 2 pieds 5 pouces; haut de 1 pied 11 pouces.

De Jean Chrétien Brand le Jeune.

13. à 16. Quatre petits Payfages avec figures & animaux. Ils offrent des contrées montueufes avec quelques ruines; deux font clairs de lune.

Sur bois. Larges de 1 pied 2 pouces; haut de 10 pouces.

De Jean Chrétien Brand le Jeune.

17. & 18. Deux Payfages ornés de figures & d'animaux. On voit dans le premier, fur le devant, à droite, un château ruiné fur une hauteur, & dans l'éloignement une femme & un garçon fur un chariot.

Dans le fecond, s'élève au milieu une touffe de hauts arbres au bord d'une petite rivière qui paffe par un village voifin. On voit fur la gauche, dans le lointain, un château fur une colline; & fur le devant deux payfans en converfation, à côté desquels un berger conduit fon troupeau vers la rivière.

Sur toile. Hauts de 2 pieds 2 pouces; larges de 2 pieds.

De Chrétien Hulfgott Brand le Jeune.

19. & 20. Deux Payfages offrant des plaines agréables, ombragées d'arbres, & traverfées par des ruiffeaux. Ils font animés l'un & l'autre par plufieurs figures champêtres; dans le premier paît un petit troupeau. On lit fur chacun: *Brand f.t* 1753.

Sur bois. Larges de 1 pied 6 pouces; hauts de 1 pied 3 pouces.

IIe Façade

ÉCOLE ALLEMANDE.

II.ᵉ FAÇADE OÙ EST LA PORTE DE SORTIE.

DE FRÉDÉRIC MOUCHERON.

21. & 22. Deux Payſages montagneux avec de hauts arbres, & dont le premier eſt animé par une escarmouche de cavalerie près d'un village.

Dans le ſecond on voit un troupeau près de la chute d'une rivière qui ſe précipite du haut de rochers escarpés; & plus en avant une payſanne qui mène un bœuf par le licou en ſonnant d'un cornet. Sur ces tableaux eſt écrit : F: MOUCHERON f.ᵗ

Sur toile. Hauts de 3 pieds 2 pouces ; larges de 2 pieds 7 pouces.

DE JEAN PIERRE VAN BREDAL.

23. & 24. Deux Batailles contre les Turcs. La première eſt celle de Peterwaradin, qui ſe donna en 1716;

La ſeconde celle de Belgrade en 1717. On voit dans les deux *le Prince Eugène*, Général en chef de l'Armée Impériale, au plus fort de la mêlée, à la tête de ſon Régiment. Sur ces tableaux eſt écrit: *J. P. van Bredal f.ᵗ*

Sur toile. Larges de 4 pieds; hauts de 2 pieds 10 pouces.

DE JEAN GODEFROY AUERBACH.

25. Le Portrait de l'Empereur *Charles VI.* en habit de l'Ordre de la Toiſon d'or. Ce Monarque eſt debout auprès d'une table ornée de ſculpture, poſant la main droite ſur ſon Sceptre, qui eſt à côté de la Couronne Impériale ſur un couſſin de velours.

Sur toile. Haut de 7 pieds 6 pouces ; large de 4 pieds 8 pouces.
Figure entière, grandeur naturelle.

V

De Jean Zoffani.

26. Un grand Tableau de Famille, repréſentant LL. AA. RR. Mgr. *l'Archiduc Léopold*, *Grand Duc de Toscane*, & Madame la *Grande Ducheſſe*, *Marie Louiſe Infante d'Eſpagne*, avec huit de leurs enfants, ſavoir, cinq Princes & trois Princeſſes. Ce tableau décoré d'une riche architecture, & qui préſente dans le fond la perſpective du jardin royal dit Boboli, a été achevé à Vienne en 1777.

Sur toile. Large de 12 pieds 7 pouces; haut de 11 pieds.
Figures entières, grandeur naturelle.

D'Antoine Maron.

27. Le Portrait de S. M. I. & R. A. *Joſeph II.* glorieuſement règnant, repréſenté en uniforme dans une ſalle ornée d'une ſtatue allégorique. Un rideau à demi-ouvert, ſur la gauche, laiſſe voir dans l'éloignement des troupes qui exercent au feu. On lit ſur un piédeſtal: *A. Maron Auſtr^{cus} Vienn^{ſis} pinx.^t Romæ* 1775.

Sur toile. Haut de 7 pieds 10 pouces; large de 5 pieds 6 pouces
Figures entières, grandeur naturelle.

De Gaspard Sambach.

28. Une Grisaille imitant un bas-relief de marbre blanc qui repréſente une Bacchanale d'enfant. Au bas eſt écrit: *C: Sambach p.^t* 1778.

Sur toile. Large de 4 pieds 8 pouces; haut de 3 pieds 3 pouces.
Figures entières, tiers de nature.

Nota. Ce tableau eſt placé au-deſſus de la porte de ſortie.

ÉCOLE ALLEMANDE.

III.ᵉ FAÇADE VIS-A-VIS LA PORTE D'ENTRÉE.

DE JEAN GEORGE DE HAMILTON.

29. Un Sujet de Chevaux représentant le Haras Impérial de Lippizza dans le Duché de Carniole. Ce tableau offre la Vue de la contrée, qui est très-montagneuse, avec une quantité des plus beaux chevaux, qui y paissent en pleins champs, le tout peint d'après nature. On lit au bas : *Haras Impérial de Lippizza, fait par Jean George d'Hamilton Peintre du Cabinet de S. M. I. & Cath. Ao. 1727.*

Sur toile. Large de 8 pieds 10 pouces ; haut de 5 pieds 8 pouces.

DE MICHEL WUTKY.

30. & 31. Deux Vues des environs de Rome avec figures & animaux. La première est prise hors de la Porte de St. Paul, à côté de laquelle on voit la Pyramide ou le Tombeau de Cajus Cestius, & au-delà, une vaste campagne terminée à droite par la mer, & à gauche par la chaîne des montagnes d'Albano. Le devant est orné de fragmens de grosses colonnes & des vestiges du Temple de *Jove Tonante*.

Le second Tableau offre l'Église de St. Pierre de Rome & la Colonnade, telles qu'elles se présentent de la campagne hors de la ville. On découvre sur le second plan le cours du Tybre avec le pont dit Ponte Mole, & dans le lointain les montagnes de la Sabine.

Sur toile. Larges de 8 pieds ; hauts de 6 pieds 4 pouces.

De Vincent Fischer.

32. & 33. Deux Tableaux d'architecture, repréſentant l'un & l'autre un magnifique Portique au travers des arcades duquel on découvre un grand pont, ſur lequel l'Artiſte à repréſenté la Marche d'un Triomphe Romain, & au-delà divers temples & palais ſomptueux.

<small>Sur toile. Larges de 2 pied 3 pouces ; hauts de 1 pied 6 pouces.</small>

De Jean George de Hamilton.

34. Un Payſage uni dans lequel un cerf & deux biches répoſent au bord d'un étang.

<small>Sur toile. Large de 1 pied 7 pouces ; haut de 1 pied 2 pouces.</small>

De Jean George de Hamilton.

35. & 36. Deux Tableaux de Chevaux, peints d'après nature. Dans le premier, on voit quatre chevaux enſemble dont l'un eſt gris & auprès d'eux un poullain couché ſur l'herbe. Le fond préſente, à droite, un château ſur une colline, & à gauche, une ville au bout d'une plaine.

Le ſecond tableau offre, ſur le devant, cinq chevaux dont l'un eſt baillet; ils paiſſent enſemble dans un champ terminé à droite par une colline avec des ſapins, & ſur la gauche par une forêt dans une plaine. On lit au bas: *Jean George de Hamilton f.t*

<small>Sur toile. Hauts de 3 pieds 3 pouces ; larges de 2 pieds 7 pouces.</small>

D'Auguste Querfurt.

37. & 38. Deux Sujets de Chaſſe. Le premier repré-ſente une compagnie de trois Meſſieurs & d'une Dame à cheval, partant pour la chaſſe du faucon. Un des cavaliers, qui n'eſt pas encore monté ſur ſon cheval, qui eſt gris, &

ÉCOLE ALLEMANDE.

qu'il tient par la bride, présente un verre de vin à un autre qui l'en remercie. On voit sur la droite un pavillon dans un jardin.

Le second Tableau représente le Retour de Chasse de la même compagnie, dont le cavalier au cheval gris, fait ferrer son cheval devant une forge qui est sur le chemin.

<small>Sur toile. Larges de 1 pied 11 pouces; hauts de 1 pied 4 pouces.</small>

DE FRANÇOIS DE PAULE FERG.

39. & 40. Deux Foires Italiennes, représentées sur de grandes places de villes, par quantité de figures.

<small>Sur cuivre. Larges de 2 pieds 6 pouces; hauts de 1 pieds 10 pouces.</small>

DE JEAN ZAGELMANN, & JEAN CHRÉTIEN BRAND.

41. & 42. Deux Tableaux de Volailles. On voit dans le premier deux canards morts, posés au pied d'un tronc d'arbre; & dans le second deux perdrix & d'autres oiseaux morts également placés au pied d'un arbre. Le fond de ces tableaux qui est paysage, est peint par *Brand*. On lit au bas: *J. Zagelmann p.t*

<small>Sur toile. Larges de 2 pieds 4 pouces; hauts de 1 pied 10 pouces.</small>

DE PHILIPPE FERDINAND DE HAMILTON.

43. & 44. Deux Tableaux de Volaille, où l'on voit divers oiseaux & volailles morts posés au pied d'un arbre dans un paysage ouvert. Dans le premier, on remarque principalement une bécasse, & dans le second, une perdrix.

<small>Sur toile. Larges de 2 pieds; hauts de 1 pied 7 pouces.</small>

DE JEAN GABRIEL CANTON.

45. Une Fête Village dans laquelle des gens de la campagne se divertissent à danser sur une place environnée de ruines.

<small>Sur toile. Large de 1 pied 4 pouces.; haut de 1 pied 1 pouces.</small>

DE CHARLES AIGEN.

46. & 47. Deux Paysages, dans l'un desquels est représentée une petite Foire hors de la porte d'une ville, & dans l'autre, des gens de la campagne qui dansent autour d'un grand Mai.

<small>Sur toile. Larges de 1 pied 5 pouces; hauts de 1 pied 2 pouces.</small>

DE JEAN LINGELBACH.

48. Deux Paysans en conversation avec une Paysanne prés d'une saule, dans une plaine garnie de broussailles.

<small>Sur bois. Haut de 1 pied 1 pouce; large de 10 pouces.</small>

DE JEAN DORFFMEISTER.

49. Une Forêt épaisse traversée par un ruisseau, au bord duquel un paysan & une femme sont en conversation sur le devant du tableau.

<small>Sur toile. Large de 1 pied 4 pouces; haut de 1 pied 1 pouce.</small>

DE CHARLES GUILLAUME DE HAMILTON.

50. & 51. Deux Paysages dans lesquels l'Artiste à représenté le Régne des Oiseaux & leurs Concerts, par une quantité de volatiles étrangers & indigènes, en partie volant dans l'air, en partie perchés sur des branches, ou nageant dans l'eau. Dans les deux Tableaux l'aigle exerce la souveraineté & paroît rassembler autour de lui les autres oiseaux. Dans le premier une grande chouette sur un arbre tient dans ses griffes un papier sur lequel est écrit: *Les Conversations & Chansons des Oiseaux de C. W. de H.* c'est-à-dire: de Charles Guillaume de Hamilton.

Dans le second un grand aigle s'éleve du pied d'un arbre qui est richement garni d'autres oiseaux.

<small>Sur toile. Larges de 2 pieds 9 pouces; hauts de 2 pieds 2 pouces.</small>

ÉCOLE ALLEMANDE.

Sur les Trumeaux des fenêtres.

De Philippe Ferdinand de Hamilton.

52. Deux grands Loups dans un payfage dont l'un dévore un Daim mort & étendu au pied d'un arbre, tandis que l'autre le regarde avec envie & en grinçant les dents. On remarque fur l'arbre une pie & fur la gauche une échappée de vue dans le lointain. Au bas eft écrit : *Philippe de Hamilton C: C: M: C: P: f.*^{t} 1720.

Sur toile. Haut de 5 pieds 5 pouces; large de 5 pieds.

De François Wernherr Tamm.

53. & 54. Deux Tableaux de Volaille & de Gibier. On voit dans le premier un gros coq d'Inde fe hériffer au milieu d'une quantité de poules, & fur le devant, à gauche, un lapin qui fe repofe fur l'herbe auprès d'un bofquet;

Dans le fecond Tableau, on voit au milieu, une biche, des canards, des perdrix & d'autres oifeaux morts pofés au pied d'un vieux tronc d'arbre ; ils font gardés par un levrier moucheté ; au-delà duquel on découvre dans le lointain un payfage uni avec quelques édifices.

Sur toile. Larges de 5 pieds 10 pouces; hauts de 4 pieds 4 pouces.

De Philippe Ferdinand de Hamilton.

55. Un Tableau offrant fur une table une groffe hure de fanglier peinte d'après nature avec grand foin, & auprès de laquelle font pofés toutes fortes d'inftrumens de chaffe.

Sur toile. Large de 3 pieds 4 pouces; haut de 2 pieds 9 pouces.

De David Richter.

56. & 57. Deux Payſages avec figures. Ils repréſentent des contrées montagneuſes avec quelques villes & châteaux.
Sur toile. Larges de 1 pied 8 pouces; hauts de 1 pied 5 pouces.

De Ferdinand Philippe de Hamilton.

58. & 59. Deux Payſages enrichis de diverſes eſpèces d'oiſeaux vivants. On voit dans le premier un pigeon & une perdrix à terre; & différens oiſeaux des bois & un perroquet perchés ſur un arbre;

Dans le ſecond, diverſes ſortes de bécaſſes & d'autres oiſeaux auprès d'un cormier. On lit au bas: *Ph: Ferd: de Hamilton p.*^{t} 1741.
Sur toile. Larges de 2 pieds; hauts de 1 pied 5 pouces.

De Jean Christophe Dietsch.

60. & 61. Deux petits Tableaux de Chaſſe, peints à gouache.
Sur velin & montés ſous verre. Larges de 8 pouces; hauts de 6 pouces.

De Jean Albrecht Dietsch.

62. & 63. Deux petits Payſages avec figures, également peints à gouache.
Sur velin & montés ſous verre. Larges de 8 pouces; hauts de 6 pouces.

TABLEAUX
LES PLUS REMARQUABLES
QUI SE VOYENT
AU
BELVEDERE INFÉRIEUR.

TABLEAUX
LES PLUS REMARQUABLES
QUI SE VOYENT
AU
BELVEDERE INFÉRIEUR.

LA SALLE
A LA DROITE DE LA PRINCIPALE ENTRÉE

renferme douze Tableaux de Batailles, peints

PAR PIERRE SNAYERS,

& repréfentant les Actions les plus mémorables de *l'Archiduc Léopold Guillaume*, & du *Feld-Maréchal Octave de Piccolomini, Duc d'Amalfi*; favoir :

1. Un Tableau au bas duquel on lit : *Le Secours de Louvain*, & *Pierre Snayers pinx.ᵗ* 1639.

Nota. Il repréfente la Levée du Siège de Louvain, en 1635, par les Armées Françoife & Hollandoife aux ordres du Maréchal *de Châtillon* & du Prince *Fréderic Henri d'Orange*. Le Cardinal *Infant Ferdinand*, d'un côté, & le Feld-Maréchal *Piccolomini* de l'autre, fauvérent la Place dans laquelle commandoit le Général Efpagnol *Grobendong*.

2. Un Tableau fur lequel est écrit: *Le Secours de St. Omer*, & *Pierre Snayers pinx.*^{t} 1645.

Nota. Ce Tableau repréfente la Levée du Siège de St. Omer par l'Armée Françoife aux ordres des Maréchaux *de la Force* & *de Châtillon*. Le Prince *Thomas de Savoie* & le Feld-Maréchal *Piccolomini*, qui commandoient l'Armée Efpagnole, jetèrent deux fois du fecours dans la place, fe rendirent maîtres de trois redoutes ainfi que du Fort appellé *Fahren-Schantz*, & contraignirent enfin le 15 Juillet les ennemis de lever le Siège avec grande perte.

3. Un Tableau au bas duquel on lit: *Attaque de Grancourt près de Thionville*, & *Pierre Snayers pinx.*^{t} 1641.

Nota. Ce Tableau repréfente la contrée de Thionville dans le pays de Luxembourg, au moment où le Maréchal *Comte de Feuquieres*, commandant l'Armée Françoife, fut attaqué au pofte de Grancourt par celle des Efpagnols & Impériaux aux ordres du Feld-Maréchal *Piccolomini*.

4. Un Tableau fur lequel on lit: *La Desroute de Grancourt*, & *Pierre Snayers pinx.*^{t} 1641.

Nota. Cette Pièce repréfente la même contrée & l'événement qui fût la fuite de l'attaque précédente, favoir, trois Régiments François mis en fuite; le Marquis *de la Force* fait prifonnier, & le fecours jeté dans Thionville.

5. Un Tableau fur lequel eft écrit : *Bataille de Thionville* & *Pierre Snayers pinx.ᵗ* 1642.

Nota. Il repréfente le troifième événement de cette fameufe journée, favoir, la Bataille que le Feld-Maréchal *Piccolomini* livra fur le foir à l'Armée Françoife, qu'il battit, & dans laquelle le *Comte de Feuquieres* fut fait prifonnier, & la délivrance de Thionville.

<small>Voyez au fujet des cinq Tableaux ci-deffus l'hiftoire de France du Père Daniel.</small>

6. Un Tableau fur lequel on lit : *La Prife de Neubourg au bois*, & *Pierre Snayers pinx.ᵗ* 1645.

Nota. Cette Ville fituée dans le haut Palatinat, fut prife en 1641 par l'Armée Impériale aux ordres de *l'Archiduc Léopold Guillaume*, & le Colonel *Schlang* fait prifonnier avec 1700 Suèdois.

7. Un Tableau fur lequel on lit : *Le Pofte de Bresnitz*, & *Pierre Snayers pinx.ᵗ* 1648.

Nota. Cette contrée fituée dans les montagnes de la Misnie en Saxe, entre les rivières Mulda & Pleiffe, près de Zwickau, eft repréfentée dans l'hiver de 1641, couverte de neige & occupée par l'Armée Impériale aux ordres de *l'Archiduc Léopold Guillaume* & du Feld-Maréchal *Piccolomini*, qui cherchoient à difputer le paffage à l'Armée Suèdoife commandée par le Général *Bannier*.

8. Un Tableau fur lequel on lit: *Le Siège de la Ville d'Eimbeck*, & *Pierre Snayers pinx.*ᵗ 1644.

Nota. Cette Ville, située dans la Principauté de Grubenhagen au Duché de Brunswyck, fut affiégée en 1641 dans la guerre de trente ans, par l'Armée Impériale aux ordres de *l'Archiduc Léopold Guillaume* & du Feld-Maréchal *Piccolomini*, à laquelle s'étoit jointe celle de Bavière, commandée par le *Comte de Wahl*; après avoir beaucoup fouffert du feu des affiégeans, cette place défendue par le Colonel *Godefroy Fréderic de Gurtfchen*, fe rendit par capitulation.

9. Un Tableau fur lequel on lit: *Bataille de Lutzen*, & *Pierre Snayers pinx.*ᵗ 1642.

Nota. Cette Bataille fe donna en 1642 entre Lutzen & Breitenfeld, aux environs de Leipzic, dans le même endroit où dix ans auparavant *Guftave Adolphe* perdit la vie. *L'Archiduc Léopold Guillaume*, & le Feld-Maréchal *Piccolomini* commandoient l'Armée Impériale, & le Général *Torftenfohn* l'Armée Suédoife.

10. Un Tableau fur lequel eft écrit: *La Levée du Siège de Freyberg en Mifnie*, & *Pierre Snayers pinx.*ᵗ 1648.

Nota. Cette Place, située dans les montagnes de la Misnie, fut affiégée vigoureufement par les Suédois depuis le 27. Décembre 1642 jufqu'au 17. Février fuivant, que le Feld-Maréchal *Piccolomini* la délivra en forçant le Général *Torftenfohn* de fe retirer.

Voyez au fujet des N°. 6 à 10 la Topographie de Matth. Mérian.

11. Un Tableau fur lequel on lit: *L'Affaire près de Munich*, & *Pierre Snayers pinx.*ᵗ

Nota. Ce Tableau repréfente un événement qui arriva l'an 1648, près de Munich. Dans le tems que l'Armée Impériale, commandée par le Feld-Maréchal *Piccolomini*, & l'Armée combinée de France & de Suède, étoient poftées aux environs de cette ville, le frère du Général Suèdois, *Comte de Wrangel*, voulant aller à la chaffe, fut fait prifonnier avec fa fuite par les Impériaux. Sur la gauche du Tableau eft fufpendu au haut d'un arbre le plan de la contrée & du camp des Armées avec cette explication :

A. La Ville de Munich. B. Le gros de l'Armée Impériale & Bavaroife, en ordre de Bataille. C. Troupes Suèdoifes escortant le Général *Wrangel* à la chaffe. D. Dragons de Galeas & de Diamanski. E. S. E. le Prince de *Piccolomini* Duc d'Amalfi, Feld-Maréchal de l'Empereur. F. S. E. le Général *Jean de Werth* avec le corps de Troupes Impériales fous fes ordres. G. Le Frère du Général *Wrangel* fait prifonnier avec fes gens.

12. Un Tableau fur lequel on lit: *Le Paffage de la Somme*, & *Pierre Snayers pinx.*ᵗ 1662.

Nota. Ce Tableau repréfente le Paffage de la Somme par l'Armée Efpagnole aux ordres de *l'Archiduc Léopold Guillaume*, en 1650, paffage qui fut fuivi de la prife de plufieurs places Françoifes, telles que Chatelet, la Chapelle, Moufon &c.

Tous ces Tableaux rangés felon l'ordre des dates, font peints fur toile & ont les mêmes dimenfions, favoir, 9 pieds de large, fur 6 pieds 10 pouces de haut.

On voit de plus dans la même Salle, le Portrait de *l'Archiduc Léopold Guillaume*, repréfenté à l'âge de quarante ans, en cuiraffe, la tête nue, tenant de la main droite le bâton de commandement, & appuyant la gauche fur fon cafque, qui eft entouré de lauriers, & pofé à côté de lui fur une table; peint

PAR FRANÇOIS DE NEVÉ.

Sur toile. Haut de 4 pieds 8 pouces; large de 3 pieds 5 pouces.
Figure jufqu'aux genoux, grandeur naturelle.

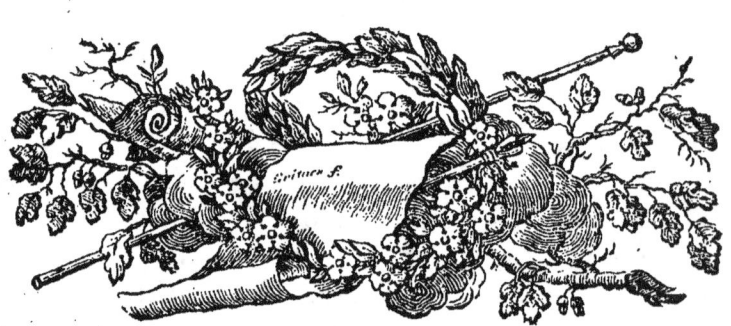

LA SALLE

À LA GAUCHE DE LA PRINCIPALE ENTRÉE

DU

BELVEDERE INFÉRIEUR,

renferme sept Tableaux de Batailles, peints

PAR IGNACE PARROCEL.

Ils repréfentent les principales Batailles du Prince *Eugène de Savoie*; favoir:

1. La Bataille de Zenta contre les Turcs, le 11. Sept. 1697.
    Sur toile. Haut de 14 pieds 6 pouces; large de 6 pieds 3 pouces.

Nota. Tous ces Tableaux étant de même hauteur, favoir, de 14 pieds 6 pouces, on n'indiquera ci-après que la largeur.

2. La Bataille de Hochftaedt, le 13. Août 1704.
    Sur toile. Large de 4 pied 8 pouces.

3. La Bataille de Caffano, le 16 Août 1705.
    Sur toile. Large de 8 pieds 2 pouces.

4. La Levée du Siège de Turin, le 7. Sept. 1706.

Nota. C'eft le morceau le plus capital de cette fuite; il eft digne d'admiration pour l'immenfe quantité de figures qu'on y voit, & pour les détails infinis du terrain, dont le plan eft pris à vue d'oifeau.
    Sur toile. Large de 20 pieds 6 pouces.

5. La Bataille d'Audenaerde, le 11 Juillet 1708.
    Sur toile. Large de 6 pieds 9 pouces.

X

6. La Bataille de Malplaquet près de Mons, le 11. Sept. 1709.

Sur toile. Large de 8 pieds 2 pouces.

7. La Bataille de Belgrade, le 16 Août 1717.

Sur toile. Large de 4 pieds 8 pouces.

Nota. Ce dernier tableau n'est pas de Parrocel, mais d'un peintre Viennois nommé *Oberdorf*.

On voit de plus dans la même Salle le Portrait du Prince *Eugène* à cheval; peint

PAR JEAN GODEFROI AUERBACH.

Sur toile. Haut de 9 pieds 9 pouces; large de 7 pieds 6 pouces.

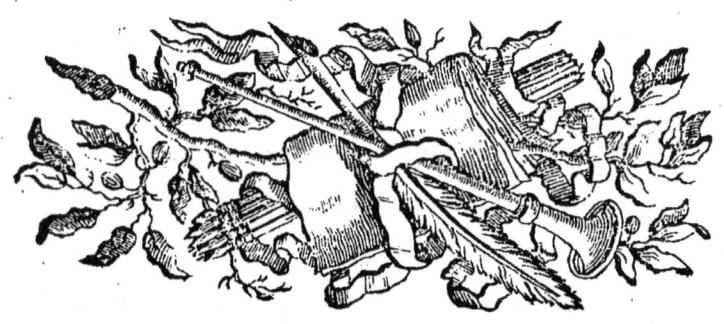

PORTRAITS DIVERS

AU

BELVEDERE INFÉRIEUR.

Parmi une quantité de Portraits qui ornent les chambres de ce bâtiment, & dont la plupart repréfentent des Princes & Princeffes de l'Augufte *Maifon d'Autriche*, les fuivans font les plus remarquables.

DE FRANÇOIS CLOUET *dit* JANET.

1. Le Portrait en pied de *Charles IX. Roy de France*, peint à l'âge de 20 ans. Il appuie la main droite fur le doffier d'un fauteuil de velours cramoifi, & tient de la gauche la garde de fon épée. Au bas eft écrit: *Charles VIII. Très Chréstien Roy de France, en l'âge de XX ans peinct au vif par Janet* 1570.

Sur toile. Haut de 6 pieds; large de 3 pieds.
Figure entière, grandeur naturelle.

Nota. Ce Portrait eft le même en grand que celui qui fe trouve ci-devant en petit, peint par le même Maître, page 218. N°. 64.

DE DOSSO DOSSI.

2. Le Portrait en pied *d'Alphonfe II. Duc de Ferrare & de Modène*, en cuiraffe.

Sur toile. Haut de 6 pieds; large de 3 pieds.
Figure entière, grandeur naturelle.

DE DON DIEGO VELASQUEZ DE SILVA.

3. Le Portrait de *l'Archiduchesse Marie Anne*, troisième fille de l'Empereur Ferdinand III. & seconde femme de Philippe IV. Roi d'Espagne. Elle est représentée à l'âge de 13 ans, en habit blanc garni de dentelles & de nœuds de rubans.

Sur toile Haut de 4 pieds 7 pouces ; large de 3 pieds 8 pouces.
Figure jusqu'aux genoux, grandeur naturelle.

Du même.

4. Le Portrait d'un Espagnol de qualité, appuyant la main droite sur la tête d'un levrier qui s'est dressé contre lui, & tenant de la gauche la garde de son épée.

Sur toile. Haut de 4 pieds ; large de 3 pieds
Figure jusqu'aux genoux, grandeur naturelle.

DE FRANÇOIS DE NEVÉ.

5. Le Portrait de *Charles II. Roi d'Espagne*, fils de Philippe IV. & de la précédente Archiduchesse Marie Anne.

Sur toile. Haut de 4 pieds 8 pouces ; large de 3 pieds 5 pouces.
Figure jusqu'aux genoux, grandeur naturelle.

DE MATTHIEU MERIAN LE JEUNE.

6. Le Portrait à cheval de *l'Empereur Léopold*, accompagné de plusieurs figures allégoriques. On lit au bas de ce tableau, peint l'année après celle du couronnement de ce Monarque à Francfort : *Matthieu Merian f.t* 1659.

Voyez la Vie de cet Artiste dans l'Académie Tedesca de Sandrart.
Sur toile. Large de 18 pieds ; haut de 15 pieds.
Figure entière, au-dessus de nature.

au Belvedère Inférieur.

De Chistophe Lauch.

7. Le Portrait en pied de *l'Impératrice Éléonore*, née Princeſſe de Gonzague, ſeconde femme de l'Empereur Ferdinand II. peinte dans ſon veuvage.

Sur toile. Haut de 6 pieds; large de 3 pieds.
Figure entière, grandeur naturelle.

De Juste Sustermans.

8. Le Portrait de *l'Archiducheſſe Claudine*, fille de Ferdinand I. de Médicis, Grand Duc de Toſcane, & femme de Léopold V. Archiduc d'Autriche & Comte de Tyrol. Cette Princeſſe eſt repréſentée aſſiſe contre une table, ſur laquelle repoſe un petit chien.

Sur toile. Haut de 4 pieds; large de 3 pieds 2 pouces.
Figure juſqu'aux genoux, grandeur naturelle.

De François Stampart.

9. Le Portrait de *l'Empereur Charles VI.* déjà ſur l'âge, en cuiraſſe.

Sur toile. Haut de 5 pieds; large de 4 pieds.
Figure juſqu'aux genoux, grandeur naturelle.

De Hyacinthe Rigaud.

10. Le Portrait de la Princeſſe *Éliſabeth Charlotte*, *Ducheſſe de Lorraine*, fille de Philippe I. Duc d'Orléans & mère de l'Empereur François I. peinte à l'âge de quarante ans. Elle eſt enveloppée d'une drapperie bleu-celeſte par-ſemée de fleurs de lis d'or.

Sur toile. Haut de 2 pieds 6 pouces; large de 2 pieds.
Buſte, grandeur naturelle.

D'Antoine François Callet.

11. Le Portrait en pied de *Louis XVI. Roi de France*, peint à l'âge de 27 ans, dans l'habit de l'Ordre du St. Esprit, & le sceptre à la main. On lit au bas: *Calet p.t* 1781.
Sur toile. Haut de 10 pieds; large de 8 pieds.
Figure entière, grandeur naturelle.

De M.me Louise Élisabeth le Brun, née Vigée.

12. Le Portrait en pied de *l'Archiduchesse Marie Antoinette d'Autriche, Reine de France*, peinte à l'âge de 25 ans. On lit au bas: *Peint par M.de le Brun âgée de 22 ans, en* 1780.
Sur toile. Haut de 8 pieds 8 pouces; large de 6 pieds 2 pouces.
Figure entière, grandeur naturelle.

Du Chevalier Alexandre Roslin.

13. Le Portrait de *Gustave III. Roi de Suède*, peint en uniforme, savoir, en habit bleu, veste & culotte jaunes & avec le mouchoir blanc autour du bras gauche, signe que S. M. portoit le 19. Août 1772, jour de la grande révolution de Suède.
Sur toile. Haut de 4 pieds 6 pouces; large de 3 pieds.
Figure jusqu'aux genoux, grandeur naturelle.

De Jean Zoffani.

14. Le Portrait de *l'Archiduchesse Marie Christine*, Épouse du Duc de Saxe-Teschen & Gouvernante générale des Pays-bas.
Sur toile. Haut de 3 pieds 6 pouces; large de 2 pieds 9 pouces.
Figure jusqu'aux genoux, grandeur naturelle.

De Jean Zoffani.

15. Le Portrait de *l'Archiduc François*, *Prince Héréditaire de Toscane*, peint à l'âge de neuf ans & dans l'uniforme blanche.

Sur toile. Haut de 5 pieds; large de 4 pieds.
Figure entière, grandeur naturelle.

Du même.

16. & 17. Les Portraits des Princes *Ferdinand* & *Charles de Toscane*, Frères du précédent.

Sur toile. Hauts de 2 pieds; larges de 1 pied 6 pouces.
Bustes, grandeur naturelle.

Du même.

18. Un Tableau de Famille, représentant les Enfants de *l'Infant Duc de Parme & de l'Archiduchesse*, savoir, deux jeunes Princes & deux Princesses, tous vêtus de blanc & s'amusant entr'eux à toute sortes de jeux.

Sur toile. Large de 5 pieds; haut de 4 pieds.
Figures entières, grandeur naturelle.

De Jean Étienne Liotard.

19. Le Portrait de *Madame Necker*, Épouse de Mr. Necker, Directeur général des Finances de France, peinte dans sa jeunesse, en négligé, avec un livre à la main & assise contre une table, sur laquelle il y a une corbeille pleine de fruits.

Peint en pastel, monté sous glace. Large de 3 pieds 3 pouces; haut de 2 pieds 9 pouces.
Figure jusqu'aux genoux, grandeur naturelle.

De Jean Étienne Liotard.

20. Le Portrait de *Mr. Bernard*, *Poëte François*. Il est assis contre une table, sur laquelle on voit son livre sur l'Art d'Aimer, & tient une plume à la main.

Peint en pastel, monté sous glace. Large de 3 pieds 3 pouces; haut de 2 pieds 9 pouces.

Figure jusqu'aux genoux, grandeur naturelle.

TABLE ALPHABÉTIQUE

DES

PEINTRES

DONT IL SE TROUVE DES OUVRAGES DANS CETTE GALERIE,

A QUOI L'ON A JOINT

leurs Surnoms, les Dattes de leur Naiſſance & de leur Mort, & les Monogrammes ou autres Marques qu'ils mettoient ordinairement ſur leurs Tableaux.

A.

ACHEN (Jean van) ou *Hans van Acken*, né à Cologne en 1556, mort à Prague vers l'an 1600.

16. Pièces. { Page 266. N°. *12. & 13.* P. 269. N°. *27. & 28.* P. 274. N°. *47. 48. & 49.* P. 275. N°. *52. & 53.* P. 277. N°. *59. & 60.* P. 279. N°. *76. & 77.* P. 280. N°. *79. & 80.* P. 283. N°. *92.*

AERTSENS (Pierre) ſurnommé *Langen-Peer*, ou *Pierre le Long*, né à Amſterdam en 1519, mort dans la même Ville en 1573.
1. Pièce. Page 165. N°. *65.*

AERTSENS (Arnold ou Artus) ſurnommé *Pieters*, fils du précédent, né à Amſterdam vers l'an 1550, floriſſoit vers l'an 1604.
1. Pièce. Page 171. N°. *91.*

AGRICOLA (Chriſtophe Louis) né à Ratisbonne en 1667, mort dans la même Ville en 1719.
1. Pièce. Page 303. N°. *8.*

AIGEN (Charles) né à Ollmutz en Moravie en 1684, mort à Vienne en 1762.
2. Pièces. Page 310. N°. *46. & 47.*

ALBANE (École de l') 1. Pièce. Page 56. N°. *21.*

ALDEGRAF (Henri) ou *Aldegræf*, ou *Aldegrever*, appelé aussi, *Albert de Westphalie*, né à Soest en Westphalie en 1502, florissoit vers l'an 1551.

3. Pièces. Page 254. N° 77. & 78. P. 259. N°. 97.

ALLEGRI (Antoine) communément appelé, *le Corrège*, du lieu de sa naissance; né à Corrège dans le Modænois en 1494, mort au même lieu en 1534.

5. Pièces. Page. 60. N°. 4. 7. & 8. P. 61. N°. 9. P. 146. N°. 25.

ALPHEN (Eusebe Jean) né à Vienne en 1741, mort dans la même Ville en 1772.

1. Pièce. Page 144. N°. 13.

ALSLOOT (Daniel van) né à Bruxelles vers l'an 1550, florissoit vers l'an 1608.

1. Pièce, peinte avec Henri de Clerck, Page 175. N°. 7.

ALTOMONTE (Martin) né à Naples en 1657, mort à Vienne en 1745.

1. Pièce. Page 296. N°. 69.

ALTORFFER (Albert) né à Altorf en Suisse, vers l'an 1470, mort à Ratisbonne vers l'an 1511.

2. Pièces. Page 248. N°. 54. P. 257. N°. 90.

AMBERGER (Christophe) né à Nuremberg vers l'an 1490, mort à Augsbourg en 1563.

8. Pièces. { Page 243. N°. 42. P. 244. N°. 43. 44. & 45. P. 247. N°. 49. & 50. P. 255. N°. 79. P. 257. N°. 87.

ANGUISCOLA (Sophonisbe) florissoit en Espagne, vers l'an 1560 morte très-âgée en 1620.

1. Pièce. Page 146. N°. 24.

AQUILA (Jean) vivoit vers l'an 1420.

2. Pièces dans le même cadre. P. 231. N°. 5.

Arpino (Joseph) voyez *Cesari*.

ARTOIS (Jacques van) né à Bruxelles en 1613, floriſſoit vers l'an 1666.
2. Pièces. Page 123. N°. *1*. P. 131. N° *33*.
ASPER (Jean) né à Zuric en 1499, mort dans la même Ville en 1571.
1. Pièce. Page 262. N°. *106*.
ASSELYN (Jean) ſurnommé *Crabetje*, né à Anvers environ l'an 1610, mort à Amſterdam vers l'an 1660.
1. Pièce. Page 98. N°. *20*.
AUERBACH (Jean Godefroi) né à Mulhouſe en Saxe, en 1697, mort à Vienne en 1753.
1. Pièce. Page 305. N°. *25*. &
1. Pièce au Belvedère Inférieur, Page 322.
AVONT (Pierre van) floriſſoit dans les Pays-bas, vers l'an 1650.
1. Pièce avec *Jean Breughel* dit *de Velours*, P. 187. N°. *81*.
2. Pièces entièrement de ſa main, Page 216. N°. *55*. & *56*.

B.

BAALEN (Henri van) né à Anvers en 1560, mort dans la même Ville en 1632.
1. Pièce. Page 215. N°. *51*.
4. Pièces avec *Jean Breughel* dit *de Velours*, Page 187. N°. *77. à 80*.
BAALEN (Jean van) fils du précédent, né à Anvers en 1611, mort dans la même Ville.
2. Pièces. Page 215. N°. *53*. P. 218. N°. *65*.
BAAREN (Philippe van der) né dans les Pays-bas, vers l'an 1600.
2. Pièces. Page 193. N°. *26. & 27*.
Barthélemi de St. Marc (le Frère) né à Savignano en 1469, mort à Florence en 1517.
1. Pièce. Page 45. N°. *17*.
1. Pièce avec *Julien Bugiardini*, Page 50. N°. *39*.
BACHMANN (George) né à Friedberg vers l'an 1600, mort à Vienne en 1651.
2. Pièces. Page 290. N°. *27. & 28*.

BACKHUYSEN (Ludolph) né à Embden en 1631, mort à Amſterdam en 1709.
1. Pièce. Page 205. N°. 3.

BAKAREEL (Guillaume) né à Anvers environ l'an 1600, mort dans la même Ville.
1. Pièce. Page 95. N°. 10.

BALASSI (Mario) né à Florence en 1604, mort dans la même Ville en 1667.
1. Pièce. Page 43. N°. 8.

BALDUNG (Jean) ſurnommé *Gruen*, né à Gemund en Souabe vers l'an 1470, floriſſoit vers l'an 1516.
1. Pièce. Page 256. N°. 85.

BALESTRA (Antoine) né à Vérone en 1666, mort à Veniſe en 1740.
1. Pièce. Page 42. N°. 7.

BALTEN (Pierre) né à Anvers environ l'an 1540, où il floriſſoit vers l'an 1579.
1. Pièce. Page 176. N°. 13.

Bamboche, voyez *Pierre de Laar*.

BARBARELLI (George) ſurnommé *le Giorgione*, né à Caſtelfranco 1477, mort à Veniſe en 1511.
6. Pièces. Page 5. N°. 10. P. 9. N°. 31. P. 10. N°. 36. P. 11. N°. 41. P. 75. N°. 31. P. 79. N°. 50.

BARBATELLO (Bernardino) ſurnommé *Pocchietti*, né à Florence en 1542, mort dans la même Ville en 1612.
1. Pièce. Page 49. N°. 34.

Barbieri, voyez *Guercino*.

BARENT (Théodor) ou *Barentſen*, né à Amſterdam en 1534, mort dans la même Ville en 1592.
1. Pièce. Page 161. N°. 51.

BAROCCI (Frédéric) communément appellé *le Baroche*, né à Urbin en 1528., mort à Rome en 1612.
1. Pièce. Page 37. N°. 29.

Baſſano ou *le Baſſan* (Francesco, Giacomo & Leandro) voyez *da Ponte*.
BATONI (Pompée) né à Lucques au commencement de ce Siècle, vit encore à Rome.
   2. Pièces. Page 34. N°. *16*. P. 35. N°. *17*.

Io. WB   BAUER (Jean Guillaume) né à Strasbourg en 1600, mort à Vienne en 1640.
   1. Pièce. Page 279. N°. *75*.

BAXAITI (Marc) né dans le Frioul vers l'an 1470, mort vers l'an 1516.
   1. Pièce. Page 5. N°. *9*.

AB   BECKE (A: van) vivoit dans les Pays-bas au milieu du siècle paſſé.
   1. Pièce. Page 196. N°. *42*.

B   BEGA (Corneille) né à Harlem vers l'an 1600, mort dans la même Ville en 1664.
   1. Pièce. Page 181. N°. *48*.

Beham, ou *Behm*, voyez *Boehm*.
BEICH (Joachim François) né à Munich en 1665, mort dans la même Ville en 1748.
   2. Pièces. Page 286. N°. *5. & 6*.

BELLINO (Giacomo) le Vieux, né à Veniſe vers l'an 1400, mort dans la même Ville en 1470.
   1. Pièce. Page 6. N°. *11*.

BELLINO (Giovann) dit le Jeune & communément appelé *Jean Bellin*, fils du précédent, né à Veniſe vers l'an 1426, mort dans la même Ville vers l'an 1516.
   3. Pièces. Page 7. N°. *16*. P. 13. N°. *46. & 47*.

BEMMEL (Guillaume) né à Utrecht en 1630, mort à Nuremberg en 1708.
   2. Pièces. Page 287. N°. *9. & 10*.

BENTUM (Guftave van) né dans les Pays-bas vers l'an 1680, mort en 1727.
1. Pièce. Page 223. N°. 90.

BERCHEM (Nicolas) né à Harlem vers l'an 1624, mort dans la même Ville en 1683.
4. Pièces. Page 214. N°. 47. & 48. P. 215. N°. 50. P. 216. N°. 54.

BERGHEN (Dirck ou Thieri van) né à Harlem vers l'an 1640, floriffoit vers l'an 1680.
2. Pièces. Page 208. N°. 18. & 19.

BERRETINI (Pietro) da Cortona, communément nommé *Pierre de Cortone*, du lieu de fa naiffance, né en 1596, mort à Florence en 1669.
2. Pièces. Page 44. N°. 14. P. 45. N°. 18.

Bevillaqua, voyez *Salimbene*.

BEYER (Mme Gabrielle) née de Bertrand, nâquit à Luneville en 1737, vit actuellement à Vienne, où elle eft mariée au Sr. Guillaume Beyer, Sculpteur de la Cour.
2. Pièces. Page 145. N°. 14. & 15.

BINCK (Jacques) né à Nuremberg vers l'an 1490, mort vers l'an 1560.
1. Pièce. Page 256. N°. 84.

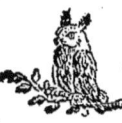
BLES (Henri van) furnommé par les Italiens *la Civetta*, c'eft-à-dire, le Maître à la Chouette, né à Bouvines proche de Dinant en Flandres, vers l'an 1450, floriffoit vers l'an 1510.
4. Pièces. Page. 152. N°. 11. & 12. P. 158. N°. 33. P. 167. N°. 77.

Blockland, voyez *Montfort*.

BLOEMAERT (Abraham) né à Gorcum vers l'an 1569, mort à Utrecht en 1647.
 1. Pièce. Page 86. N°. 7.

VB BLOEMEN (Peter van) furnommé *Standart*, né à Anvers en 1649, mort dans la même Ville en 1719.
 2. Pièces. Page 196. N°. *44. & 45*.

BOCK (Tobie) né à Constance vers l'an 1600, mort à Vienne vers l'an 1650.
 1. Pièce. Page 290. N°. *34*.

BOCKHORST (Jean van) furnommé le *Long-Jean*, né à Münster en Westphalie vers l'an 1661, florissoit vers l'an 1724.
 1. Pièce. Page 98. N°. *18*.

BOCKSBERGER (Jean) né à Saltzbourg vers l'an 1520, mort dans la même Ville.
 1. Pièce. Page 279. N°. *73*.

BB BOEHM ou Beham (Barthélemi) né à Nuremberg en 1502, mort à Rome en 1540.
 1. Pièce. Page 260. N°. *101*.

BOEHM ou Beham (Jean) frère du précédent, né à Nuremberg vers l'an 1508, mort à Francfort sur le Meyn vers l'an 1550.
 1. Pièce. Page 239. N°. *27*.

BOL (Ferdinand) né à Dordrecht vers l'an 1610, mort en 1681.
 1. Pièce. Page 91. N°. *29*.

BOL (Jean) né à Malines en 1524, mort à Amsterdam en 1590.
 1. Pièce. Page 183. N°. *55*.

BOMBELLI (Sébastien) né à Udine dans le Frioul, en 1635, vivoit encore en 1716.
 1. Pièce. Page 44. N°. *15*.

BORDONÉ (Pâris) communément *le Bordon*, né à Trevise vers l'an 1520, mort dans la même Ville vers l'an 1595.
 6. Pièces. Page 9. N°. *27*. P. 68. N°. *5*. P. 71. N°. *16. & 17*. P. 77. N°. *40. & 41*.

Bos (Jerôme) né à Bois-le-Duc en Hollande vers l'an 1450.
  3. Pièces. Page 158. N°. *32. 36.* & *37.*
Bossaert, voyez *Willebort.*
Both (Jean) dit le *Both d'Italie*, né à Utrecht vers l'an 1600, florissoit dans la même Ville vers l'an 1651.
  1. Pièce. Page 97. N°. *14.*
Boudewyns (Antoine François) né à Bruxelles vers l'an 1660, mort dans la même Ville vers l'an 1700.
  2. Pièces avec Pierre Bout, page 130. N°. *30.* & *31.*
Bourguignon, voyez *Courtois.*
Bout (Pierre) né à Bruxelles vers l'an 1660, vivoit encore en 1710.
  2. Pièces, peintes avec Boudewyns, page 130. N°. *30.* & *31.*
Brakenburgh (Regnier) né à Harlem en 1649, mort dans la Province de Frise.
  2. Pièces. Page 210. N°. *25.* & *26.*
Bramer (Léonard) né à Delft en 1596, mort dans la même Ville.
  2. Pièces. Page 91. N°. *30.* P. 92. N°. *34.*
Brand (Chrétien Hülfgott) dit le Vieux, né à Francfort sur l'Oder en 1693, mort à Vienne en 1756.
  4. Pièces. Pages 303. N°. *10.* & *11.* P. 304. N°. *19.* & *20.*
Brand (Jean-Chrétien) dit le Jeune, fils du précédent, né à Vienne en 1723, où il vit encore en qualité de Professeur de l'Académie Impériale.
  7. Pièces. Pages 302. N°. *7.* P. 304. N°. *13.* à *16.* & *17.* & *18.*
  2. Pièces avec Jean Zagelmann, page 309. N°. *41.* & *42.*
Brandel (Pierre) né à Prague en 1660, mort à Kuttenberg en Bohème en 1739.
  1. Pièce. Page 294. N°. *61.*
Bredal (Jean Pierre van) né dans les Pays-bas vers l'an 1630, vivoit à Vienne au service du Prince Eugéne de Savoye vers l'an 1700.
  2. Pièces. Page 305. N°. *23.* & *24.*

Brentel

BRENTEL (Frédéric) né à Strasbourg vers l'an 1556, vivoit encore en 1610.
1. Pièce. Page 279. N°. 74.

BREUGHEL (Pierre) dit le Vieux, né à Breugel, village près de Breda, vers l'an 1530, vivoit à Bruxelles vers l'an 1590.
12. Pièces. Page 179. N°. 31. P. 184. N°. 59. & 60. & 61. à 64. P. 185. N°. 65. 66. 67. & 68. P. 186. N°. 72.

BREUGHEL (Pierre) le Jeune, surnommé *Breughel d'Enfer*, fils du précédent, né à Bruxelles en 1569, mort dans la même Ville en 1625.
2. Pièces. Page 183. N°. 54. P. 185, N. 69.

BREUGHEL (Jean) surnommé *Breughel de Velours*, fils de Pierre le Vieux, né à Bruxelles en 1589, mort à Anvers en 1642.
4. Pièces entièrement de sa main. Page 178. N°. 28. P. 186. N°. 70. & 75. P. 191. N°. 13.
De plus, 6. Pièces avec d'autres Maîtres, savoir :
1. Pièce avec Jean Rottenhammer, page 187. N°. 76.
4. Pièces avec Henri van Baalen, page 187. N°. 77. à 80, &
1. Pièce avec Pierre van Avont, page 187. N°. 81.

BREUGHEL (Ambroise) né à Bruxelles vers l'an 1580, étoit Directeur de l'Académie des Peintres à Anvers en 1670.
2. Pièces. Page 193. N°. 29. & 30.

BRILL (Matthieu) né à Anvers en 1546, mort à Rome en 1584.
1. Pièce. Page 174. N°. 5.

BRILL (Paul) frère du précédent, né à Anvers en 1556, mort à Rome en 1626.
2. Pièces. Page 175. N°. 9. P. 177. N°. 21.

BROECK (Crispin van den) né à Anvers environ l'an 1530, florissoit vers l'an 1560.
1. Pièce. Page 166. N°. 70.

BROECK (Moyse Veit van den) né vers l'an 1600, vivoit à la Haye vers l'an 1630.
2. Pièces. Page 180. N°. 36. & 37.

Y

BRONZINO (Angelo) né à Florence vers l'an 1490, mort dans la même Ville en 1559.
 1. Pièce. Page 146. N°. 23.

BRUGES (Marc Gérard de) né à Bruges vers l'an 1550, mort en Angleterre vers l'an 1590.
 2. Pièces. Page 162. N°. 52. & 53.

Bruges (Roger van) voyez *Roger*.

BRUN (Mme Louise Elisabeth LE) née Vigée, Artiste distinguée vivante à Paris, où elle est née en 1755; Elle y exerce son art avec succès & est Membre de l'Académie Royale de Peinture, ainsi que son mari M. le Brun Peintre du Roi.
 1. Pièce au Belvedere inférieur, page 326. N°. 12.

Brusasorci, voyez *Ricci*.

BUGIARDINI (Julien) né à Florence en 1481, mort dans la même Ville en 1556.
 1. Pièce peinte avec le Frère Barthélemi de Saint Marc, page 50. N°. 39.

BURGAU (N.) né vers l'an 1700, vivoit à Vienne vers l'an 1740.
 2. Pièces. Page 294. N°. 59. & 60.

HB BURGMAIER (Jean) né à Augsbourg en 1473, mort dans la même Ville en 1559.
 3. Pièces. Page 238. N°. 25. P. 255. N°. 82. P. 256. N°. 86.

BYS (Jean Rodolphe) né à Soleure vers l'an 1660, mort à Würtzbourg en 1738.
 2. Pièces. Page 297. N°. 74. & 75.

BUONAROTTI (Michel-Ange) communément *Michel-Ange*, né à Caprèse en 1474, mort à Rome en 1564.
 5. Pièces. Page 42. N°. 3. P. 43. N°. 11. P. 46. N°. 25. P. 47. N°. 26. & 27.

C.

Cagnacci *ou* Cagnazzi, voyez *Canlaſſi*.

CAIRO (le Chev.r François del) né à Varèſe dans le Milanois vers l'an 1600, mort à Milan en 1674.
1. Pièce. Page 77. N°. 37.

Calabreſe, voyez *Preti*.

CALCAR (Jean de) né à Calcar dans le pays de Clêve vers l'an 1500, mort à Naples en 1546.
2. Pièces. Page 23. N°. 25. P. 25. N°. 36.

Caliari (Paul & Charles) voyez *Véronèſe*.

CALLET (Antoine François) artiſte vivant à Paris, où il eſt né en 1742. Il eſt Membre de l'Académie Royale de Peinture & Sculpture, & connu avantageuſement par ſes ouvrages.
1. Pièce au Belvedere inférieur, page 326. N°. 11.

Candide, voyez *de Witte*.

CANLASSI (Guide) ſurnommé *Cagnacci*, ou *Cagnazzi*, né à Caſtel-Durante aux environs de Rimini en 1600, mort à /1601/. Vienne en 1681.
3. Pièces. Page 56. N°. 23. P. 62. N°. 17. P. 64. N°. 24.

CANTARINI (Simon de Peſaro) communément *le Péſarèſe*, né à Florence en 1612, mort à Vérone en 1548.
2. Pièces. Page 56. N°. 25. P. 59. N°. 1.

CANTON (Jean Gabriel) né à Vienne en 1710, mort dans la même Ville en 1753.
1. Pièce. Page 309. N°. 45.

CARLONE (Carlo) né aux environs de Côme en 1686, mort à Côme en 1775; voyez la Préface.

CARPIONE (Jules) né à Veniſe en 1611, mort à Vérone en 1674.
1. Piéce. Page 72. N°. 19.

CARRACHE (Auguſtin) né à Bologne en 1557, mort à Rome en 1602.
1. Pièce. Page 51. N°. 2.

CARRACHE (Annibal) frère du précédent, né à Bologne en 1560, mort à Rome en 1609.
3. Pièces. Page 61. N°. *10. 12.* & *13.*
CARRACHE (Louis) né à Bologne en 1555, mort dans la même Ville en 1619.
1. Pièce. Page 66. N°. *33.*
Carravaggio, voyez *Polidore* & *Merigi*.
CARRUCCI (Jacques) furnommé *le Pontorme*, né en 1493, mort à Florence en 1556.
1. Pièce. Page 48. N°. *33.*
CATENA (Vincent) né à Venife vers l'an 1478, mort dans la même Ville en 1532.
1. Pièce. Page 19. N°. *34.*
CAVEDONE (Jacques) né à Saffuolo dans le Modenois en 1580, mort à Bologne en 1660.
1. Pièce. Page 63. N°. *21.*
CÉSARI (Joseph) furnommé *le Josépin*, né au Château d'Arpino dans la Terre de Labour, en 1560, mort à Rome en 1640.
3. Pièces. Page 35. N°. *20.* P. 37. N°. *30.* P. 39. N°. *40.*
CHAMPAIGNE (Philippe) né à Bruxelles en 1602, mort à Paris en 1674.
2. Pièces. Page 83. N°. *1.* P. 86. N°. *8.*
CHIMENTI (Jacques) furnommé *d'Empoli*, nom d'une petite Ville de Tofcane, ou il eft né en 1554, mort à Florence en 1640.
1. Pièce. Page 50. N°. *40.*
Chinoifes, voyez le mot Peintures.
CIGNANI (Charles) né à Bologne en 1628, mort à Forli dans la Romagne en 1719.
1. Pièce. Page 65. N°. *31.*
Civetta (la) c'eft-à-dire, *la Chouette*, voyez *van Bles*.
CLEEF (Henri van) né à Anvers environ l'an 1500, mort dans la même Ville vers l'an 1589.
1. Pièce. Page 173. N°. *2.*

CLEEF (Martin van) né à Anvers environ l'an 1520, mort vers l'an 1570.
 1. Pièce. Page 173. N°. 1.
CLERCK (Henri de) né à Bruxelles vers l'an 1600.
 1. Pièce avec *Daniel van Alsloot*, page 175. N°. 7.
 1. Pièce entièrement de sa main, page 180. N°. 38.
CLOUET (François) surnommé *Janet*, né à Tours vers l'an 1519, florissoit en France environ l'an 1570.
 1. Pièce. Page 218. N°. 63.
 1. Pièce au Belvedère inférieur, page 323. N°. 1.
COCK (Matthieu) dit *le Vieux*, né à Anvers environ l'an 1500, mort dans la même Ville en 1565.
 1. Pièce. Page 176. N°. 12.
COCK (Jérôme) frère cadet du précédent, né à Anvers environ l'an 1504, mort dans la même Ville en 1570.
 1. Pièce. Page 179. N°. 30.
COMPAGNO (Scipion) né à Naples vers l'an 1624, florissoit environ l'an 1680.
 2. Piéces. Page 69. N°. 6. & 7.
CONIXLOE (Gilles) né à Anvers en 1554, florissoit environ l'an 1604.
 1. Pièce. Page 174. N°. 3.
COOSEMANS (A.) vivoit dans le Pays-bas vers l'an 1630.
 1. Pièce. Page 175. N°. 38.
CORNELISSEN (Corneille) né à Harlem en 1562, mort dans la même Ville en 1638.
 1. Pièce. Page 178. N°. 27.
Correge (le) voyez *Allegri*.
CORT (Henri Joseph François de) Artiste vivant & Professeur de l'Académie d'Anvers, où il est né en 1743.
 1. Pièce. Page 137. N°. 9.
Cortone (Pierre de) voyez *Berretini*.

COURTOIS (Jacques) furnommé *le Bourguignon*, né à St. Hyppolite en Bourgogne en 1621, mort en Italie en 1676.
 2. Pièces. Page 190. N°. 7. & 8.
COXIS ou *Coxcie* (Michel) né à Malines en 1497, mort à Anvers en 1592.
 1. Pièce. Page 168. N°. 78.
Crabetje, voyez *Aſſelyn*.
CRAESBECKE (Joſeph van) né à Bruxelles en 1609, mort en 1641.
 1. Pièce. Page 97. N°. 17.

CRANACH ou *Kranach* (Lucas) *le Vieux*. Cet Artiſte eſt principalement connu ſous le nom de *Cranach*; quelques autres l'appellent auſſi *Sanders*, mais ſon véritable nom eſt *Lucas Muller*; il nâquit à Cranach dans l'Évêché de Bamberg en 1472, & mourut à Weimar en 1553.

14. Pièces. { Page 235. N°. 16. P. 240. N°. 29. & 31. P. 246. N°. 47. P. 247. N°. 48. P. 248. N°. 55. & 56. P. 251. N°. 65. & 66. P. 252. N°. 69. & 70. P. 258. N°. 91. P. 259. N°. 98. & 99.

CRANACH ou *Kranach* (Lucas) *le Jeune*, fils du précédent, né à Wittenberg en 1515, mort dans la même Ville en 1586.
 3. Pièces. Page 250. N°. 62. 63. & 64.
CRAYER (Caſpard de) né à Anvers en 1582, mort à Gand en 1669.
 2. Pièces. Page 93. N°. 1. P. 94. N°. 3.
CRESPI (Daniel) né à Milan en 1600, mort dans la même Ville en 1630.
 1. Pièce. Page 63. N°. 18.
CRESPI (Joſeph-Marie) ſurnommé *l'Eſpagnol*, né à Bologne en 1665, mort dans la même Ville en 1747.
 2. Pièces. Page 57. N°. 26. & 27.

CREUTZFELDER (Jean) né à Nuremberg vers l'an 1570, mort dans la même Ville en 1636.
1. Pièce. Page 266. N°. 14.

H. V. C. CULMBACH (Jean de) né à Culmbach en Franconie, environ l'an 1500, mort vers l'an 1545.
1. Pièce. Page 261. N°. 105.

CURADI (François) né à Florence en 1570, mort dans la même Ville en 1661.
1. Pièce. Page 34. N°. 14.

D.

DAILLI (N.) étoit au service du Prince Charles de Lorraine, Gouverneur Général des Pays-bas, au milieu de ce siècle.
1. Pièce. Page 144. N°. 12.

DÉLEN (Dirk ou Thieri van) né à Heusden dans les Pays-bas environ l'an 1635, florissoit à Armuyden vers l'an 1670.
1. Pièce. Page 212. N°. 37.

DELPHIUS (Jacques Guillaume) né à Delft en Hollande en 1619, mort dans la même Ville en 1661.
1. Pièce. Page 174. N°. 4.

DENNER (Balthasar) né à Hambourg en 1685, mort à Rostock en en 1749.
2. Pièces. Page 298. N°. 76. & 77.

DIEPENBECK (Araham) né à Bois-le-Duc en 1607, mort à Anvers en 1675.
2. Pièces. Page 96. N°. 11. P. 139. N°. 17.

DIETERLING (Wendel) né à Strasbourg en 1540, mort dans la même Ville en 1599.
1. Pièce. Page 235. N°. 15.

DIETRICH (Chrétien Guillaume) connu en France sous le nom de Dietricy, né à Weimar en 1712, mort à Dresde en 1774.
4. Pièces. Page 291. N°. 38. & 39. P. 292. N°. 46. & 47.

DIETSCH (Jean Chriſtophe & Jean Albert) Frères d'une famille d'Artiſtes de Nuremberg, qui excelloient à peindre à gouache. Jean Chriſtophe y étoit né en 1710 & mourut en 1768. Jean Albert nâquit en 1720 & mourut en 1782.
    4. Pièces.   Page 312. N°. 60. & 61. & 62. & 63.

DOES Jacques van der) né à Amſterdam en 1623, mort à la Haye en 1673.
    1. Pièce.   Page 222. N°. 85.

DOLCI ou *Dolce* (Charles) né à Florence en 1616, mort dans la même Ville en 1686.
    1. Pièce.   Page 47. N°. 28.

DORFFMEISTER (Jean) né à Vienne en 1741, mort dans la même Ville en 1765.
    1. Pièce.   Page 310. N°. 49.

DOSSI (Doſſo) né à Ferrare vers l'an 1490, mort dans la même Ville en 1558.
    1. Pièce.   Page 78. N°. 42. &
    1. Pièce au Belvedère inférieur, page 323. N°. 2.

DOV (Gérard) né à Leyde vers l'an 1613, mort dans la même Ville en 1680.
    2. Pièces.   Page 215. N°. 52.   P. 221. N°. 78.

DREVER (Adrien van) né dans les Pays-bas vers l'an 1661.
    1. Pièce.   Page 226. N°. 103.

DROOCH-SLOOT (J. C.) né à Gorcum l'an 1600, floriſſoit vers l'an 1630.
    1. Pièce.   Page 141. N°. 9.

DUCK (A.) né à Leyde vers l'an 1636.
    1. Pièce.   Page 219. N°. 68.

DUNZ (Jean) né à Berne en 1645, mort dans la même Ville en 1736.
    1. Pièce.   Page 270. N°. 31.

DURER (Albert) né à Nuremberg en 1471, mort dans la même Ville en 1528.

14. Pièces.
{ Page 231. N°. *6.* P. 234. N°. *14.* P. 236.
N°. 17. 18. 19. & 20. P. 237. N°. *22.*
P. 238. N°. *23.* P. 241. N°. *35.* P. 242.
N°. 38. & 39. P. 249. N°. *57.* P. 256.
N°. 83. P. 258. N°. *92.* }

DYCK (Antoine van) aussi *Vandeyck*, né à Anvers en 1599, mort à Londres en 1641.

26. Pièces.
{ Page 103. N°. *1. & 2.* P. 104. N°. *3. 4. 5. & 6.*
P. 105. *7. 8. 9. & 10.* P. 106. N°. *11. 12.*
13. & 14. P. 107. N°. *15. 16. 17. & 18.*
P. 108. N°. *19. 20. & 21.* P. 109. N°. *22.*
23. & 24. P. 110. N°. *26. & 29.* }

E.

ECKHOUT (Gerbrand van den) né à Amsterdam en 1621, mort dans la même Ville en 1674.
1. Pièce. Page 92. N°. *35.*

EGMOND (Juste van) né à Leyde en 1602, mort à Anvers en 1674.
1. Pièce. Page 110. N°. *28.*

EHRENBERG (W. van) florissoit dans les Pays-bas vers l'an 1664.
1. Pièce. Page 95. N°. *8.*

EISMANN (Jean Antoine) né à Saltzbourg en 1634, mort à Vérone en 1698.
1. Pièce. Page 289. N°. *24.*

ELLIGER (Othmar) né à Hambourg en 1666, mort à Mayence en 1732.
1. Pièce. Page 297. N°. *73.*

Empoli, voyez *Chimenti.*

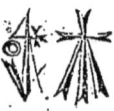 ENGELBRECHT (Corneille) né à Leyde en 1468,
mort dans la même Ville en 1533.
1. Pièce. Page 162. N°. *54*.

ERMEL (Jean François) né à Cologne en 1621, mort à
Nuremberg en 1693.
1. Pièce. Page 287. N°. *16*.

Es (Jacques van) né à Anvers environ l'an 1556, vivoit encore
en 1620.
2. Pièces avec *Jacques Jordaens*, page 209. N°. *23. & 24*.

EYCK (Hubert van) né à Maaseyck en 1366, mort à Gand
en 1426.
2. Pièces. Page 152. N°. *9. & 10*.

EYCK (Jean van) frère du précédent, né à Maaseyck en 1370,
mort à Bruges en 1441.
2. Pièces. Page 152. N°. *8*. P. 157. N°. *28*.

EYCK (Nicolas van) né à Anvers environ l'an 1630, florissoit
vers l'an 1660.
1. Pièce. Page 205. N°. *2*.

F.

FABRITIUS (Charles) né à Delft en Hollande vers l'an 1624,
mort dans la même Ville en 1654.
1. Pièce. Page 225. N°. *100*.

FABRITIUS (Kilian) né à Dresde vers l'an 1620, florissoit dans
la même Ville vers l'an 1660.
1. Pièce. Page 288. N°. *22*.

FAES (Pierre van der) surnommé *Lely*, né à Soest en Westphalie,
en 1618, mort à Londres en 1680.
2. Pièces. Page 298. N°. *79. & 80*.

FALENS (Charles van) né à Anvers environ l'an 1680, mort à
Paris en 1733.
1. Pièce. Page 217. N°. *60*.

Fa Presto, surnom de *Luca Giordano*, voyez *Giordano*.
FARINATI (Paul) de la famille *Uberti*, né à Vérone en 1522, mort dans la même Ville en 1606.
    1. Pièce. Page 12. N°. *43*.
FEISTENBERGER (Antoine) né à Infpruck en 1678, mort à Vienne en 1722.
    1. Pièce. Page 301. N°. *2*.
FEISTENBERGER (Joseph) frère du précédent, né à Infpruck vers l'an 1684, mort à Vienne vers l'an 1730.
    2. Pièces. Page 285. N°. *1*. P. 292. N°. *48*.
FERG (François Paul) né à Vienne en 1689, mort à Londres en 1740.
    2. Pièces. Page 309. N°. *39. & 40*.
FERRI (Ciro) né à Rome en 1634, mort dans la même Ville en 1689.
    1. Pièce. Page 46. N°. *23*.
FÉTI (Dominique) surnommé *le Mantouan*, né à Rome en 1589, mort à Venise en 1624.
    7. Pièces. Page 31. N°. *2*. P. 32. N°. *7*. P. 34. N°. *15*. P. 36. N°. *23. 24. 25. & 26*.
FISCHER (Vincent) né à Fürftenzell en Bavière en 1729, vit actuellement à Vienne, où il est Profeffeur de l'Académie Impériale & Royale de Peinture.
    2. Pièces. Page 308. N°. *32. & 33*.

HF FLORIS (François) surnommé *van Vriendt*, né à Anvers environ l'an 1520, mort dans la même Ville en 1570.
    4. Pièces. Page 159. N°. *39. & 40*. P. 160. N°. *43*. P. 163. N°. *58*.
FRANCESCHINI (Marc Antoine) né à Bologne en 1648, mort dans la même Ville en 1729.
    1. Pièce. Page 54. N°. *13*.
Francia, voyez *Raibolini*.

FRANCK (François) dit *le Vieux*, né à Herentals vers l'an 1540, mort à Anvers en 1606.
 4. Pièces.   P. 198. N°. *53.*   P. 199. N°. *55.*   P. 202. N°. *69.*
    P. 204. N°. *74.*

FRANCK ou *Vrancx* (Sébastien) fils du précédent, né à Anvers environ l'an 1573.
 2. Pièces. Page 102. N°. *32.*   P. 202. N°. *68.*

FRANCK (François) dit *le Jeune*, frère du précédent, né à Anvers environ l'an 1580, mort dans la même Ville vers l'an 1642.
 7. Pièces. Page 190. N°. *9.* & *10.*   P. 201. N°. *66.*
   P. 202. N°. *67.*   P. 203. N°. *70. 71.* & *73.*

FRANCK (François Frédéric) né à Augsbourg en 1627, mort dans la même Ville en 1681.
 1. Pièce. Page 300. N°. *88.*

FRANCKENBERGER (N.) né à Strasbourg vers l'an 1600, travailloit à Vienne vers l'an 1650.
 2. Pièces. Page 283. N°. *90.* & *91.*

FRUITIERS (Philippe) né à Anvers environ l'an 1625.
 1. Pièce. Page 141. N°. *10.*

FUGER (Henri Frédéric) né à Heilbronne en Souabe en 1750. Artiste distingué, vivant actuellement à Vienne, où il est un des Directeurs de l'Académie Impériale & Royale des Arts.
 1. Pièce. Page 144. N°. *9.*

FURINI (François) né à Florence vers l'an 1600, mort à Mugillo dans le Florentin en 1649.
 1. Pièce. Page 55. N°. *16.*

FYT (Jean) né à Anvers environ l'an 1625, florissoit vers l'an 1652.
 1. Pièce avec *Thomas Wyllebort*, page 100. N°. *25.*
 5. Pièces entièrement de sa main.   Page 191. N°. *20.*
  P. 194. N°. *34.*   P. 195. N°. *39.* & *40.*
  P. 197. N°. *48.*

G.

GAROFFALO (Benvenuto) furnommé *Tifio*, né à Ferrare en 1481, mort dans la même Ville en 1559.
1. Pièce. Page 33. N°. *9.*

GASSEL (Lucas) né à Helmont dans le Brabant, travailloit à Bruxelles vers l'an 1548.
1. Pièce. Page 174. N°. *6.*

GEERAERTS (Martin Joseph) Artifte vivant, Profeffeur de l'Académie de Peinture d'Anvers où il eft né en 1707.
1. Pièce. Page 138. N°. *14.*

GELDER (N. van) Peintre d'animaux, né dans le fiècle paffé aux Pays-bas.
1. Pièce. Page 195. N°. *35.*

GELDORP (George) né à Louvain en 1553, mort à Cologne en 1618.
1. Pièce. Page 224. N°. *93.*

Génois, (le Prêtre) ou Prete Genoefe, voyez *Strozzi.*

GENTILESCHI (Horace) né à Pife vers l'an 1600, mort à Londres vers l'an 1648.
2. Pièces. Page 41. N°. *2.* P. 49. N°. *37.*

Gérard (Marc) voyez *Bruges.*

GESSI (François) né à Bologne en 1588, mort dans la même Ville en 1620.
1. Pièce. Page 63. N°. *20.*

GHERARDINI (Thomas) né en 1710 à Florence, où il vivoit encore en 1777.
3. Pièces. Page 41. N°. *1.* P. 44. N°. *13.* P. 49. N°. *38.*

GHERING (Jean) Peintre d'Architecture, né dans les Pays-bas, où il floriffoit vers l'an 1665.
1. Pièce. Page 101. N°. *31.*

GIORDANO (Luca) furnommé *Fa Presto*, né à Naples en 1632, mort dans la même Ville en 1705.
 2. Pièces. Page 52. N°. 8. P. 56. N°. 22.

Giorgione, voyez *Barbarelli*.

Giulio (Romano) voyez *Pipi*.

GOES (Hugues van der) né à Bruges vers l'an 1400, florissoit vers l'an 1450.
 3. Pièces. Page 157. N°. 30. & 31. P. 167. N°. 76.

GONDOLACH (Matthieu) né dans le Pays de Hesse vers l'an 1580, mort à Augsbourg en 1653.
 1. Pièce. Page 283. N°. 88.

GORI (Lambert Chrétien) né à Livourne en 1730, travailloit à Florence en 1767, en Scagliola ou plâtre coloré.
 1. Pièce. Page 145. N°. 18.

GOSSART (Jean) furnommé *de Mabuse*, né à Maubeuge vers l'an 1500, mort en 1562.
 1. Pièce. Page 156. N°. 26.

GRAN (Daniel) né à Vienne vers l'an 1694, mort à St. Poelten petite Ville de la basse Autriche, en 1757.
 1. Pièce. Page 296. N°. 67.

GREVENBROECK (Horace) peintre de Marines, né dans les Pays-bas travailloit à Paris dans le siècle passé.
 1. Pièce. Page 201. N°. 62.

GRIFFIER (Jean) né à Amsterdam en 1656, vivoit encore en 1720.
 2. Pièces. Page 211. N°. 33. & 31.

GRIMMER (Jean) né à Mayence vers l'an 1510, mort vers l'an 1570.
 1. Pièce. Page 257. N°. 89.

Gruen (Jean Barthélemi ou Balduin) voyez *Baldung*.

GRUENEWALD (Matthieu) dit *le Vieux*, né à Aschaffenbourg en Franconie vers l'an 1480, mort à Francfort sur le Mey vers l'an 1510.
 5. Pièces. Page 237. N°. 21. P. 241. N°. 33. & 34. & 36. & 37.

GRUENEWALD (Jean) né à Aschaffenbourg vers l'an 1482.
1. Pièce. Page 257. N°. 88.

GRUND (Norbert) né à Prague en 1714, mort dans la même Ville en 1767.
2. Pièces. Page 291. N°. 40. & 41.

GUERCINO DA CENTO (Jean François Barbieri) communément appelé le Guerchin, né à Cento en 1590, mort à Bologne en 1666.
5. Pièces. Page 51. N°. 1. P. 52. N°. 3. 4. & 5. P. 58. N°. 29.

GUIDO RENI, communément le Guide, né à Bologne en 1575, mort dans la même Ville en 1642.
9. Pièces. P. 53. N°. 10. & 11. P. 54. N°. 12. 14. & 15. P. 55. N°. 17. 18. 19. & 20.

GYZEN (Pierre) né à Anvers environ l'an 1610, mort vers l'an 1670.
4. Pièces. Page 178. N°. 25. & 26. P. 186. N°. 73. & 74.

H.

HAELSZEL (Jean Baptiste) Peintre des fleurs, né en Saxe en 1710, mort à Vienne en 1776.
2. Pièces. Page 294. N°. 57. & 58.

HAHN (H. van) Peintre d'animaux, né dans les Pays-bas vers l'an 1636.
1. Pièce. Page 195. N°. 36.

HAMILTON (Philippe Ferdinand de) né à Bruxelles vers l'an 1664, mort à Vienne vers l'an 1750.
6. Pièces. Page 309. N°. 43. & 44. P. 311. N°. 52. & 55. P. 312. N°. 58. & 59.

HAMILTON (Jean George de) frère du précédent, né à Bruxelles vers l'an 1666, mort à Vienne vers l'an 1740.
4. Pièces. Page 307. N°. 29. Page 308. N°. 34. 35. & 36.

HAMILTON (Charles Guillaume de) frère cadet de deux précédents, né à Bruxelles en 1668, mort à Augsbourg en 1754.
2. Pièces. Page 310. N°. 50. & 51.

HANDEL (Maximilien) communément Max-Handel, né en Bohême en 1696, mort à Vienne en 1758.
2. Pièces. Page 290. N°. 29. & 30.

Table Alphabétique

Hannemann (Adrien) né à la Haye vers l'an 1610, il vivoit encore dans la même Ville en 1665.
    1. Pièce. Page 110. N°. 27.

Harlem (Dirck ou Thieri de) né à Harlem vers l'an 1400.
    1. Pièce. Page 160. N°. 46.

Harlem (Geertge ou Gérard de) surnommé *tot St. Jean*; c. à. d. de *St. Jean*, parce qu'il demeuroit dans la maison que cet Ordre possedoit à Harlem, où il est né environ l'an 1376, & où il est mort vers l'an 1400.
    2. Pièces. Page 153. N°. 15. & 16.

Hartmann (Jean Jacques) né à Kuttenberg en Bohème vers l'an 1680, florissoit à Prague vers l'an 1716.
    4. Pièces. Page 278. N°. 66. à 69.

Hauzinger (Joseph) Artiste vivant & Professeur de l'Académie Impériale & Royale de Vienne où il est né en 1728.
    1. Pièce. Page 301. N°. 1.

Heem (Jean de) dit *le Vieux*, né à Utrecht vers l'an 1600, mort à Anvers en 1674.
    2. Pièces. Page 192. N°. 23. P. 214. N°. 45.

Heem (Corneille de) dit *le Jeune*, fils du précédent, né à Utrecht vers l'an 1630.
    1. Pièce. Page 200. N°. 60.

✠ Heinz (Joseph) né à Bâle l'année 1565, mort à Prague en 1609.
    9. Pièces. { Page 60. N°. 5. Page 265. N°. 7. & 8. P. 267. N°. 18. & 19. P. 268. N°. 24. P. 280. N°. 82. P. 281. N°. 83. P. 283. N°. 87.

Hemessen ou *Hemsen* (Jean van) né à Anvers environ l'an 1500, florissoit à Harlem vers l'an 1550.
    6. Pièces. Page 150. N°. 2. P. 164. N°. 62. P. 165. N°. 64. P. 166. N°. 68. & 69. P. 171. N°. 92.

Hemskerken

HEMSKERKEN (Martin van Veen, surnommé) né à Hemskerke en Hollande, en 1498, mort à Harlem en 1574.
 3. Pièces. Page 161. N°. 50.   P. 163. N°. 55.   P. 167. N°. 73.

HEUSCH (Guillaume de) né à Utrecht en 1638 ; il vivoit encore dans la même Ville en 1699.
 3. Pièces. Page 97. N°. 15.   P. 101. N°. 29. & 30.

HOECK (Robert van) né à Anvers en 1609, florissoit vers l'an 1649.
 8. Pièces. Page 130. N°. 29. P. 131. N°. 32. P. 206. N°. 6. & 7. P. 208. N°. 16. & 17. P. 223. N°. 91. & 92.

HOECKE (Jean van den) né à Anvers environ l'an 1600, mort dans la même Ville vers l'an 1650.
 1. Pièce au grand Sallon d'entrée, voyez la Préface.
 1. Pièce. Page 169. N°. 25.

HOET (Gérard) né à Bommel en Hollande, en 1648, a travaillé quelque tems à Vienne, & est mort à la Haye en 1733.
 1. Pièce. Page 289. N°. 23.

HOLBEIN (Jean) dit *le Vieux*, né à Augsbourg vers l'an 1450.
 2. Pièces. Page 240. N°. 32.   P. 250. N°. 60.

HOLBEIN (Sigismond) frère du précédent, né à Augsbourg vers l'an 1456, mort à Berne environ l'an 1540.
 2. Pièces. Page 250. N°. 58. & 59.

HOLBEIN (Ambroise) fils de *Jean le Vieux*, né à Augsbourg vers l'an 1484.
 1. Pièce. Page 250. N°. 61.

H. H.   HOLBEIN (Jean) dit *le Jeune*, fils cadet de *Jean le Vieux*, né à Bâle en 1498, mort à Londres en 1554.

15. Pièces. { Page 242. N°. 40. P. 248. N°. 52. & 53. P. 252. N°. 71. & 72. P. 253. N°. 73. & 74. P. 254. N°. 75. & 76. P. 255. N°. 80. & 81. P. 258. N°. 94. P. 259. N°. 95. & 96. P. 260. N°. 100.

HONDEKOETER (Melchior) né à Utrecht en 1636, mort à Amsterdam en 1695.
  3. Pièces. Page 189. N°. *1*. P. 194. N°. *31*. P. 205. N°. *1*.
HONTHORST (Gérard) né à Utrecht en 1592, vivoit encore en 1662.
  1. Pièce. Page 141. N°. *12*.

HOOGSTRATEN (Samuel van) l'ainé, né à Dortrecht en 1627, mort dans la même Ville en 1678.
  2. Pièces. Page 84. N°. *4*. P. 182. N°. *51*.
HOOGSTRATEN (Jean van) frère du précédent, né à Dortrecht vers l'an 1630, mort à Vienne en 1654.
  1. Pièce. Page 182. N°. *49*.
HOPFER (Wolfgang Louis) né à Nuremberg en 1648, mort en 1698.
  1. Pièce. Page 282. N°. *86*.
HOREMANS (Jean) né à Anvers en 1685, mort vers l'an 1755.
  2. Pièces. Page 223. N°. *87*. & *88*.
HOYE (Nicolas van) né à Anvers environ l'an 1660, mort à Vienne en 1710, étant Peintre de la Cour Impériale.
  2. Pièces. Page 96. N°. *13*. P. 99. N°. *22*.
Hugues, voyez *Leyde*.
HUGTENBURG (Jean van) né à Harlem en 1646, mort à Amsterdam en 1733.
  2. Pièces. Page 136. N°. *6*. P. 206. N°. *5*.
HUYSMANN (Corneille) né à Anvers en 1648, mort dans la même Ville en 1727.
  1. Pièce. Page 225. N°. *101*.
HUYSUM (Jean van) né à Amsterdam en 1682, mort dans la même Ville en 1749.
  2. Pièces. Page 200. N°. *57*. & *58*.

I.

JACOBS (Dirk ou Thieri) né à Amsterdam en 1497, mort dans la même Ville en 1567.
1. Pièce. Page 164. N°. 63.

Jan (tot St.) surnom de *Gérard de Harlem.*

Janet, voyez *Clouet.*

JANNECK (François Christophe) né à Grætz en Stirie, en 1702, mort à Vienne en 1761.
4. Pièces. Page 288. N°. 20. & 21. P. 292. N°. 44. & 45.

JANSENS (Abraham) né à Anvers environ l'an 1586, florissoit vers l'an 1620.
3. Pièces. Page 99. N°. 24. P. 140. N°. 2. &. 3.

Jngegno, surnom *d'André Luigi.*

JORDAENS (Jacques) né à Anvers en 1594, mort dans la même Ville en 1678.
3. Pièces. Page 87. N°. 14. P. 88. N°. 15. & 18. & 2. Pièces avec Jacques van Es, page 209. N°. 23. & 24.

JORDAENS (Jean) né à Anvers environ l'an 1550, florissoit vers l'ann 1579.
2. Pièces. Page 198. N°. 51. P. 199. N°. 54.

Jordane (Lucas) voyez *Giordano.*

Josepin, voyez *Césari.*

Jules Romain, voyez *Pipi.*

JUVENEL (Nicolas) *le Vieux*, né dans les Pays-bas vers l'an 1540, mort à Nuremberg en 1597.
1. Pièce. Page 258. N°. 93.

JUVENEL (Paul) *le Jeune*, fils du précédent, né à Nuremberg en 1579, mort à Presbourg en 1643.
1. Pièce. Page 277. N°. 61.

K.

KAGER (Mathias) né à Munich en 1566, mort à Augsbourg en 1634.
  1. Pièce. Page 273. N°. 46.

KAUW (Gabriel) né à Berne vers l'an 1606.
  1. Pièce. Page 280. N°. 78.

KAY (Guillaume) né à Bréda vers l'an 1500, mort dans la même Ville en 1568.
  1. Pièce. Page 165. N°. 67.

KESSEL (Ferdinand van) né à Anvers environ l'an 1630.
  6. Pièces. Page 191. N°. 14. à 19.

KESSEL (Jean van) né à Anvers en 1644, mort à Madrid en 1708.
  2. Pièces. Page 197. N°. 46. & 47.

KIEN (Jean) né à Ratisbonne vers l'an 1700.
  2. Pièces. Page 290. N°. 31. & 32.

KNELLER (Godefroy) né à Lubeck en 1648, mort à Londres en 1723.
  2. Pièces. Page 299. N°. 81. & 86.

KOENIG (Jean) né à Augsbourg vers l'an 1564, mort vers l'an 1600.
  4. Pièces. Page 268. N°. 20. à 23.

KONING (David de) né à Anvers environ l'an 1636, vivoit à Rome en 1684.
  1. Pièce. Page 195. N°. 37.

Kranach, voyez *Cranach*.

W. K. KRANACH (W.) vraisemblablement père de Lucas Cranach le Vieux; il vivoit vers l'an 1528.
  2. Pièces. Page 251. N°. 67. & 68.

KUPETZKY (Jean) né à Pœsing en Hongrie en 1667, mort à Nuremberg en 1740.
  2. Pièces. Page 296. N°. 70. P. 297. N°. 71.

KUYP (Albert) né à Dortrecht en 1606.
  1. Pièce. Page 201. N°. 64.

L.

LAAR (Pierre de) furnommé *Bamboche*, né vers l'an 1613, à Laar, village près de Naarden en Hollande, mort à Harlem en 1673.
2. Pièces. Page 207. N°. *12*. P. 223. N°. *86*.

Langen-Peer, voyez *Aertfens*.

LANG-JAN (Rémi) né à Bruxelles en 1620, mort en 1670.
1. Pièce. Page 86. N°. *10*.

LANZANI (Polidore) appelé auffi *Polidore de Venife*, vivoit à Venife vers l'an 1560.
3. Pièces. Page 16. N°. *58*. P. 19. N°. *11*. P. 20. N°. *14*.

LAUCH (Chriſtophe) né vers l'an 1647, vivoit à Vienne vers l'an 1680, au fervice de l'Impératrice Éléonore.
1. Pièce. Page 270. N°. *32*. &
1. Pièce au Belvedère Inférieur, page 325. N°. *7*.

LAUTERER (N.) né à Vienne en 1700, mort dans la même Ville en 1733.
2. Pièces. Page 287. N°. *15*. P. 288. N°. *19*.

LEERMANS (Pierre) né à Leyde vers l'an 1640, floriſſoit en Hollande vers l'an 1677.
1. Pièce. Page 220. N°. *76*.

Lely (le Chevalier) voyez *van der Faes*.

LEMBKE (Jean Philippe) né à Nuremberg en 1631, mort vers l'an 1713.
1. Pièce. Page 291. N°. *36*.

LENS (André) habile Artifte vivant actuellement à Anvers, où il eſt né en 1739, & où il eſt Profeſſeur de l'Académie des Peintres.
4. Pièces. Page 136. N°. *7*. & *8*. P. 138. N°. *15*. & *16*.

LEUX (François) né à Anvers environ l'an 1640, mort à Vienne au fervice de l'Empereur Ferdinand II, étant Peintre de la Cour & Directeur de la Galerie Impériale.
6. Pièces. Page 101. N°. *28*. P. 140. N°. *4*. à *8*.

LEYCKMANN (Jean) de Franconie, Élève de Martin Schoen, né vers l'an 1440, travailloit à Colmar vers l'an 1483.
2. Pièces Page 239. N°. 28. P. 240. N°. 30.

LEYDE (Lucas de) fils de Hugues Jacobs, né en 1494 à Leyde, Ville dont le nom lui fut donné, & où il est mort en 1533.
3. Pièces. Page 151. N°. 7. P. 153. N°. 14. P. 160. N°. 47.

LIBERI (le Cavalier Pierre) né à Padoue en 1600, mort en 1677.
1. Pièce. Page 68. N°. 2.

LINGELBACH (Jean) né à Francfort sur le Meyn en 1625, mort à Amsterdam en 1687.
3. Pièces. Page 292. N°. 42. & 43. P. 310. N°. 48.

LINT (Pierre van) né à Anvers en 1609.
1. Pièce. Page 87. N°. 11.

LIOTARD (Jean Étienne) Peintre encore vivant à Genève, où il est né en 1702.
2. Pièces. Page 142. N°. 3. P. 145. N°. 16. &
2. Pièces au Belvedère inférieur, page 327. & 328. N°. 19. & 20.

LIVENS (Jean) né à Leyde en 1607.
1. Pièce. Page 92. N°. 36.

LOMAZZO (Jean Paul) né à Milan en 1538, mort dans la même Ville en 1598.
1. Pièce. Page 42. N°. 5.

Lombart (Lambert) voyez *Sutermann.*

LOTH (Jean Charles) communément *Carl-Loth*, né à Munich en 1632, mort à Venise en 1698.
2. Pièces. Page 68. N°. 3. P. 71. N°. 14.

Long-Jean (le) surnom de Jean van Bockhorst.

LOTTO (Laurent) né à Bergame vers l'an 1500, florissoit vers l'an 1548.
2. Pièces. Page 68. N°. 4. P. 70. N°. 11.

LUCIDEL (Nicolas) furnommé *Neufchatel*, né à Mons en Hainaut vers l'an 1550, mort à Nuremberg en 1600.
   1. Pièce. Page 248. N°. *51*.
LUIGI (André) furnommé *l'Ingegno*, né à Affife vers l'an 1470, mort à Rome vers l'an 1556.
   1. Pièce. Page 32. N°. *8*.

M.

Mabufe, voyez *Goffard*.
MAIR (N.) né vers l'an 1450 à Landshout en Bavière, floriffoit vers l'an 1500.
   1. Pièce. Page 233. N°. *12*.
MAIR (Ulric) né à Augsbourg en 1630, mort dans la même Ville en 1704.
   1. Pièce. Page 295. N°. *66*.
Maître (d'un ancien)
   1. Pièce. Page 143. N°. *7*.
Maître inconnu (d'un) du XIV. Siècle.
   2. Pièces. Page 232. N°. *9*. P. 261. N°. *103*.
Maître inconnu (d'un) du XV. Siècle.
   3. Pièces. Page 232. N°. *8*. P. 233. N°. *11*. P. 238. N°. *24*.
MANDYN (Jean) né à Harlem vers l'an 1450, mort dans la même Ville vers l'an 1500.
   1. Pièce. Page 151. N°. *5*.
MANFREDI (Barthélemi) né à Mantoue vers l'an 1580, mort à Rome vers l'an 1615.
   2. Pièces. Page 64. N°. *23*. & *25*.
MANTEGNE (André) né à Mantoue en 1451, mort à Venife en 1517.
   1. Pièce. Page 5. N°. *7*.
MANTOUE (Renaud de) né à Mantoue vers l'an 1500, floriffoit vers l'an 1550.
   1. Pièce. Page 37. N°. *27*.

MARATTE (Charles) né à Camerano dans la Marche d'Ancône en 1625, mort à Rome en 1713.
  1. Pièce.   Page 31.   N°. 1.

Marc (le Frère Barthélemi de St. Marc) voyez *Barthélemi*.

MARON (Antoine) Artiste encore vivant, né à Vienne en 1733, & demeurant actuellement à Rome, où il est Professeur & Sécretaire de l'Académie de St. Luc.
  1. Pièce.   Page 306.   N°. 27.

MARON (Thérèse) née Mengs, naquit à Dresde en 1725; elle est épouse de l'Artiste précédent, avec lequel elle vit à Rome, où ils se distinguent tous les deux par leurs talens.
  1. Pièce.   Page 143.   N°. 6.

MAZZUOLI (François) communément *le Parmesan*, né à Parme en 1504, mort à Casal-Maggiore en 1540.
  2. Pièces.   Page 60.   N°. 6.   P. 62.   N°. 16.

MECHELN (Israël van) né à Bockholt dans l'Évéché de Münster vers l'an 1440, mort vers l'an 1503.
  1. Pièce.   Page 234.   N°. 13.

MEGAN (P.) Peintre de Paysages, né dans les Pays-bas, vivoit à Vienne vers la fin du siècle passé.
  3. Pièces.   Page 206.   N°. 8.   P. 209.   N°. 21. & 22.

MEIRE (Gérard van der) né à Gand vers l'an 1450.
  1. Pièce.   Page 157.   N°. 29.

MENGS (Antoine Raphaël) né à Aussig en Bohème, en 1728, mort à Rome en 1779.
  4. Pièces.   Page 31.   N°. 3.   P. 32.   N°. 4.   P. 143.   N°. 4. & 5.

MERIAN (Matthieu) *le Vieux*, né à Bâle en 1593, mort à Schwalbach proche de Francfort sur le Meyn en 1651.
  1. Pièce.   Page 278.   N°. 71.

MERIAN (Matthieu) *le Jeune*, fils du précédent, né à Bâle en 1621, mort à Francfort sur le Meyn vers l'an 1680.
  1. Pièce.   Page 300.   N°. 89. &
  1. Pièce au Belvedère inférieur, page 324.   N°. 6.

MERIAN (Marie Sibylle) fille de Matthieu Merian le Vieux & fœur du précédent, née à Francfort fur le Meyn, en 1647, morte à Amfterdam en 1717.
1. Pièce. Page 291. N°. *35.*
MERIGI (Michel-Ange) *da Carravaggio*, communément *le Carravage*, du lieu de fa naiffance, né en 1569, mort proche de Rome en 1609.
3. Pièces. Page 52. N°. *6.* P. 58. N°. *28.* & *30.*
MESSIS (Quintin) le Vieux, furnommé *le Maréchal d'Anvers*, né à Anvers en 1450, & mort en 1539.
6. Pièces. Page 151. N°. *6.* P. 154. N°. *17.* & *19.* P. 155. N°. *20.* & *21.* P. 156. N°. *27.*
MESSIS (Jean) fils du précédent, né à Anvers environ l'an 1480, vivoit encore en 1564.
2. Pièces. Page 154. N°. *18.* P. 159. N°. *38.*
MEULEN (Antoine François van der) né à Bruxelles en 1634, mort à Paris en 1690.
1. Pièce. Page 141. N°. *11.*
MEYTENS (Martin de) né à Stockholm en 1695, mort à Vienne en 1770.
3. Pièces. Page 144. N°. *8.* P. 293. N°. *53.* & *54.*
MICHAU (Thibaud) né à Tournay en 1676, vivoit encore à Anvers en 1755.
2. Pièces. Page 208. N°. *14.* & *15.*
Michel-Ange, voyez *Buonarotti.*
MIEL (Jean) né à Anvers en 1599, mort en Savoie en 1664.
2. Pièces. Page 226. N°. *104.* & *105.*
MIERIS (François van) *le Vieux*, né à Leyde en 1635, mort dans la même Ville en 1681.
2. Pièces. Page 220. N°. *77.* P. 221. N°. *79.*
MIERIS (François van) *le Jeune*, fils de Guillaume, né à Leyde en 1689, mort dans la même Ville en 1763.
1. Pièce. Page 218. N°. *67.*

MIERIS (Guillaume van) fils de François le Vieux, né à Leyde en 1662, mort dans la même Ville en 1747.
 4. Pièces. Page 218. N°. 66. P. 219. N°. 70. & 71. P. 220. N°. 75.

MIGNON (Abraham) né à Francfort en 1640, mort à Wetzlar en 1679.
 1. Pièce. Page 291. N°. 37.

MIREVELT (Michel Janson) né à Delft en Hollande en 1567, mort dans la même Ville en 1641.
 1. Pièce. Page 92. N°. 33.

MIROU (Antoine) né dans les Pays-bas vers l'an 1600, florissoit vers l'an 1640.
 1. Pièce. Page 178. N°. 29.

MOMPER (Josse) né à Anvers environ l'an 1580.
 1. Pièce. Page 213. N°. 42.

MONI (Louis van) né à Bréda en 1698.
 1. Pièce. Page 217. N°. 62.

MONTFORT (Antoine de) surnommé *Blockland*, né à Montfort en 1534, mort à Utrecht en 1583.
 1. Pièce. Page 170. N°. 90.

MOOR (Antoine) né à Utrecht en 1519, mort à Bruxelles en 1575.
 7. Pièces. Page 163. N°. 56. & 57. & 59. & 60. P. 166. N°. 71. P. 171. N°. 94. P. 172. N°. 95.

MOSTAERT (Gilles) né à Hulst vers l'an 1520, mort à Anvers environ l'an 1555.
 1. Pièce. Page 150. N°. 3.

MOSTAERT (François) frère jumeau du précédent, né vers l'an 1520, mort à Anvers en 1601.
 3. Pièces. Page 158. N°. 34. P. 167. N°. 74. & 75.

MOSTAERT (Jean) né à Harlem en 1499, mort dans la même Ville en 1555.
 1. Pièce. Page 85. N°. 6.

Moucheron (Frédéric) né à Embden en 1633, mort à Amsterdam en 1686.
   2. Pièces. Page 305. N°. *21. & 22.*
Muller (Lucas) voyez *Cranach.*
Murillo (Barthélemi-Etienne) né à Pilas en Espagne, en 1613, mort en 1685.
   1. Pièce. Page 63. N°. *22.*
Mutina (Thomas de) né à Muttersdorf en Bohème vers l'an 1250, vivoit à Prague vers l'an 1297.
   3. Pièces dans le même cadre. Page 229. N°. *1.*

M. 1490. Maître inconnu du XV.e siècle.
   1. Pièce. Page 233. N°. *11.*

N.

Narcisse, surnom de *Regnier Persyn.*
Neefs (Pierre) le Vieux, né à Anvers environ l'an 1580, florissoit au commencement du siècle passé.
   1. Pièce. Page 102. N°. *34.*
Netscher (Gaspard) né à Heidelberg en 1639, mort à la Haye en 1687.
   1. Pièce. Page 298. N°. *78.*
Neufchatel, surnom de *Nicolas Lucidel.*
Nevé (François de) vivoit à Anvers au milieu du siècle passé.
   2. Pièces au Belvedere inférieur, dont l'une page 320, & l'autre page 324. au N°. *5.*
Nieulant (Jean) né à Anvers environ l'an 1550, vivoit à Amsterdam vers l'an 1600.
   1. Pièce. Page 203. N°. *72.*
Nieulant (Guillaume van) né à Anvers en 1585, mort à Amsterdam en 1645.
   1. Pièce. Page 212. N°. *35.*
Nooms (Rémi) voyez *Zeemann.*

O.

OOSTERWYCK (Marie van) née à Nootdorp en Hollande, vers vers l'an 1630, morte à Eutdam en 1693.
   1. Pièce. Page 222. N°. *82.*

Orbetto, surnom d'*Alexandre Turchi.*

ORIENT (Joseph) né à Burbach dans la Basse-Hongrie en 1677, mort à Vienne en 1747.
   2. Pièces. Page 286. N°. *7.* & *8.*

ORLEY (Bernard van) né à Bruxelles en 1500, mort dans la même Ville en 1550.
   1. Pièce. Page 170. N°. *88.*

ORSI (Lœlius) né à Novellara, près de Parme, vers l'an 1510, mort au même endroit en 1586.
   1. Pièce. Page 61. N°. *14.*

Otto-Venius, voyez *Veen.*

OSSENBECK (Jean) né à Rotterdam en 1627.
   1. Pièce. Page 213. N°. *43.*

OSTADE (Isaac van) né à Lubeck vers l'an 1612.
   1. Pièce. Page 194. N°. *33.*

Ouche (André) voyez *Sacchi.*

OUWATER (Albert) né à Harlem en 1370, florissoit vers l'an 1400.
   1. Pièce. Page 155. N°. *22.*

P.

Padouan (le) voyez *Varotari.*

PAGANI (François) né à Florence vers l'an 1529, mort dans la même Ville vers l'an 1560.
   1. Pièce. Page 42. N°. *4.*

PALKO (François Charles) né à Breslau en 1724, mort à Vienne en 1770.
   1. Pièce. Page 294. N°. *55.*

PALME (Jacques) dit *le Vieux*, né à Serinalto près de Bergame en 1540, mort à Venife en 1588.

13. Pièces. { Page 6. N°. *13*. P. 11. N°. *37*. & *38*. P. 17. N°. *2*. P. 18. N°. *7*. & *8*. P. 19. N°. *9*. & *10*. & *12*. & *13*. P. 75. N°. *29*. P. 76. N°. *34*. P. 79. N°. *49*.

PALME (Jacques) dit *le Jeune*, Neveu du précédent, né à Bergame en 1544, mort à Venife en 1628.

4. Pièces. Page 3. N°. *1*. P. 8. N°. *20*. P. 70. N°. *12*. & *13*.

Parmefan (le) ou Parmeggianino, voyez *François Mazzuoli*.

PARROCEL (Ignace) né à Avignon en 1668, mort à Mons en Flandres en 1722.

2. Piècas. Page 189. N°. *3*. & *4*. &

7. Pièces au Belvedère inférieur, page 321. & 322. N°. *1*. à *7*.

PATINIER (Joachim) né à Dinant vers l'an 1490, mort à Anvers.

8. Pièces. { Page 153. N°. *13*. P. 156. N°. *23*. & *24*. P. 158. N°. *35*. P. 161. N°. *48*. & *49*. P. 168. N°. *79*. P. 169. N. *87*.

PAUDITZ (Chriftophe) né dans la Baffe-Saxe vers l'an 1618.

4. Pièces. Page 89. N°. *19*. & *20*. P. 289. N°. *25*. P. 295. N°. *65*.

PEETERS (Bonaventure) né à Anvers en 1614, mort dans la même Ville en 1652.

5. Pièces. Page 206. N°. *9*. P. 213. N°. *40*. & *41*. P. 224. N°. *95*. & *96*.

PEGNIA (Hyacinthe de la) né à Bruxelles vers l'an 1700, travailloit à Vienne pour la Cour Impériale vers l'an 1740; il paffa enfuite en Italie & vivoit encore à Rome en 1766.

2. Pièces. Page 137. N°. *10*. & *11*.

Peintures Chinoife.

2. Pièces. Page 146. N°. *20*. & *21*.

Peinture dans le goût grec du moyen âge.

1. Pièce. Page 260. N°. *102*.

G. PENS (George) né à Nuremberg vers l'an 1510, mort à Breslau en 1550.
 2. Pièces. Page 239. N°. 26. P. 243. N°. 41.

PERSYN (Regnier) furnommé *Narciſſe*, né à Amſterdam vers l'an 1600, floriſſoit vers l'an 1640.
 1. Pièce. Page 88. N°. 16.

Pérugin (le) voyez *Vannucci*.

Péſarèſe (le) voyez *Cantarini*.

PESCE (Joſeph) Artiſte romain, vivoit à Naples en 1758.
 1. Pièce. Page 145. N°. 17.

PIOMBO (Sébaſtien del) né à Veniſe en 1485, mort à Rome en 1547.
 1. Pièce. Page 48. N°. 32.

PIPI (Jules) communément *Giulio Romano*, ou *Jules Romain*, né à Rome en 1492, & mort dans la même Ville en 1546.
 4. Pièces. Page 32. N°. 5. P. 34. N°. 13. P. 39. N°. 36. P. 40. N°. 40.

PLAZER (Jean George) né à Epan dans le Tyrole en 1702, mort à Vienne en 1760.
 2. Pièces. Page 288. N°. 17. & 18.

PO (Joſeph del') Peintre d'Hiſtoire, né à Rome, travailloit à Vienne pour le Prince Eugène vers l'an 1720. Voyez la Préface.

Pocchietti, voyez *Barbatello*.

POEL (Egbert ou Albert van der) Peintre de Payſages, floriſſoit dans les Pays-bas vers l'an 1647.
 2. Pièces. Page 133. N°. 37. P. 207. N°. 11.

C. P. POELEMBOURG (Corneille) né à Utrecht en 1586, mort dans la même Ville en 1660.
 2. Pièces. Page 219. N°. 69. P. 221. N°. 80.

POLIDORO CALDARA DA CARRAVAGGIO, *Polidore de Carravage*, ou communément *le Polidore*, né à Carravagio dans le Milanois en 1495, mort à Meſſine en 1543.
 1. Pièce. Page 35. N°. 19.

Polidore de Venife, voyez *Lanzani.*

PONTE (Jacques da) furnommé *Baſſano*, communément *Jacques Baſſan*, né en 1510 à Baſſano, Ville fituée dans les États de Venife, mort dans la même Ville en 1592.

10. Pièces. { Page 69. *N°. 8. 9. & 10.* P. 75. *N°. 30.* P. 76. *N. 33. & 36.* P. 77. *N°. 38.* P. 78. *N°. 45. & 46.* P. 80. *N°. 53.*

PONTE (François da) communément *François Baſſan*, fils du précédent, né à Venife en 1550, mort dans la même Ville en 1594.

3. Pièces. Page 78. *N°. 43. & 44.* P. 79. *N°. 52.*

PONTE (Léandre da) communément *Léandre Baſſan*, frère cadet du précédent, né à Venife en 1558, mort dans même Ville en 1623.

2. Pièces. Page 73. *N°. 24.* P. 76. *N°. 35.*

Pontorme (le) voyez *Carrucci.*

PORBUS (Pierre) *le Vieux*, né à Gouda vers l'an 1463.

3. Pièces. Page 160. *N°. 44. & 45.* P. 165. *N°. 66.*

PORBUS (Pierre) *le Jeune*, fils du précédent, né à Gouda vers l'an 1513, mort à Bruges vers l'an 1583.

3. Pièces. Page 164. *N°. 61.* P. 168. *N°. 82. & 83.*

PORBUS (François) *le Vieux*, fils du précédent, né à Bruges en 1540, mort à Anvers en 1580.

4. Pièces. Page 159. *N°. 41. & 42.* P. 166. *N°. 72.* P. 170. *N°. 89.*

PORBUS (François) *le Jeune*, fils du précédent, né à Anvers en 1570, mort à Paris en 1622.

1. Pièce. Page 169. *N°. 84.*

Pordenon (le) voyez *Regillo.*

Porta (Baccio della) voyez *Barthélemi de St. Marc* (le Frère)

POTTER (Paul) né à Enkhuyfen en Hollande, en 1625, mort à Amfterdam en 1654.

1. Pièce. Page 201. *N°. 63.*

Poussin (Nicolas) né à Andely, petite Ville de la Normandie, en 1594, mort à Rome en 1665.
1. Pièce. Page 32. N°. 6.

Preisler (Daniel) né à Prague en 1627, mort à Nuremberg en 1665.
1. Pièce. Page 275. N°. 54.

Prete Genoese, ou le Prêtre Génois, voyez *Strozzi*.

Préti (Mathias) dit *le Chevalier Calabrois*, né à Taverne dans la Calabre en 1613, mort à Malte en 1699.
1. Pièce. Page 59. N°. 3.

Pretschneider (J. M.) Peintre de fleurs, qui vivoit à Vienne vers l'an 1720.
1. Pièce. Page 293. N°. 52.

Primatice (François) né à Bologne vers l'an 1490, mort à Paris en 1570.
1. Pièce. Page 62. N°. 15.

Q.

Quast (Pierre) Il vivoit dans les Pays-bas vers l'an 1630, & marquoit ses tableaux de cette manière :
1. Pièce. Page 225. N°. 98.

 Quellinus (Jean Erasme) né à Anvers en 1629, mort dans la même Ville en 1715.
1. Pièce. Page 140. N°. 1.

Querfurt (Auguste) né à Wolffenbuttel en 1696, mort à Vienne en 1761.
2. Pièces. Page 308. N°. 37. & 38.

R.

Raibolini (François) surnommé *Francia*, Peintre & Orfèvre, né à Bologne vers l'an 1450, mort dans la même Ville vers l'an 1530.
1. Pièce. Page 33. N°. 11.

Raphael

RAPHAEL SANZIO, communément *Raphaël*, né à Urbin en 1483, mort à Rome en 1520.
5. Pièces. Page 38. N°. *32*. P. 39. N°. *33*. & *37*. P. 40. N°. *38*. & *39*.

REGILLO (Antoine) furnommé *le Pordenon*, né à Pordenone dans le Frioul, en 1484, mort à Ferrare en 1540.
1. Pièce. Page 18. N°. *6*.

REGOLIRON (Bernard) Artiste en Mosaïque, vivoit à Rome en 1772.
1. Pièce. Page 38. N°. *31*.

Réni, voyez *Guido*.

RIBERA (Joseph) furnommé *l'Espagnolet*, né à Gallipoli dans la Province Néapolitaine de Lecce, en 1593, mort vers l'an 1656.
5. Pièces. Page 65. N°. *26. 28. 29.* & *30*. P. 66. N°. *32*.

RICCI (Dominique) furnommé *Brusasorci*, né à Vérone en 1494, mort à Venise en 1567.
1. Pièce. Page 15. N°. *57*.

RICHTER (David) né en Suéde, vivoit à Vienne vers l'an 1730.
2. Pièces. Page 312. N°. *56*. & *57*.

RIGAUD (Hyacinthe) né à Perpignan en Roussillon en 1659, mort à Paris en 1743.
1. Pièce au Belvedère inférieur, page 325. N°. *10*.

Rigouldts, voyez *Thielen*.

RIMBRANDT VAN RHYN (Paul) né dans un Village aux environs de Leyde, en 1606, mort à Amsterdam en 1674.
9. Pièces. Page 88. N°. *17*. P. 89. N°. *21. 22. 23.* & *24*. P. 90. N°. *25. 26.* & *27*. P. 91. N°. *31*. &
1. Pièce avec Daniel Seghers; page 91. N°. *32*.

ROBUSTI (Jacques) surnommé *Tintoretto*, communément *le Tintoret*, né à Venise en 1512, mort dans la même Ville en 1594.

20. Pièces.
$\begin{cases} \text{Page 4. } N^\circ. 5. \quad \text{P. 8. } N^\circ. 22. \text{ à } 25. \quad \text{P. 9. } N^\circ. 30. \\ \text{P. 10. } N^\circ. 32. \quad \text{P. 11. } N^\circ. 40. \quad \text{P. 12. } N^\circ. 44. \text{ & } 45. \\ \text{P. 14. } N^\circ. 52. \text{ & } 53. \quad \text{P. 15. } N^\circ. 54. 55. \text{ & } 56. \\ \text{P. 75. } N^\circ. 28. \text{ & } 32. \quad \text{P. 77. } N^\circ. 39. \quad \text{P. 79. } N^\circ. 47 \text{ & } 48. \end{cases}$

ROGER DE BRUGES, nommé ainsi du lieu de sa naissance, né en 1450.

1. Pièce. Page 150. N°. 4.

ROMANELLI (Jean François) né à Viterbe en 1617, mort dans la même Ville en 1662.

2. Pièces. Page 42. N°. 6. P. 43. N°. 10.

Romano (Giulio) ou Jules-Romain, voyez *Pipi*.

JR Roos (Jean Henri) communément *le Vieux* Roos, né à Otterdorf, dans le Bas-Palatinat en 1631, mort à Francfort sur le Meyn en 1685.

3. Pièces. Page 302. N°. 5. P. 303. N°. 9. & 12.

Roos (Philippe) surnommé *Rosa di Tivoli*, né à Francfort sur le Meyn en 1655, mort à Rome en 1705.

1. Pièce. Page 302. N°. 6.

ROSA (Joseph) Artiste vivant à Vienne où il est né en 1728, actuellement Directeur de la Galerie Impériale & Royale.

2. Pièces. Page 301. N°. 3. & 4.

ROSA (Salvator) surnommé *Salvatoriello*, né à Renella proche de Naples en 1614, mort à Rome en 1673.

2. Pièces. Page 35. N°. 21. P. 36. N°. 22.

ROSLIN (Alexandre) Artiste distingué, né à Stockholm; il est Chevalier de l'Ordre de Vasa en Suède, & Conseiller de l'Académie Royale de Peinture & de Sculpture de Paris où il vit actuellement.

1. Pièce au Belvédère inférieur, page 326. N°. 13.

ROTHMAYER (Jean Michel, Baron de) né à Saltzbourg vers l'an 1660, mort à Vienne en 1727.
1. Pièce. Page 295. N°. 63.

ROTTENHAMMER (Jean) né à Munich en 1564, mort à Augsbourg en 1608.
1. Pièce avec Jean Breughel, page 187. N°. 76. &
6. Pièces entièrement de sa main, page 276. N°. 56. & 57. P. 277. N°. 64. & 65. P. 278. N°. 72. P. 280. N°. 81.

RUBENS (Pierre Paul) né à Cologne en 1577, mort à Anvers en 1640.

45. Pièces. { Page 111. N°. 1. 2. 3. & 4. P. 112. N°. 5. 6. 7. 8. & 9. P. 113. N°. 10. 11. & 12. P. 114. N°. 13. 14. 15. 16. & 17. P. 115. N°. 18. 19. 20. & 21. P. 117. N. 1. P. 118. N°. 2. 3. 4. 5. & 6. P. 119. N°. 7. 8. 9. 10. & 11. P. 120. N°. 12. 13. & 14. P. 121. N°. 15. 16. 17. 18. & 19. P. 122. N°. 20. 21. & 22. P. 124. N°. 3. P. 127. N°. 18.

RUGENDAS (George Philippe) né à Augsbourg en 1666, mort dans la même Ville en 1742.
2. Pièces. Page 289. N°. 26. P. 290. N°. 33.

RUPRECHT (Jean Chrétien) né à Nuremberg vers l'an 1600, mort dans la même Ville en 1654.
2. Pièces. Page 263. N°. 1. P. 273. N°. 44.

RUTHARDT (Charles) Peintre d'animaux, florissoit dans les Pays-bas vers l'an 1666.
2. Pièces. Page 196. N°. 43. P. 198. N°. 52.

RUYSCH (Rachel) née à Amsterdam en 1664, morte dans la même Ville en 1750.
1. Pièce. Page 193. N°. 28.

RUYSDAEL (Jacques) né à Harlem vers l'an 1635, mort dans la même Ville en 1681.
1. Pièce. Page 213. N°. *39*.

RYCKAERT (David) né à Anvers en 1615, fut Directeur de l'Académie de Peinture de cette Ville vers l'an 1650.
3. Pièces. Page 128. N°. *20, 21. & 22.*

S.

SACCHI (André) surnommé *Andreuccio*, né à Rome en 1599, mort dans la même Ville en 1661.
2. Pièces. Page 33. N°. *12*. P. 37. N°. *28.*

SADELER (Gilles) né à Bruxelles en 1570, mort à Prague en 1629.
2. Pièces. Page 146. N°. *19*. P. 270. N°. *35.*

SAFT-LEVEN (Hermann) né à Rotterdam en 1609, mort à Utrecht en 1685.
3. Pièces. Page 210. N°. *28*. P. 211. N°. *32. & 33.*

SAFT-LEUEN (Corneille) frère du précédent, né à Rotterdam vers l'an 1610, florissoit vers l'an 1635.
1. Pièce. Page 206. N°. *4.*

SALIMBENI (Venture) surnommé *Bevillaqua*, né à Sienne en 1557, mort dans la même Ville en 1613.
1. Pièce. Page 45. N°. *20.*

Salvatoriello, surnom de *Salvator Rosa.*

SALVI ou SALVIANI (Jean Baptiste) surnommé *Sassoferrato*, du lieu de sa naissance dans le Duché d'Urbin; il mourut fort âgé environ l'an 1550.
1. Pièce. Page 52. N°. *7.*

SAMBACH (Gaspard) né à Breslau en 1708. Artiste vivant à Vienne où il est un des Directeurs de l'Académie Impériale & Royale de Peinture.
1. Pièce. Page 306. N°. *28.*

SANDRART (Joachim de) né à Francfort fur le Meyn en 1606, mort à Nuremberg en 1688.
4. Pièces. Page 273. *N°. 45.* P. 274. *N°. 50..* P. 275. *N°. 55.* P. 284. *N°. 93.*

SANSEVERO (Raimond de Sangro Prince de) vivoit à Naples au milieu de ce fiècle.
1. Pièce à l'encauftique, page 145. *N°. 17.*

Sanzio (Raphaël) voyez *Raphaël.*

Sarto (André del) voyez *Vannucchi.*

Saffoferrato, voyez *Salvi.*

SAVERY (Roland) né à Courtray en Flandre en 1576, mort à Utrecht en 1639.
10. Pièces. Page 175. *N°. 10. & 11.* P. 176. *N°. 14. & 15.* P. 177. *N°. 17. 19. & 20.* P. 179. *N°. 32. & 33.* P. 196. *N°. 41.*

SCHALCH (Jean Jacques) né en 1723 à Schaffhoufe en Suiffe où il vit encore.
1. Pièce. Page 300. *N°. 87.*

SCHALKEN (Géofroy) né à Dortrecht en 1643, mort à la Haye en 1706.
1. Pièce. Page 224. *N°. 94.*

SCHIAVONE (André) furnommé *Meldolla*, né à Sebenico en Dalmatie en 1522, mort à Venife en 1582.
2. Pièces. Page 67. *N°. 1.* P. 73. *N°. 23.*

SCHIDONE (Barthélemi) né à Modène en 1560, mort à Parme en 1616.
3. Pièces. Page 59. *N°. 2.* P. 61. *N°. 11.* P. 63. *N°. 21.*

SCHINNAGEL (Maximilien Jofeph) né à Bourghaufen en Bavière, en 1694, mort à Vienne en 1761.
4. Pièces. Page 287. *N°. 11. 12. 13. & 14.*

Schneiers & Schneiders, voyez *Snyders.*

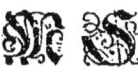 SCHOEN (Martin) ou Schœnhauer de Kalenbach, aujourd'hui Culmbach en Franconie, où il est né vers l'an 1430, mort à Colmar en 1486.

2. Pièces. 232. N°. 7. P. 233. N°. 10.

SCHOENFELD (Jean Henri) né à Biberach en Souabe en 1609, mort à Augsbourg vers l'an 1680.

2. Pièces. Page 285. N°. 3. & 4.

SCHOOREL (Jean) né à Schoorel, village d'Hollande proche d'Alkmaer, en 1495, mort à Utrecht en 1562.

2. Pièces. Page 168. N°. 80. & 81.

SCHUBRUCK (Pierre) né à Anvers environ l'an 1542, travailloit vers l'an 1605.

1. Pièce. Page 183. N°. 57.

SCHUPPEN (Jacques van) né à Anvers en 1670, fut Directeur de l'Académie Impériale de Peinture à Vienne, où il est mort en 1754.

2. Pièces. Page 296. N°. 68. P. 297. N°. 72.

SCHUT (Corneille) né à Anvers environ l'an 1590.

2. Pièces. Page 96. N°. 12. P. 99. N°. 23.

SCHWARTZ (Christophe) né à Ingolstadt vers l'an 1550, mort à Munich en 1594.

1. Pièce. Page 270. N°. 33.

SCRETA (Charles) né à Prague vers l'an 1604, mort dans la même Ville en 1674.

1. Pièce. Page 295. N°. 64.

SEGHERS (Gérard) né à Anvers en 1589, mort dans la même Ville en 1651.

5. Pièces. Page 94. N°. 6. & 7. P. 95. N°. 9. P. 97. N°. 16. P. 213. N°. 44.

SEGHERS (Daniel) frère du précédent, né à Anvers en 1590, mort dans la même Ville en 1660.
1. Pièce avec Rimbrandt, page 91. N°. 32.
1. Pièce avec Corneille Schut, page 99. N°. 23.
1. Pièce avec David Teniers, page 133. N°. 36.
6. Pièces entièrement de sa main, page 190. N°. 11. P. 191. N°. 12. P. 193. N°. 24. & 25. P. 199. N°. 56. P. 200. N°. 59.

SEIBOLD (Chrétien) né à Mayence en 1697, mort à Vienne en 1768.
6. Pièces. Page 293. N°. 50. & 51. P. 299. N°. 82. 83. 84. & 85.

SESTO (César da) surnommé *César de Milan*, né dans cette Ville vers l'an 1460, florissoit vers l'an 1510.
1. Pièce. Page 49. N°. 35.

Sienne (François de) voyez *Vanni*.

SIRANI (Elisabeth) née à Bologne en 1638, morte dans la même Ville en 1665.
1. Pièce. Page 57. N°. 24.

SNAYERS (Pierre) né à Anvers en 1593, mort à Bruxelles vers l'an 1662.
3. Pièces. Page 98. N°. 19. P. 190. N°. 5. & 6. &
12. Pièces au Belvédère inférieur, page 315. à 319. N°. 1. à 12.

SNYDERS (François) appelé aussi *Schneiers*, *Schneyders* & *Sniers*, né à Anvers en 1579, mort dans la même Ville vers l'an 1657.
7. Pièces. Page 189. N°. 2. P. 192. N°. 21. & 22. P. 198. N°. 49. & 50. P. 222. N°. 84. P. 223. N°. 89.

SNYERS (Pierre) Peintre moderne dont le genre étoit les fleurs & les oiseaux ; il travailloit dans les Pays-bas vers l'an 1720.
2. Pièces. Page 219. N°. 72. & 73.

SOLIMENE (François) né en 1657 à Nocera dei Pagani, près de Naples, mort dans cette dernière Ville en 1747.
4. Pièces. Page 50. le tableau d'Autel dans la Chapelle du Château, & Page 72. N°. 21. P. 74. N°. 25. &
1. Pièce au grand Salon d'entrée. Voyez la Préface.

Spagnoletto, voyez *Ribera*.

Spagnuolo ou l'Espagnol, voyez *Crespi*.

SPECART (Jean) Peintre allemand, qui mourut à Rome vers l'an 1577.
    1. Pièce. Page 275. N°. 51.

SPRANGER (Barthélemi) né à Anvers en 1546, mort à Prague vers l'an 1625.

19. Pièces. { Page 263. N°. 2. P. 264. N°. 3. 4. 5. & 6. P. 265. N°. 9. 10. & 11. P. 267. N°. 17. P. 268. N°. 25. P. 269. N°. 29. & 30. P. 270. N°. 34. P. 271. N°. 38. & 39. P. 272. N°. 40. 41. 42. & 43.

STAMPART (François) né à Anvers en 1675, mort à Vienne en 1750.
    1. Pièce au Belvedère inférieur, page 325. N°. 9.

Standart, surnom de *Pierre van Bloemen*.

STEEN (Jean van) né à Leyde en 1636, mort dans la même Ville en 1689.
    2. Pièces. Page 94. N°. 5. P. 100. N°. 27.

STEINWYCK (Henri van) dit *le Vieux*, né à Steinwyck en Hollande vers l'an 1550, mort à Francfort sur le Meyn environ l'an 1606.
    3. Pièces. Page 186. N°. 71. P. 216. N°. 57. P. 217. N°. 58.

STEINWYCK (Henri van) dit *le Jeune*, fils du précédent, né à Steinwyck vers l'an 1590, mort à Londres.
    3. Pièces. Page 100. N°. 26. P. 201. N°. 65. P. 217. N°. 59.

STEPHANI (Pierre) Flamand, Peintre de paysages, qui a vécu quelque tems à Prague à la Cour de Rodolph II, vers l'an 1590.
    1. Pièce. Page 183. N°. 56.

STERN (Ignace) connu à Rome sous le nom de *Stella*, né en Bavière vers l'an 1698, mort vers l'an 1746.
    1. Pièce. Page 294. N°. 56.

STEVENS (Palamèdes) surnommé *Palamedessen*, Peintre Hollandois, né en 1607, mort en 1638.
   2. Pièces. Page 181. N°. *46*. P. 194. N°. *32*.

STOSKOPF (Sébastien) né à Strasbourg vers l'an 1621, travailloit dans la même Ville en 1651.
   2. Pièces. Page 277. N°. *62*. & *63*.

STRADAN ou STRADANUS (Jean) ou *van der Stract*, né à Bruges en 1536, mort à Florence en 1605.
   2. Pièces. Page 87. N°. *12*. P. 169. N°. *85*.

STRAUCH (George) né à Nuremberg en 1613, mort dans la même Ville en 1675.
   1. Pièce. Page 282. N°. *85*.

STROZZI (Bernard) surnommé *Prete Genoese*, ou *le Prêtre Génois*, appelé aussi *il Capucino*, né à Gênes en 1581, mort à Venise en 1644.
   3. Pièces. Page 53. N°. *9*. P. 63. N°. *19*. P. 65. N°. *27*.

STRUDEL (le Baron Pierre de) né à Khloes dans le Tirol, vers l'an 1660, mort à Vienne en 1717.
   1. Pièce. Page 294. N°. *62*.

Sunders (Lucas) voyez *Cranach*.

SUSTERMANS (Juste) né à Anvers en 1597. mort à Florence en 1681.
   1. Pièce au Belvedère inferieur, page 325. N°. *8*.

SUTERMANN (Lambert) surnommé *Lombart*, né à Liège en 1506, mort dans la même Ville en 1560.
   1. Pièce. Page 149. N°. *1*.

T.

Tableau (ancien) dans le goût grec.
   Page 260. N°. *102*.

TAMM (François Wernherr) né à Hambourg en 1658, mort à Vienne en 1724.
   2. Pièces. Page 311. N°. *53*. & *54*.

TENIERS (David) *le Vieux*, né à Anvers en 1582, mort dans la même Ville en 1649.
 8. Pièces. Page 126. N°. *14*. & *15*. P. 127. N°. *16*. & *17*.
    P. 130. N°. *27*. & *28*. P. 133. N°. *38*. & *39*.

TENIERS (David) *le Jeune*, fils du précédent, né à Anvers en 1610, mort à Bruxelles en 1649.

19. Pièces. $\begin{cases}\text{Page 123. N°. }2.\quad\text{P. 124. N°. }4.\ 5.\ \&\ 6.\\ \text{P. 125. N°. }7.\ 8.\ 9.\ \&\ 10.\quad\text{P. 126. N°. }11.\ 12.\\ \&\ 13.\quad\text{P. 128. N°. }19.\quad\text{P. 129. N°. }23.\ 24.\ 25.\\ \&\ 26.\quad\text{P. 131. N°. }34.\quad\text{P. 132. N°. }35.\end{cases}$

 1. Pièce avec Daniel Seghers, page 133. N°. *36*.

TERBOURG (Gérard) né à Zwoll en Hollande, en 1608, mort dans la même Ville en 1681.
 2. Pièces. Page 90. N°. *28*. P. 218. N°. *63*.

THÉODORIC, communément *Théodoric de Prague*, florissoit dans cette Ville à la Cour de l'Empereur Charles IV. vers l'an 1357.
 2. Pièces. Page 230. N°. *3*. & *4*.

THIELEN (Jean Philippe van) surnommé *Rigouldts*, né à Malines en 1618, mort dans la même Ville en 1667.
 1. Pièce. Page 222. N°. *81*.

THOMAS (Jean) né à Ypres vers l'an 1610, travailloit à Vienne à la Cour de l'Empereur Léopold, vers l'an 1662.
 2. Pièces. Page 208. N°. *20*. P. 210. N°. *27*.

THULDEN (Théodore van) né à Bois-le-Duc en 1607, vivoit dans la même Ville en 1662.
 3. Pièces. Page 87. N°. *13*. P. 93. N°. *2*. P. 137. N°. *12*.

TILENS (Jean) Peintre de paysage, vivoit dans les Pays-bas vers le milieu du siècle passé.
 1. Pièce. Page 179. N°. *35*.

Tintoretto ou le Tintoret, voyez *Robusti*.

Tisio, surnom de *Benvenuto Garoffalo*.

Titien, voyez *Vecelli*.

TORENVLIET (Jacques) né à Leyde en 1641, mort dans la même Ville en 1719.
1. Pièce. Page 94. N°. *4*.

TROGER (Paul) né à Zell au-deffus de Welsberg, aux environs de Brixen dans le Tirol, en 1698, mort à Vienne en 1777.
1. Pièce. Page 285. N°. *2*.

TURCHI (Alexandre) furnommé *Orbetto*, né à Vérone en 1582, mort à Rome en 1648.
2. Pièces. Page 5. N°. *8*. P. 10. N°. *35*.

TYSSENS (Pierre) né à Anvers vers l'an 1625, vivoit dans la même Ville en 1661.
1. Pièce. Page 135. N°. *1*.

U.

UDEN (Lucas van) né à Anvers en 1595, mort dans la même Ville en 1662.
1. Pièce. Page 214. N°. *46*.

UFFENBACH (Philippe) né à Francfort fur le Meyn vers l'an 1600, mort dans la même Ville en 1640.
1. Pièce. Page 266. N°. *16*.

V.

VALENTIN (Moyfe) né à Colomiers en Brie, en 1600, mort à Rome en 1634.
1. Pièce. Page 35. N°. *18*.

VALKEMBURG (Lucas van) né à Malines vers l'an 1540, mort en 1625.
7. Pièces. Page 180. N°. *39. & 40*. P. 181. N°. *41. à 44*. P. 278. N°. *70*.

VALKEMBURG (Martin van) frére du précédent, né à Malines vers l'an 1542, mort à Francfort fur le Meyn, en 1636.
2. Pièces. Page 182. N°. *53*. P. 183. N°. *58*.

VALKEMBURG (Frédéric van) fils de Lucas, né à Malines vers l'an 1570, mort à Nuremberg en 1623.
 2. Pièces.   Page 182. N^o. *50*. & *52*.

Vandeyck, voyez *Dyck*.

VANNI (François) surnommé *de Sienne*, Ville où il est né en 1563 & mort en 1610.
 1. Pièce.   Page 45. N^o. *16*.

VANNUCCHI (André) surnommé *del Sarté*, né à Florence vers l'an 1488, mort dans la même Ville en 1530.
 3. Pièces.   Page 46. N^o. *21*. & *22*.   P. 49. N^o. *36*.

VANNUCCI (Pierre) surnommé *le Perugin*, né à Pérouse, en 1446 & mort en 1524.
 2. Pièces.   Page 33. N^o. *10*.   P. 39. N^o. *35*.

VAROTARI (Alexandre) surnommé *le Padouan*, né à Padoue en 1590, mort dans la même Ville en 1650.
 3. Pièces.   Page 71. N^o. *15*.   P. 74. N^o. *26*. & *27*.

VECCHIA (Pietro della) né à Venise en 1605, mort dans la même Ville en 1678.
 2. Pièces.   Page 72. N^o. *18*. & *20*.

VECELLI (Titien) communément *le Titien*, né à Cadore dans le Frioul, en 1477, mort à Venise en 1576.

49. Pièces.
{
Page. 4. N^o. *4*. P. 17. N^o. *1*. *3*. & *4*. P. 18. N^o. *5*.
P. 20. N^o. *15*. & *16*.   P. 21. N^o. *17*. *18*. & *19*.
P. 22. N^o. *20*. *21*. *22*. & *23*.   P. 23. N^o. *24*. *26*.
27. *28*. & *29*.   P. 24. N^o. *30*. *31*. *32*. *33*. *34*.
& *35*.   P. 25. N^o. *37*. *38*. & *39*.   P. 26. N^o. *40*.
41. *42*. & *43*.   P. 27. N^o. *44*. *45*. *46*. *47*. & *48*.
P. 28. N^o. *49*. *50*. *51*. *52*. & *53*.   P. 29. N^o. *54*.
55. *56*. & *57*.   P. 30. N^o. *58*. & *59*.   P. 146.
N^o. *22*.
}

VECELLI (François) frère du précédent, né à Cadore vers l'an 1484, vivoit en 1538.
 1. Pièce.   Page 73. N^o. *22*.

VEEN (Octave van) communément *Otto-Venius*, né à Leyde en 1556, mort à Bruxelles en 1634.
4. Pièces.   Page 84. N°. 2.   P. 86. N°. 9.   P. 135. N°. 2. & 3.
VELASQUEZ DE SILVA (Don Diego) né à Séville en 1594, mort à Madrid en 1660.
2. Pièces au Belvedère inférieur, page 324. N°. 3. & 4.
VELDE (Esaïe van der) né à Amsterdam vers l'an 1580, mort à Leyde vers l'an 1630.
1. Pièce.   Page 181. N°. 45.

VELDE (Guillaume van der) frère du précédent, né à Leyde en 1610, mort à Londres en 1693.
1. Pièce.   Page 210. N°. 29.
VELDE (Adrien van der) fils du précédent, né à Amsterdam en 1639, mort dans la même Ville en 1672.
2. Pièces.   Page 200. N°. 61.   P. 215. N°. 49.
VERELST (Pierre) né à Anvers environ l'an 1614, vivoit à la Haye en 1659.
1. Pièce.   Page 224. N°. 97.
VERHAGHEN (Pierre Joseph) né à Aerschott dans le Brabant, en 1728, vit actuellement en Flandre.
1. Pièce.   Page 138. N°. 13.
VÉRONÈSE (Paul *Caliari*) communément *Paul Véronèse*, né à Vérone en 1530, mort à Venise en 1588.

20. Pièces.
{ Page 4. N°. 2. 3. & 6.   P. 7. N°. 14. 15. & 17.
P. 8. N°. 18. & 19.   P. 9. N°. 26. 28. & 29.
P. 10. N°. 33.   P. 11. N°. 39.   P. 12. N°. 42.
P. 13. N°. 48.   P. 14. N°. 49. 50. & 51.   P. 79.
N°. 51.   P. 80. N°. 54. }

VÉRONÈSE (Charles *Caliari*) communément *Carletto Véronèse*, fils du précédent, né à Venise vers l'an 1567, mort dans la même Ville en 1596.
2. Pièces.   Page 6. N°. 12.   P. 8. N°. 21.

VERROCCHIO (André) né à Florence en 1432, mort à Venise en 1488.
1. Pièce. Page 46. N°. 24.

VERTANGHEN (Daniel) né à la Haye vers l'an 1600.
1. Pièce. Page 220. N°. 74.

VIECHTER (Jean Chriftophe) né à Petronelle aux environs de Vienne en 1719, mort au même endroit vers l'an 1760.
1. Pièce. Page 293. N°. 49.

VINCI ou VINCE (Léonard de) né au château de Vince près de Florence en 1445, mort à Fontainebleau en France, en 1520.
4. Pièces. Page 43. N°. 9. P. 48. N°. 29. 30. & 31.

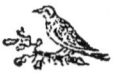
VINCK-BOONS (David) nommé ordinairement *Vinckenboms*, aufsi *Finckenbaum*, né à Malines en 1578, florifsoit vers l'an 1611.
6. Pièces. Page 176. N°. 16. P. 177. N°. 18. & 22. P. 178. N°. 23. & 24. P. 188. N°. 82.

Vinne, voyez *Winne*.

VISCHER (Corneille de) né à Gouda, florifsoit vers l'an 1550,
1. Piéce. Page 85. N°. 5.

Vos (Martin de) né à Anvers environ l'an 1534, mort dans la même Ville en 1604.
2. Pièces. Page 169. N°. 86. P. 171. N°. 93.

Vrancx, voyez *Franck* (Sébaftien)

Vriendt (François van) voyez *Floris*.

VRIES (Adrien de) Sculpteur & Peintre, né à la Haye, florifsoit à la Cour de Rodolphe II. au commencement du fiècle pafsé.
1. Pièce. Page 84. N°. 3.

VRIES (Jean Frédeman de) né à Leuwaerden dans la Frife, en 1527, vivoit vers l'an 1549.
1. Pièce. Page 222. N°. 83.

W.

WAEL (Corneille de) né à Anvers en 1594, mort à Gènes.
1. Pièce. Page 175. N°. 8.

WALCH (Jacques) né à Nuremberg vers l'an 1470, mort dans la même Ville en 1500. 1. Pièce. Page 261. N°. *104.*

WALTER (François) né à Glatz en Siléfie, en 1734, vit actuellement à Vienne. 2. Pièces. Page 144. N°. *10. & 11.*

WEENIX (Jean) né à Amfterdam en 1644, mort dans la même Ville en 1719. 1. Pièce. Page 98. N°. *21.*

WERNER (Jofeph) né à Berne en 1637, mort dans la même Ville en 1710. 1. Pièce. Page 276. N°. *58.*

WILLARTS (Adam) né à Utrecht en 1577, vivoit encore dans la même Ville en 1660. 1. Pièce. Page 212. N°. *36.*

WINGHE (Joffe de) né à Bruxelles en 1544, mort à Francfort fur le Meyn, en 1603. 2. Pièces. Page 271. N°. *36. 37.*

WINNE (Jean van der) né à Harlem en 1663.
1. Pièce. Page 226. N°. *102.*

WITTE (Gafpard de) né à Anvers environ l'an 1621, mort dans la même Ville vers la fin du même fiècle.
1. Pièce. Page 225. N°. *99.*

WITTE (Pierre de) furnommé *Candide*, né à Bruges en 1548, vivoit à Munich au fervice de la Cour de Bavière.
3. Pièces. Page 268. N°. *26.* P. 282. N°. *84.* P. 283. N°. *89.*

WITTIG (Barthélemi) né à Oels en Siléfie, vers l'an 1630, mort à Nuremberg en 1684. 1. Pièce. Page 266. N°. *15.*

WOLGEMUTH (Michel) né à Nuremberg en 1434, mort dans la même Ville en 1519. 1. Pièce. Page 244. N°. *46.*

WOUTERS (François) né à Lierre dans le Brabant, en 1614, mort à Anvers en 1659. 2. Pièces. Page 136. N°. *4. & 5.*

WOUWERMANS (Philippe) né à Harlem en 1620, mort dans la même Ville en 1670.
4. Pièces. P. 207. N°. *10. & 13.* P. 211. N°. *34.* P. 217. N°. *61.*

WTE-WAEL (Joachim) né à Utrecht en 1566, mort dans la même Ville en 1607.
2. Pièces. Page 179. N°. *34.* P. 181. N°. *47.*

WURMSER (Nicolas) de Strasbourg, florissoit à Prague à la Cour de l'Empereur Charles IV. vers l'an 1357.
1. Pièce. Page 230. N°. 2.

WUTKY (Michel) né à Crems, petite Ville de la Basse-Autriche, en 1739, vit actuellement en Italie.
2. Pièces. Page 307. N°. 30. & 31.

WYCK (Thomas) né à Harlem vers l'an 1616, mort dans la même Ville en 1686. 1. Pièce. Page 102. N°. 33.

WYDE (Roger van der) né à Bruxelles vers l'an 1480, mort en 1529.
1. Pièce. Page 156. N°. 25.

WYLLEBORT (Thomas) surnommé *Bossaert*, né à Berg-op-Zoom en 1613, mort à Anvers en 1656.
1. Pièce avec Jean Fyt, page 100, N°. 25.
1. Pièce entièrement de sa main, page 139. N°. 18.

Z.

ZAGELMANN (Jean) né à Teschen en 1720, mort à Vienne en 1758.
2. Pièces avec J. C. Brandt, page 309. N°. 41. & 42.

ZEEMANN (Regnier) surnommé *Remi Nooms*, Peintre de Marines, florissoit à Amsterdam vers l'an 1670.
1. Pièce. Page 212. N°. 38.

ZOFFANI (Jean) né à Francfort sur le Meyn, en 1733, vit actuellement à Londres.
1. Pièce. Page 306. N°. 26. &
5. Pièces au Belvedère inférieur, pages 326 & 327. N°. 14 à 18.

ZUCCHERO (Taddée) le Vieux, né à St. Agnolo di Vado en 1529, mort à Rome en 1566. 1. Pièce. Page 45. N°. 19.

ZUCCHERO (Frédéric) frère du précédent, né à St. Agnolo di Vado en 1543, mort à Ancône en 1609.
1. Pièce. Page 43. N°. 12.

Imprimé avec des caractères de G. HAAS, chez J. J. THOURNEYSEN, fils.

ERRATA.

Dans le Catalogue.

Pages.	N.os	
4	5.	Quart de nature, *lisez*, tiers de nature.
6	13.	Demi-nature, *lisez*, trois-quarts de nature.
7	16.	Trois-quarts de nature, *lisez*, petite nature.
9	27.	BORDONI, *lisez*, BORDONÉ.
10	33. & 36.	Quart de nature, *lisez*, tiers de nature.
11	39.	Deux tiers de nature, *lisez*, trois-quarts de nature.
13	46.	BELLINI, *lisez*, BELLIN.
—	47.	Demi-nature, *lisez*, trois-quarts de nature.
14	49.	De grandeur naturelle, *lisez*, tiers de nature.
15	57.	BRUSASOREI, *lisez*, BRUSASORCI.
30	58.	Après le mot pleurs, *ajoutez*, On lit au bas du tableau : *Titianus f.t*
33, 39	10. & 35.	DE PIERRE MONTANINI, *dit* LE PÉRUGIN, *lisez*, DE PIERRE VANNUCCI, *dit*, LE PÉRUGIN.
47	27.	Sur la fin de l'article, il y a : en forme cercle, *lisez*, en forme de cercle.
68, 77	5. 40. & 41.	BORDON, *lisez*, BORDONÉ.
85	6.	DE GILLES MOSTAERT, *lisez*, JEAN MOSTAERT.
94	3.	DE GASPARD CRAYER, *lisez*, DE GASPARD DE CRAYER.
96	13.	Au nom HOYEN, *supprimez*, l'N.
98	18.	DE JEAN BOCKHORST &c. *lisez*, DE JEAN VAN BOCKHORST &c.
278	71.	Après le nom de l'Artiste, *ajoutez*, LE VIEUX.
297	73.	Une jeune fille sous une fenêtre, *lisez*, Une jeune fille à une fenêtre &c.

Errata dans la Table.

Pages.	
329	Supprimez tout-à-fait l'article ALBANE, dont le tableau a été échangé.
340	A l'article de CATENA, lisez, pag. 10.
362	Après l'article de MIROU, ajoutez :
	MOLA (Pierre François) né en 1621 à Coldré, village du Baillage Suisse de Mendris en Italie, mort à Rome en 1666.
	1. Pièce. Page 56. N.° 21.
373	A l'article de SCHIDONE, lisez, 2. Pièces. P. 59. N.° 2. P. 61. N.° 11. & supprimez le reste.
378	A l'article de DAVID TENIERS le jeune, lisez, mort à Bruxelles en 1694.
379	A l'article de P. TROGER, lisez, mort à Vienne en 1762.

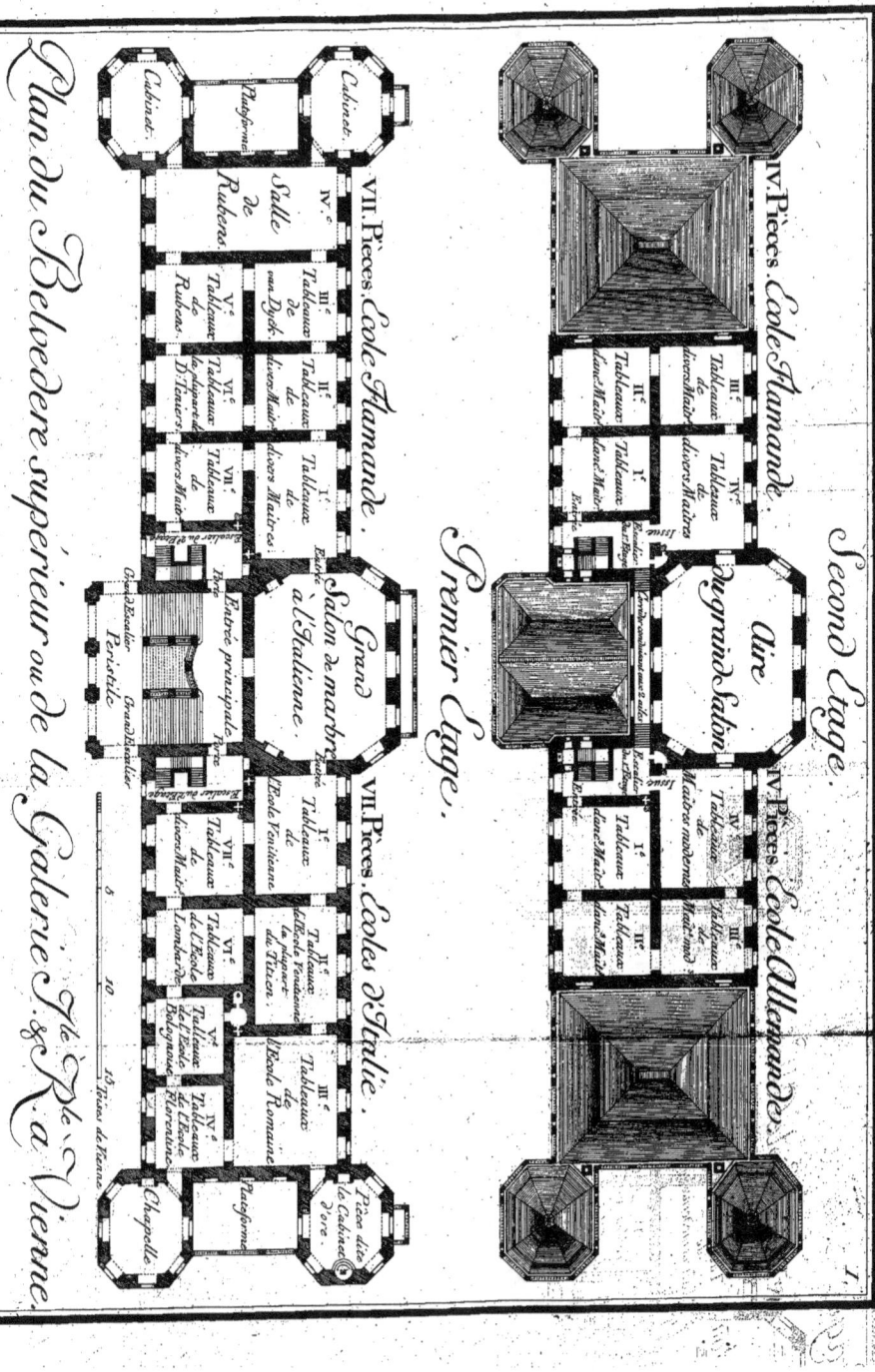

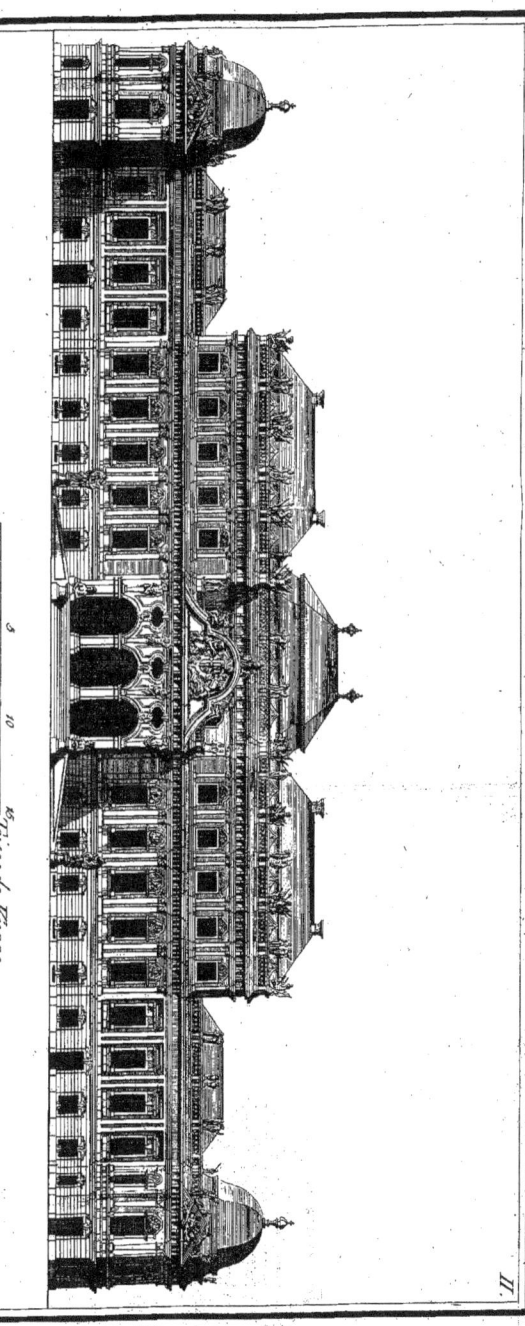

Elevation du Belveder superieur ou de la Galerie Imperiale et Royale à Vienne. Premiere et principale Façade du côté de la cour.

Lavé et dessiné par G. Nigelli 1781.

Publié par Chr: de Michel.

Gravé par Phil: Gottl: Paatz.

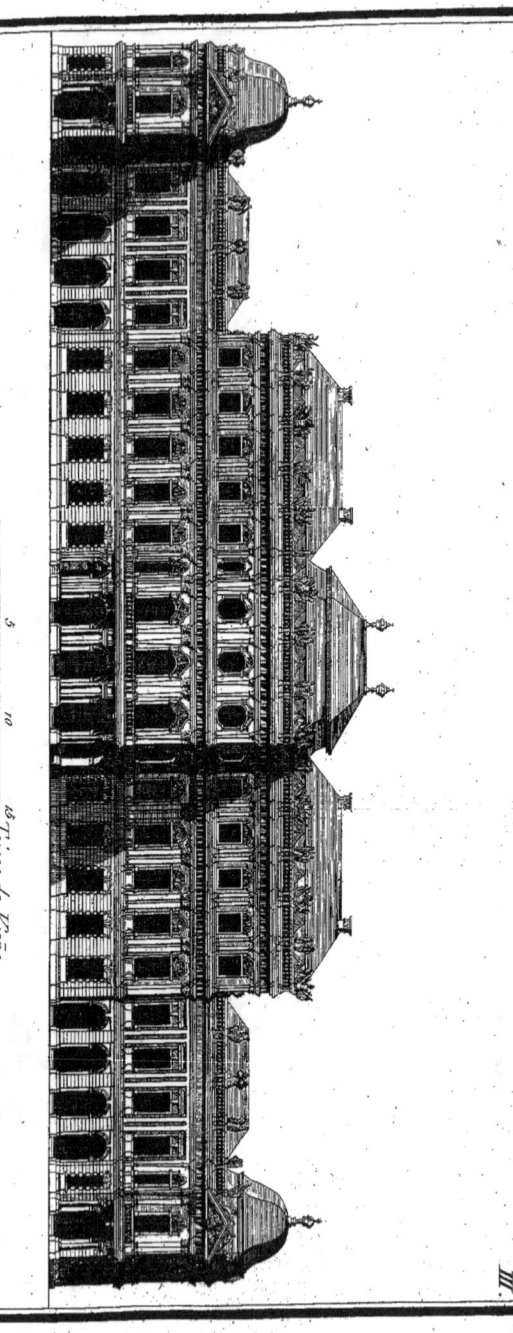

Elévation du Belvedere supérieur ou de la Galerie Impériale et Royale à Vienne. Seconde Façade du côté des Jardins.

Levé et dessiné par G. Nigeli 1781.

Publié par Chr. de Mechel.

Gravé par Phil. Geo. Fintz.

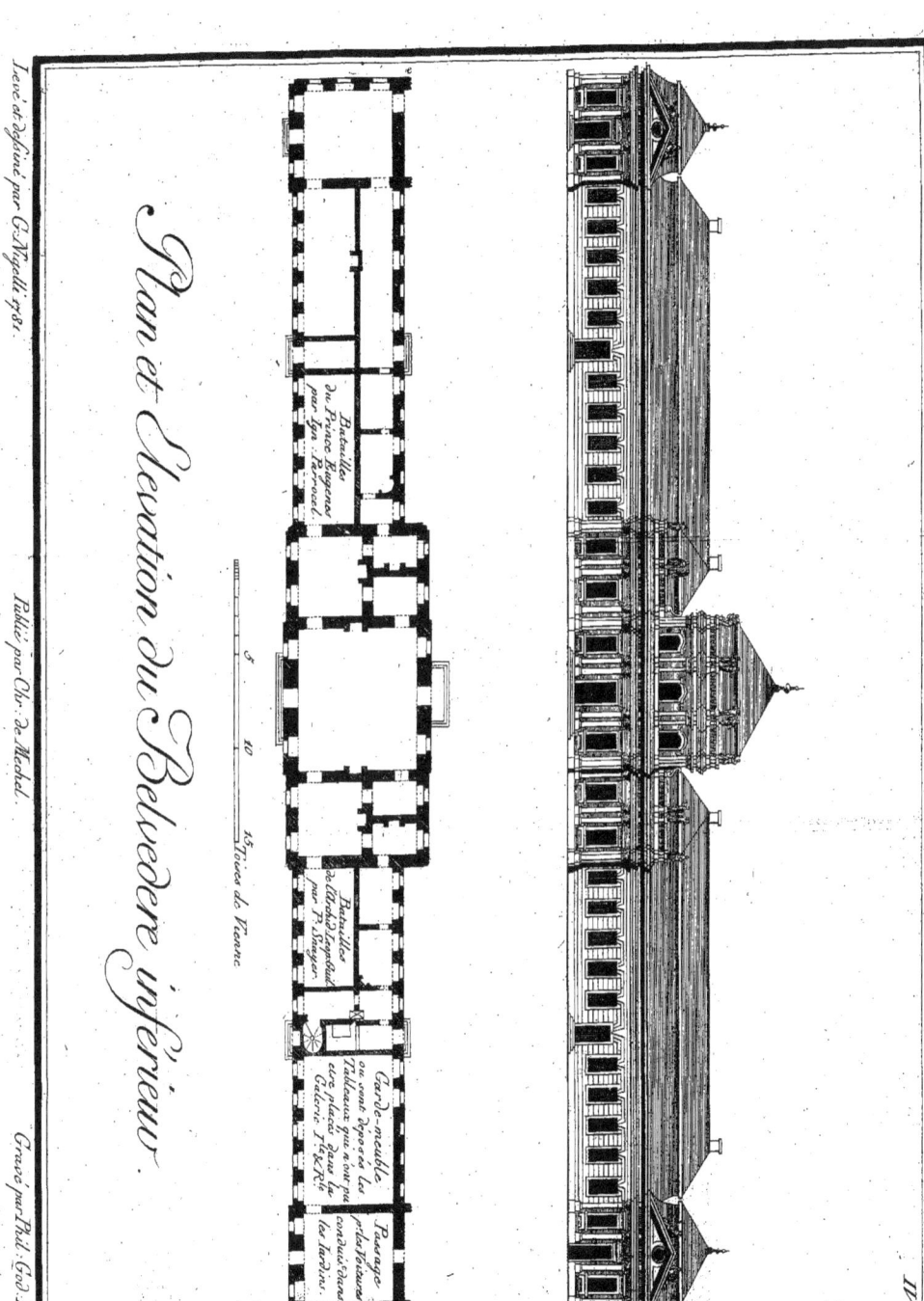

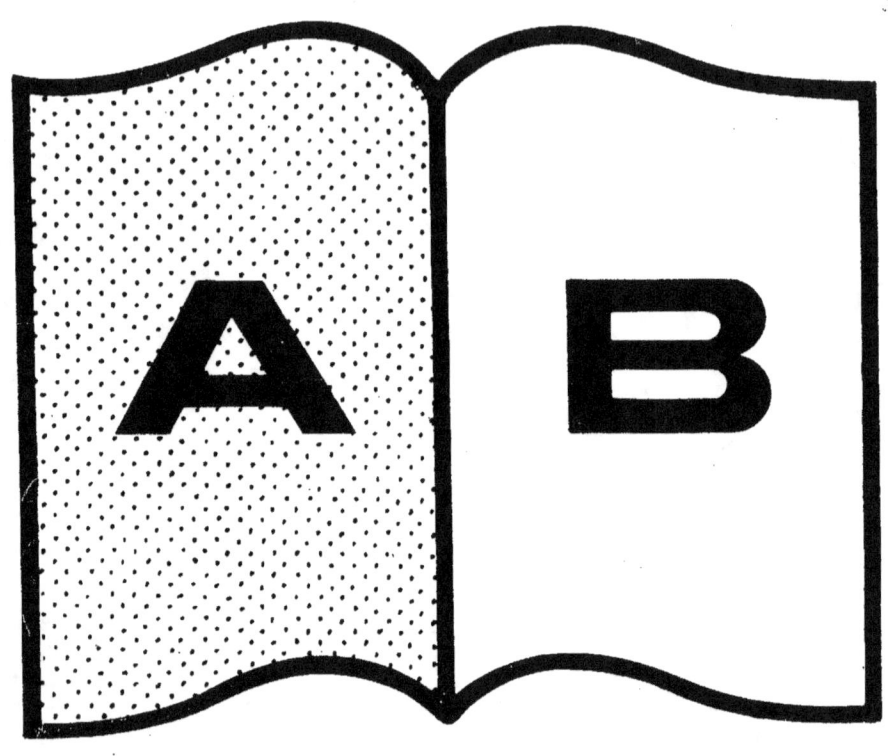

Contraste insuffisant

NF Z 43-120-14

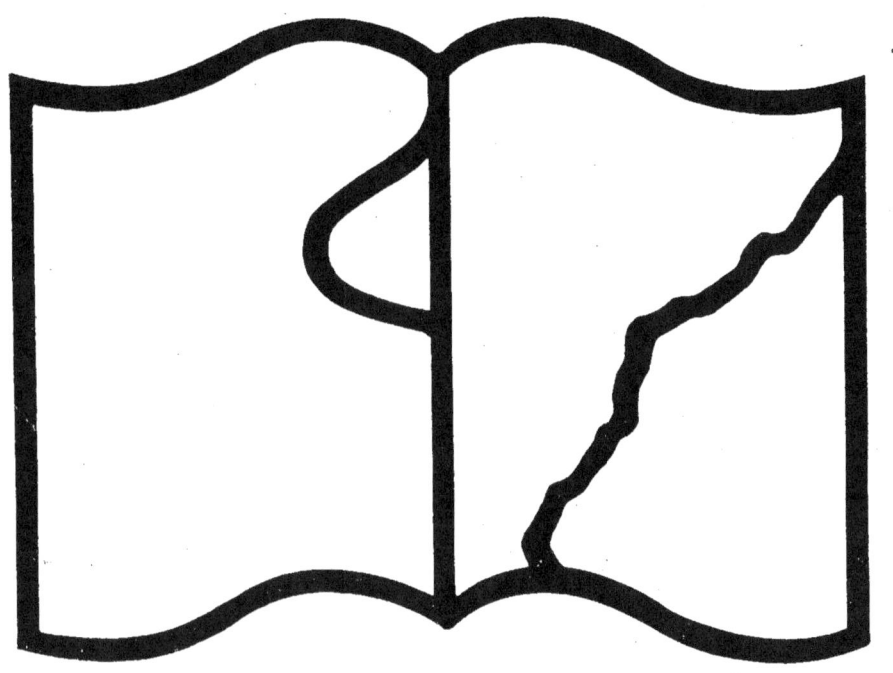

Texte détérioré — reliure défectueuse
NF Z 43-120-11

www.ingramcontent.com/pod-product-compliance
Lightning Source LLC
Chambersburg PA
CBHW052235220526
45471CB00001B/53